사업신탁의 법리

사업신탁의 법리

이 영 경

景仁文化社

서 문

2011년에 개정된 신탁법에서 소극재산과 적극재산이 유기적으로 결합된 사업을 수탁자에게 신탁하는 것이 허용되어 사업 자체의 신탁이 가능하게 되었다. 법개정 후 사업신탁에 대한 학계의 관심이 높아지고 있는데, 사업신탁에 관하여 수탁자의 사업경영의 측면에서 깊이 있는 고찰은 많지 이루어지지 못하였다. 본서는 이러한 관점에서 사업신탁을 연구하는 것을 목표로 하고, 사업신탁을 "신탁재산이 사업이 될 것"과 "수탁자가 사업을 경영할 것"을 개념요소로 하는 것으로 정의하였다. 그리고, 사업신탁을 (i) 사업 자체를 최초의 신탁재산으로 하는 신탁(제1유형: 사업 자체의 신탁) (ii) 사업용 자산을 신탁하고, 수탁자는 이것을 가지고 사업을 하는 신탁(제2유형: 사업형 신탁) (iii) 사업회사의 주식을 수탁자가 소유하여 사업회사를 지배하면서 경영에 관여함으로써 사업을 하는 실질을 가져오는 신탁(제3유형: 사업회사 소유형 신탁)으로 유형화하였다.

국내외 사업신탁의 사례들을 검토하였는바, 실제로 제1유형의 사업신탁은 거의 찾기 어려웠다. 제2유형의 사업신탁은 우리나라와 일본의 토지신탁이 대표적이고, 제3유형은 캐나다, 싱가포르, 홍콩에서 다수 이용되고 있다. 외국에서는 사업신탁에 관한 별도의 법률이 마련되어 있기도 한데, 미국에서는 통일제정법상신탁법이, 캐나다에서는 소득신탁법이, 싱가포르에서는 사업신탁법이 각각 제정되어 있다.

본서에서는 사업신탁의 법리고찰을 세 가지 단계로 검토하였다.

첫째, 사업신탁이 사업을 수행하는 기업조직으로 활용되기 위하여 조직법의 핵심 기능인 자산분리와 유한책임구조를 가질 수 있는지를 살펴보았다. 사업신탁은 신탁법상 신탁재산의 독립성에 의하여 주식회사와 거의 마찬가지 수준으로 자산분리기능을 수행할 수 있고, 신탁법의 유한책임신탁제도를 활용하여 유한책임구조를 실현할 수 있다.

둘째, 수탁자의 경영자로서의 의무와 전통적인 신탁법리의 변용의 점에 관하여 살펴보았다. 사업신탁의 수탁자는 일반 신탁과 달리 사업의 경영자의 지위에 있으므로 주의의무에 대해 회사의 이사와 같이 경영판단의 원칙을 적용할 필요가 있다. 사업신탁의 수탁자의 충실의무를 이사와 같이 의무를 완화할 실제적인 필요가 있지만, 사업신탁은 회사와 달리 수탁자에 대한 내부 견제장치가 충분하지 않고, 시장에 의한 외부규율 역시 활성화되어 있지 않다는 문제가 있으므로, 충실의무의 완화는 제한적으로만 인정하여야 한다. 그리고, 수탁자는 사업을 위해 매우 다양한 업무를 수행하게 되므로, 법개정을 통해 자기집행의무를 완화하고 업무위탁을 폭넓게 허용할 필요가 있다.

셋째, 사업신탁이 회사에 대하여 우위를 가지는 점은 신탁의 기본 덕목인 유연성이라고 보고 이를 검토하였다. 회사법은 상당히 많은 사항을 강행규정화하고 있음에 비해, 사업신탁은 유연성을 발휘하여 이 중 많은 것들을 사적 자치의 영역에서 정할 수 있도록 되어 있다. 내부 조직구조, 의사결정 방식, 수익자에 대한 배당, 수익권의 내용, 채권자보호 규제 등이 그러하다.

이러한 신탁의 유연성은 역기능을 가져오기도 하는데, 회사법이 다루는 세 가지의 이익충돌 문제가 사업신탁에서도 모두 발생될 수 있다. 수탁자의 의무완화에 따른 수익자와 수탁자 사이의 이익충돌, 자유로운 배당에 따른 채권자와 수익자 사이의 이익충돌, 지배구조 왜곡에 따른 수익자들 사이의 이익충돌이 그것이다. 이들 문제에 대하여 어떻게 대처할 것인지는 사업신탁의 유연성의 이면에서 간과되어서 안된다. 사업신탁의 유연성의 역기능을 최소화하면서도 이를 잘 활용하기 위하여는, 수익자와의 합의가 명확히 이루어져야 하며, 다수의 투자자를 대상으로 하는 경우 투자자보호를 위한 방안이 함께 마련되어야 한다.

현재 사업신탁은 그 유연성에 불구하고 실제 활용은 상당히 제한적인데, 회사 제도의 확고한 위치와 그에 따른 법적 안정성에 비해 사업신탁은 아직 충분한 법리와 판례가 구축되어 있지 못한 탓이다. 그 결과, 사업신탁은 회사 형태의 사업조직으로는 할 수 없는 절세목적이나 고배당이 가능한 특수한 영역에 국한되고 있다. 향후 사업신탁은 지속적인 연구의 축적을 통해 발전될 가능성이 충분하며, 토지신탁의 개선, 다양한 수익권의 발행, 사업증권화 거래와 같이 여러 방면에서 이용될 수 있음을 제안한다.

본서는 필자의 박사학위 논문을 정리한 것이다. 논문에 대하여 꼼꼼히 지도해주시고 격려해주신 박준 교수님께 진심으로 감사드린다. 논문을 세심히 검토해주시고 조언을 아끼지 않은 정순섭, 노혁준, 이계정, 윤영신 교수님께도 깊은 감사의 말씀을 드린다. 박사논문을 준비하면서 끊임없이 용기를 북돋워준 남편과 논문 준비로 바쁜데도 늘 엄마 곁을 지킨 아들에게 고마움과 사랑을 전한다. 언제나 딸을 마음으로부터 응원해주는 부모님께 진심으로 감사드린다.

2018년

이 영 경

〈목 차〉

서 문

서 론

제1절 연구의 배경

우리나라에서는 경제가 발전되고 성숙해짐에 따라 신탁의 효용성에 대한 관심이 점차 높아지고 있다. 신탁은 그간 금융부문에서 주로 활용되어 왔는데, 은행에서 특정금전신탁이 취급되고 있고, 투자신탁이 집합투자기구로서 투자운용의 도구로 활용되고 있으며, 자산유동화를 비롯하여 다양한 형태의 구조화 금융에서도 신탁이 빈번히 이용되고 있다. 그 밖에, 부동산신탁, 연금 등 다양한 분야에서 신탁이 활용되고 있다. 최근에는 이러한 신탁의 기존 영역에서 나아가 신탁을 통해 사업을 하는 이른바 사업신탁에 대한 관심이 높아지고 있다.

이와 같은 경제적 수요와 관심에 불구하고 우리나라에서는 신탁에 관하여 그간 학계의 연구가 충분히 쌓여오지 못하였다. 법제적으로도 1961년에 처음 신탁법이 제정된 이래 실질적인 법개정이 이루어지지 못하다가, 2011. 7. 25. 전면적인 법개정을 하여 2012. 7. 26. 부터 법률 제10924호(이하 "개정 신탁법"이라 한다. 구 신탁법이라고 하면 이 법 이전의 것인 법률 제7428호를 말한다)로 시행되었다. 개정 신탁법은 그 동안 실무에서 요구되어 온 많은 사항들을 반영하였다. 그 중 하나는 사업 자체의 신탁을 허용하고, 유한책임신탁과 수익증권발행신탁 제도 등을 도입하여 법인을 대용할 수 있는 사업신탁의 기반을 닦은 것이다.[1]

개정 신탁법을 계기로 신탁의 영역은 크게 확장되어 기존에 회사에 의하여 수행되는 사업을 신탁으로 할 수 있도록 하는 신탁법적 근거를 갖추게 되었다. 하지만, 오늘날 독보적인 지위를 차지하고

---

1) 김병연(2013), 52-53면; 이규수(2016), 67면; 노혁준(2014), 7면.

있는 회사의 존재에 불구하고 신탁을 통해 사업을 하는 것이 어떠한 의미를 가지는지에 대한 의문이 생긴다. 학계의 사업신탁에 대한 관심이 늘고 있으며 이에 대한 학술상 연구도 진척되고 있지만, 이러한 질문에 대한 답을 찾기에는 아직 충분하지 않다.[2] 본 연구는 사업신탁이 기업조직으로서 적격성을 가지는지와 일반 신탁법리와 차별화되는 사업신탁에 적용되는 법리를 규명하고, 사업신탁의 유용성과 문제점은 무엇인지에 대하여 고찰함으로써, 사업신탁이라는 새로운 법제도가 가지는 의미를 찾아 본다. 나아가, 사업신탁을 기업조직으로 활용하기 위한 적합한 모델과 구체적 활용방안에 대하여도 생각해본다.

---

2) 선행연구로 다음과 같은 문헌들이 발표되어 있다: 구상수(2016); 김태진(2011); 노혁준(2014); 문기석(2013); 안성포(2013); 오성근(2008); 오영표(2014); 유혜인(2014); 이규수(2016); 이중기(2014b) 등.

제2절 연구의 목적과 구성

본 연구는 전통적인 신탁법리에서 변화되는 사업신탁의 법리를 밝히고, 이를 기초로 하여 영리 목적의 사업을 하기 위한 조직법으로서의 사업신탁의 존재의의를 찾는데 그 목적이 있다. 이를 위해 사업신탁이 투자자로부터 자금을 조달하고 사업을 수행하기 위한 기업조직으로 이용되는 것에 관하여 살펴보며. 회사 형태의 독보적 위치에 있는 주식회사를 그 주된 비교대상으로 삼는다.[1] 그리고, 사업신탁의 사법적 측면에서의 법리를 연구대상으로 삼고, 수탁자의 신탁업자로서의 규율을 포함한 사업신탁의 규제법적 측면의 문제점들은 추후의 연구과제로 한다.

본서는 이상과 같은 연구를 위해 다음 구성에 따라 논의를 전개한다.

첫째, 사업신탁의 법리를 검토하기 위한 전제로서, 사업신탁의 개념요소에 대하여 생각해보고 사업신탁의 정의를 내린다. 그리고, 사업신탁을 세 가지로 유형화한 후, 본 연구에서 다루게 되는 사업신탁의 범위에 관하여 논의한다.

둘째, 국내외 사업신탁의 현황과 활용례를 알아보고, 구체적인 사례들을 살펴본다. 그리고, 외국 주요국가의 사업신탁 법제가 어떠한지에 대하여 검토한다.

셋째, 사업신탁이 기업조직으로서 적격성을 갖추고 있는지를 평가하기 위하여, 기업조직법의 핵심요소인 자산분리기능 및 유한책임구조가 신탁법상 도출될 수 있는지를 고찰한다.

넷째, 사업신탁의 경영자로서 수탁자의 의무에 관하여 일반 신탁

---

1) 본서에서 "회사"라는 용어는 달리 특별히 표시하지 않는 경우 주식회사를 의미한다.

법리가 적용되는 것의 문제점들에 대하여 살펴보고, 이를 해결하기 위하여 사업신탁의 법리가 어떠하여야 하는지를 검토한다.

다섯째, 사업신탁이 회사에 대하여 가지는 차별성으로서 신탁의 유연성에 대하여 살펴본다. 구체적으로, 회사법의 강행규정과의 비교를 통해 사업신탁에서 신탁의 유연성이 어느 범위에서 인정될 수 있는지 생각해보고, 사업신탁의 유연성의 효용과 한계에 대하여 고찰한다. 그리고, 사업신탁의 유연성의 역기능으로서 발생되는 주요 당사자들 사이의 이익충돌의 문제와 그 대처방안에 대하여 검토한다. 이와 함께, 현재의 사업신탁의 활용상 제한과 그 이유에 대하여 생각해보고, 본서에서의 연구를 토대로 향후 사업신탁을 구체적으로 활용하는 방안에 대하여 제안해 본다.

결론에서는 이상의 논의를 종합하여 사업신탁의 법리와 앞으로의 과제에 대하여 정리한다.

제1장 사업신탁의 개관

제1절 사업신탁의 의의

1. 개정 신탁법상의 사업신탁

사업신탁은 신탁법을 포함하여 현행법령상 이에 관해 별도로 정의되어 있지 않다. 종래에는 신탁법상 사업 자체의 신탁이 허용되는지에 관하여 논란이 있었다. 구 신탁법은 신탁재산이 될 수 있는 것으로서 "재산권"만 규정하고 있었기 때문에 사업상 발생되는 채무와 같은 소극재산이 신탁재산에 포함될 수 있는지에 대해 이견이 있었던 것이다.[1] 하지만, 개정 신탁법은 제2조의 신탁의 정의조항에서 "재산권"에서 "권"을 삭제하고 이를 "특정의 재산(영업이나 지적재산권의 일부를 포함한다)"라고 수정함으로써, 적극재산과 소극재산이 유기적으로 결합한 사업을 포괄적으로 신탁하는 것이 가능함을 분명히 하였다.[2]

이러한 법개정을 배경으로, 사업신탁은 적극재산과 소극재산이 결합된 사업 자체를 신탁의 대상으로 하는 신탁으로 설명하는 것이 일반적이다.[3] 그리고, 이때의 사업이란 상법의 영업양도에서 말하는 영업과 의미가 같다고 한다.[4] 대법원은 상법의 영업양도 조항에서의 영업이란 "일정한 영업목적에 의하여 조직화된 유기적 일체로서의

---

1) 사업 자체는 구 신탁법 제1조에서 말하는 재산권이 아니라고 하여 사업의 신탁이 불가능하다는 견해와(이재욱·이상호(2000), 75면) 동조에서 "재산권" 이라 한 것은 입법기술상 착오이고 소극재산도 신탁재산이 될 수 있다는 견해(이중기(2007), 101면)로 나뉘어 있었다.

2) 김태진(2011), 127면; 법무부(2010), 4면; 안성포(2013), 184면; 이규수(2016), 69면; 최승재(2015), 271-272면.

3) 광장신탁법연구회(2013), 15-16면; 구상수(2016), 10면; 오영표(2014), 48-49면; 이규수(2016), 69면.

4) 법무부(2012), 5, 821면; 최승재(2015), 272면.

기능적 재산을 말하고, 여기서 말하는 유기적 일체로서의 기능적 재산이란 영업을 구성하는 유형·무형의 재산과 경제적 가치를 갖는 사실관계가 서로 유기적으로 결합하여 수익의 원천으로 기능한다는 것과 이와 같이 유기적으로 결합한 수익의 원천으로서의 기능적 재산이 마치 하나의 재화와 같이 거래의 객체가 된다는 것을 뜻한다".[5] 고 판시하였는바, 현재 여러 문헌에서는 사업신탁을 위 판결에서와 같은 의미를 가지는 영업, 즉 일정한 영업목적에 의하여 조직화된 유기적 일체로서의 재산을 신탁재산으로 하는 신탁으로 기술하고 있다.[6]

2. 본 연구에서의 사업신탁

본 연구는 신탁이라는 법형식을 통해 영리 목적으로 사업을 수행하는 것에 관한 법리를 밝히고 사업신탁의 존재의의를 고찰함에 목표가 있는 바, 일정한 사업을 영위하기 위해 신탁을 조직법적으로 이용하는 것을 사업신탁으로 본다. 본 연구에서의 사업신탁의 개념에는 (i) 신탁재산이 일정한 영업목적에 의하여 조직화된 유기적 일체로서의 기능적 재산인 사업일 것과 (ii) 수탁자가 신탁사무로서 사업을 경영할 것이라는 두 가지 요소가 존재한다.[7] 개정 신탁법에 의해 허용된 사업 자체의 신탁은 (i)이 핵심적 징표임에 비해, 본 연구에서의 사업신탁은 이에 더하여 "(ii) 수탁자가 신탁사무로서 사업을 경영할 것"이라는 요건이 추가된다. 그런데, 이러한 개념요소들과 관

---

5) 대법원 1997. 11. 25. 선고 97다35085 판결, 대법원 2012.7.26. 선고 2012다27377 판결, 대법원 2015. 9. 10. 선고 2014다80440 판결 등.
6) 광장신탁법연구회(2013), 15-16면; 법무부(2010), 6면; 이규수(2016), 69면.
7) 안성포(2013), 184, 190면. 이와 달리, 오영표(2014)는 사업신탁을 영업 자체를 신탁하는 것이라고 정의하여, 수탁자에 의한 사업경영이라는 요소를 고려하고 있지 않다(오영표(2014), 48-49면).

련하여서는 몇 가지 문제가 생긴다. 첫째, (i)과 관련하여, 반드시 신탁설정시부터 사업 자체를 신탁재산으로 하여야 하는 것인지, 아니면 일정한 시점에 이르러 사업이 신탁재산이 되는 경우도 포함되는 것인지가 문제된다. 둘째, (ii)와 관련하여, 수탁자가 직접 사업을 경영하여야 하는지, 아니면 이를 제3자에게 위탁하는 것이 가능한지, 가능하다면 어느 정도까지 가능한지의 문제가 생긴다. 셋째, 형식적으로 (i), (ii)의 개념요소를 갖추지 못하였는데, 실질적으로 신탁을 이용해 사업을 영위하는 것과 같은 효과를 누리는 경우에는 어떻게 취급할 것인지의 문제가 있다. 이 중 첫 번째 및 세 번째 문제에 관하여는 본장 제2절에서 검토하고, 두 번째 문제에 관하여는 제4장 제2절 3.(5)에서 검토한다.

3. 용어의 정리

학자들 사이에서 상사신탁, 영업신탁, 사업신탁 등 그 용어가 통일되어 있지 않다. 다수의 학자들은 상사신탁이라는 용어를 민사신탁에 대비되는 개념으로 사용하여 "신탁업자가 영리를 목적으로 신탁을 인수, 운영하는 상업목적의 신탁"[8] 또는 "수탁자가 신탁의 인수를 영업으로 하는 신탁"[9] 이라고 부르고 있다. 신탁행위가 영리목적을 가진 상행위의 일환으로 이루어진다는 점에 주목하여 상사신탁을 영업신탁이라고도 부르기도 한다.[10] 이와 달리, 영업신탁을 신탁재산이 영업인 신탁을 부르는 말로 사용하기도 한다. 즉, 신탁법 제2조의 영업은 상법상 영업과 같은 의미로서, 영업신탁이란 위탁자가 상법상 영업 즉 적극재산과 소극재산인 채무가 유기적으로 결합된

---

8) 이중기(2007), 21면.
9) 석광현(2006), 61면 각주 9); 유재관(2010), 15면; 이중기(2014a), 103면.
10) 안성포(2014), 103면; 이재욱·이상호(2000), 35면.

영업을 포괄적으로 신탁하는 것이라고 한다.[11] 이처럼, 문헌에 따라서 상사신탁, 영업신탁, 사업신탁이라는 용어가 혼용되어 사용되고 있다. 본 연구에서는 사업을 신탁재산으로 하여 수탁자가 사업을 수행하는 것을 뜻하는 사업신탁이라는 용어를 사용하고, 다수의 학자들의 용례에 따라 상사신탁을 수탁자가 영업으로 신탁을 인수하는 때의 신탁의 의미로 사용한다.

---

11) 광장신탁법연구회(2013), 15-16면; 법무부(2010), 6면.

제2절 사업신탁의 유형

사업신탁을 사업을 신탁재산으로 삼아 수탁자가 사업을 경영하는 것이라고 할 때, 개정 신탁법으로 허용된 사업 자체의 신탁 뿐 아니라 다음과 같은 유형들이 사업신탁에 해당되는지 문제된다. 우선, 신탁재산은 특정한 자산이지만 신탁행위에서 정한 바에 따라 수탁자가 그것을 가지고 사업을 수행하는 사업형 신탁이 있다. 다음으로, 외국의 사업신탁 중에 사업을 하는 회사의 주식 등 지분권을 소유하고, 수탁자가 회사의 경영에 관여하고 감독함으로써, 간접적으로 사업을 영위하는 실질을 가져오는 신탁이 있다. 이하, 이들을 (i) 제1유형(사업 자체의 신탁): 사업 자체를 최초의 신탁재산으로 하는 신탁, (ii) 제2유형(사업형 신탁): 수탁자가 특정한 사업용 자산을 수탁하여 이것을 가지고 사업을 경영하는 신탁, (iii) 제3유형(사업회사 소유형 신탁): 사업을 하는 회사의 주식 등 지분을 소유하여 이를 통해 사업을 영위하는 실질을 가져오는 신탁으로 유형화하고, 이에 대하여 검토하여 본다.

1. 제1유형: 사업 자체의 신탁

상법상 영업 자체 즉 적극재산과 소극재산이 유기적으로 결합된 사업의 일체를 최초의 신탁재산으로 하는 신탁이다. 개정 신탁법에 의하여 허용되었다고 이야기되는 것이 이 유형의 사업신탁으로, 현재 대부분 국내 학자들이 이것을 사업신탁으로 상정하고 있다. 그런데, 제2장에서 살펴보는 바와 같이 현재 국내외에서 사업 자체를 신탁하는 사업신탁은 실제로 그 예를 찾기 어렵다.

2. 제2유형: 사업형 신탁

신탁설정시 신탁의 대상이 되는 것은 특정 자산으로서, 수탁자가
이것을 가지고 사업을 수행하는 신탁이다. 구 신탁법 하에서도 부동
산 등 특정한 재산을 신탁받아 이것을 가지고 사업을 하는 사업형
신탁은 많이 있었다. 대표적으로 토지를 신탁받아 개발사업을 하는
토지신탁이 이에 해당된다.[1] 이러한 신탁은 수탁자의 업무내용이 사
업을 하는 것이라는 점에서 본 연구에서의 사업신탁의 개념요소 중
"(ii) 수탁자가 신탁사무로서 사업을 경영할 것"을 충족시킨다. 그런
데, 사업형 신탁은 최초 신탁설정시 사업 자체를 신탁재산으로 하는
것은 아니어서, 신탁법의 개정으로 허용된 사업 자체의 신탁과는 구
별된다. 우리와 거의 비슷하게 신탁법상 신탁의 정의 조항을 개정하
여 사업 자체의 신탁을 허용한 일본에서도 개정법으로 허용된 사업
자체의 신탁을 사업형 신탁과 구분하는 견해가 있는 것도 이 때문이
다.[2]

그러나, 사업형 신탁에서는 사업에 핵심이 되는 자산인 토지 등
부동산을 신탁하여 수탁자로 하여금 그것을 가지고 사업을 하도록
하여, 수탁자의 업무 수행에 따라 각종 사업상 채권채무가 발생됨이
전제되어 있다. 그 결과, 신탁설정 당시 대상자산은 부동산과 같은
특정 자산뿐이지만, 이후 신탁행위에서 수권된 바에 따라 수탁자가
그 자산을 가지고 사업을 하게 되면 신탁재산과 거래한 자와의 채권
채무, 임금, 조세 등 각종 채무가 발생되므로, 일정한 시점에는 제1유
형의 사업신탁과 마찬가지가 된다. 기업조직으로서 사업신탁이 되
기 위하여는 반드시 신탁설정시에 최초 신탁재산이 사업 자체일 것
이 요구되는 것은 아니고, 수탁자가 사업활동을 함에 따라 일정한

---

1) 구상수(2016), 13면; 오영표(2014), 49-50면.
2) 新井誠(2014), 161, 164-165면; 田中和明(2007), 330-331면.

시점에 이르러 수탁자의 행위로 인해 발생된 각종 채권채무와 수탁자가 취득한 자산 등이 유기적 일체로서 사업을 이루면서 신탁재산을 형성하게 되면 족하다고 할 것이다. 따라서, 본 연구에서의 사업신탁의 개념요소 중 "(i) 신탁재산이 일정한 영업목적에 의하여 조직화된 유기적 일체로서의 기능적 재산인 사업일 것"은 신탁행위에서 정한 바에 따라 사업신탁의 개념요소 "(ii) 수탁자가 신탁사무로서 사업을 경영할 것"에 의해 향후 충족되므로, 제2유형의 사업신탁 또한 본 연구에서 정의하는 사업신탁의 범주에 포함된다.[3] 나아가, 제2유형의 사업신탁을 좀더 확장하면, 신탁설정시에는 현금을 신탁재산으로 하고, 수탁자가 이것을 가지고 사업활동을 개시하여 사업용 자산을 매입하고, 제3자와 물품매매, 용역제공 등 다양한 거래관계를 맺으면서 일정한 시점에 이르러 신탁재산이 사업 자체의 실체를 갖춘다면, 본 연구에서의 사업신탁으로 볼 수 있다.

3. 제3유형: 사업회사 소유형 신탁

캐나다, 싱가포르, 홍콩 등 외국에서의 사업신탁 중에는 신탁을 통해 직접 사업을 운영하는 것이 아니고, 신탁의 수탁자가 사업을 하는 회사의 주식을 소유하여 회사를 지배하는 형태가 다수 발견된다. 이 유형의 사업신탁은 그 지배하에 있는 사업회사로 하여금 사업을 하게 하면서 이를 감독하고 일정한 범위에서 경영에 관여함으로써 간접적으로 사업을 영위하는 실질을 가져온다. 그러나, 수탁자의 신탁사무가 사업의 직접 경영인 것은 아니고, 수탁자는 사업회사의 주주의 지위에 서게 된다는 점에서 제1유형 및 제2유형의 사업신탁과는 그 구조와 형식이 다르다.

---

3) 오영표(2014), 49면; 구상수(2016), 13면; 김용진(2013), 99면; 田中和明(2007), 330-331면; 早坂文高(2011), 4면.

그런데, 제3유형에서도 (i) 사업을 소유하는 회사의 주식을 소유하면서, (ii) 그것을 이용하여 수탁자가 사업회사의 이사로 선임되는 등의 방식으로 신탁의 사업에 적극적으로 관여함으로써 수탁자가 직접 사업을 하는 것과 같은 결과를 가져오는 경우가 많다. 이러한 점에서, 제3유형은 엄밀히 보면 본 연구에서의 사업신탁의 개념요소 두 가지, 즉 (i) 신탁재산이 일정한 영업목적에 의하여 조직화된 유기적 일체로서의 기능적 재산인 사업일 것과 (ii) 수탁자가 신탁사무로서 사업을 경영할 것을 형식적으로는 모두 충족시키지 못하지만, 실질적으로는 마치 사업을 소유하고 사업을 영위하는 것과 같이 되어 본 연구의 사업신탁과 상당히 근접한다. 본 연구에서는 제3유형도 실질적으로 기업조직으로서 신탁을 활용한다는 점에서 검토의 대상으로 삼는다.

제3절 사업신탁에 대한 규제 체계: 투자신탁과의 관계

본 연구의 사업신탁에서는 전형적으로 수탁자가 투자자들로부터 자금을 모아 위탁자로부터 사업 자체나 사업용 자산을 수탁하여 사업을 경영하고, 그 사업수익을 가지고 수익자들에게 배당을 한다. 그런데, 복수의 투자자로부터 자금을 조달하면 집합투자인 투자신탁에 해당되어 별도의 규제를 받게 되는 것은 아닌지 하는 문제가 생길 수 있다. 만일 집합투자에 해당되면 자본시장과 금융투자업에 관한 법률(이하 "자본시장법"이라고 한다.)에 의한 집합투자업 규제가 적용될 수 있다. 자본시장법은 집합운용의 가부를 기준으로 신탁업과 집합투자업을 명확히 구분하고 있는 바,[1] 신탁과 투자신탁의 차이는 신탁의 경우는 개별계약에 의하나 투자신탁은 자금의 집합운용을 한다는 점에 있다.[2] 그런데, 사업신탁에서 단독 수익자만을 상정하는 것이 아니라면, 복수의 자로부터 자금을 모아 수탁자가 경영을 하고 수익금을 분배하는 것이 집합투자에 해당되는 것이 아닌가 하는 의문이 제기될 수 있다.

자본시장법이 규율하는 신탁형 집합투자기구인 투자신탁은 복수의 투자자로부터 금전 등을 신탁받아 집합투자업자가 그 신탁재산을 운용하고, 투자신탁재산의 보관, 관리업무는 신탁업자가 수행하며, 그 운용이익을 투자자에게 배분하는 구조이다.[3] 자본시장법상 집합투자업자는 집합투자기구가 설정·설립된 경우 집합투자기구를

---

1) 자본시장법 시행령 제109조 제3항 제5호는 신탁업자의 신탁재산의 집합운용을 원칙적으로 금지하고 있다.
2) 김은집(2015), 77면; 류혁선·최승재(2013), 485면; 오영표(2012), 120면.
3) 자본시장법 제184조 제2, 3항.

금융위원회에 등록할 것이 요구되며, 동법상 집합투자재산의 운용에 관한 세부적인 규정에 따라 자산운용행위가 규제되고, 집합투자기구의 계산으로 하는 차입행위가 원칙적으로 제한된다.[4] 집합투자는 자본의 소유와 운용이 분리되고 투자자와 자산운용자간 정보의 비대칭으로 인하여 대리인 문제가 발생하므로, 공시규제, 불공정거래규제 등 증권에 대한 규제만으로는 투자자 보호의 목적을 달성할 수 없다고 보아, 집합투자기구의 설립, 지배구조, 공시의무, 자산운용제한 등 투자장치에 대한 별도의 규제체계를 마련한 것이다.[5]

현재 학설상 수익증권발행신탁에 관하여 투자신탁 규제에 관한 논의가 있는데, 수익증권발행신탁은 다수의 투자자들로부터 자금을 모아 수탁자가 신탁을 운영하기 때문이다. 이러한 논의는 복수의 투자자를 전제로 하는 사업신탁에도 적용될 수 있을 것이다. 수익증권발행신탁의 경우 위탁자와 수탁자 사이에 하나의 신탁계약이 있고, 신탁재산은 위탁자가 신탁한 재산이며, 수익증권발행대금은 신탁재산으로 편입되지 않고 신탁의 대가로 위탁자에게 지급되므로, 집합투자의 개념요소인 자산의 집합 내지 집합운용에는 해당되지 않는 것으로 보는 견해가 있다.[6] 이와 달리, 실질을 중시해서 집합투자와 유사해진다고 하면서 신탁업 규제체계와 충돌된다고 보는 입장도 있다.[7] 후자의 견해에 의하면 수익자가 복수인 사업신탁의 경우에도 집합투자에 해당되어 집합투자규제를 받는다고 볼 여지가 생긴다.

자본시장법에 의한 집합투자규제를 받게 될 것인지 여부는 대상행위가 동법상 집합투자의 개념 범위에 속하게 되는지에 따라 정해

---

4) 자본시장법 제182조 제1항, 제83조, 제81조, 동법 시행령 제80조.
5) 박철영(2012), 170면; 조상욱·이진국(2007), 32면.
6) 류혁선·최승재(2013), 485-486면; 오영표(2012), 133-134면.
7) 김은집(2015), 77면 각주 14. 류혁선·최승재(2013), 487면은 금융감독당국이 집합투자의 범위를 필요 이상으로 넓게 해석할 우려가 있다고 한다.

질 것이다. 자본시장법 제6조 제5항은 "집합투자"를 "2인 이상의 투
자자로부터 모은 금전 등 또는 국가재정법 제81조에 따른 여유자금
을 투자자 또는 각 기금관리주체로부터 일상적인 운용지시를 받지
아니하면서 재산적 가치가 있는 투자대상자산을 취득·처분, 그 밖의
방법으로 운용하고 그 결과를 투자자 또는 각 기금관리주체에게 배
분하여 귀속시키는 것을 말한다."고 규정한다. 이에 의할 때, 집합투
자는 자산의 집합, 일상적인 운용지시의 배제, 운용실적의 배분, 투
자대상자산을 취득, 처분, 그 밖의 방법으로 운용한다는 수동적 운영
을 그 개념요소로 하게 된다. 이때 "취득·처분, 그 밖의 방법으로 운
용"하는 것은 투자대상자산의 성질을 변화시키는 능동적인 사업 수
행이 아니라 투자대상자산의 가치변동을 추구하는 수동적인 것을
뜻한다고 해석된다. 따라서 집합투자는 투자자로부터 모은 금전 등
으로 사업자가 직접 사업을 경영하여 얻은 사업수익을 투자자에게
분배하는 사업회사와는 본질적으로 차이가 있게 된다.[8]

　　자본시장법은 집합투자의 정의를 상당히 포괄적으로 규정하여
매우 넓은 범위를 집합투자의 개념으로 포섭하면서,[9] 투자자보호 필
요 등 집합투자규제가 필요하지 않은 경우를 시행령으로 배제하는
방식을 취하고 있다.[10] 동법 시행령 제6조 제4항 제9호는 그 중 하나
로서, "통계법에 따라 통계청장이 고시하는 한국표준산업분류에 따
른 제조업 등의 사업을 하는 자가 직접 임직원, 영업소, 그 밖에 그
사업을 하기 위하여 통상적으로 필요한 인적·물적 설비를 갖추고 투
자자로부터 모은 금전등으로 해당 사업을 하여 그 결과를 투자자에
게 배분하는 경우. 다만, 사업자가 해당 사업을 특정하고 그 특정된
사업의 결과를 배분하는 경우는 제외한다"를 두어 사업가의 직접적

---

8) 김건식·정순섭(2013), 129, 136면.

9) 박철영(2012), 172면; 조상욱·이진국(2007), 29면.

10) 류혁선·최승재(2013), 487면; 조상욱·이진국(2007), 28-29, 35면.

인 기업활동은 투자대상자산의 취득, 처분, 기타 운용의 소극적 경영을 하는 집합투자에서 배제하고 있다.[11]

이러한 점에서, 제1, 2유형의 사업신탁은 수탁자가 스스로 사업을 하는 자로서 인적, 물적 사업설비를 구비하여 사업활동을 하고 그로부터 발생된 수익을 수익자에게 배분하는 것이므로, 위 자본시장법 시행령 조항의 예외에 해당될 것이다. 다만, 신탁목적으로 일정한 사업을 특정하고 그 사업이익을 수익자에게 배분한 때에는 동조 단서의 "해당 사업을 특정하고 그 특정된 사업의 결과를 배분하는 경우"에 해당되어 집합투자로 될 여지가 있다. 그러나, 이 단서의 타당성에는 의문이 있으며,[12] 수탁자의 업무가 적극적 기업활동인 이상 신탁목적에서 사업을 특정하였는지 여부에 따라 결론을 달리 할 것은 아니라고 생각한다.

이와 달리, 제3유형의 사업신탁에서 수탁자는 사업회사의 주식을 소유하며, 직접 사업설비를 구비하여 사업을 하는 것은 아니므로, 위 자본시장법 시행령 소정의 사업수행행위의 예외에 해당되기는 어렵고, 집합투자의 범위 내로 포섭될 수 있다. 특히, 제3유형의 사업신탁은 사업회사의 주식을 보유하면서 주식의 의결권 행사 등을 통해 회사의 경영에 참여하는 점에서 이른바 PEF(private equity fund)와 비슷한 면이 있다. 우리나라의 대표적인 사모투자전문회사인 자본시장법상 경영참여형 사모집합투자기구[13]는 경영권 참여, 사업구조 또

---

11) 김건식·정순섭(2013) 136면; 조상욱·이진국(2007), 33면.
12) 김건식·정순섭(2013), 136-137면. 양기진(2007), 273면 각주 63은 강제규&명필름이 주도한 〈안녕, 형아〉 인터넷 펀드에서 투자대상을 특정하였을 경우 간접투자에 해당하는지가 논란이 되었는데, 당시 강제규&명필름은 영화펀드는 투자자들로부터 특정 영화에 대해 자금을 모아 투자하는 직접투자 방식이라고 주장한 반면, 금융감독원은 간접투자자산운용업법상 간접투자의 범위가 크게 확대되어 영화, 음반 등에 투자하는 펀드 역시 규제대상이라는 입장을 취하였다고 한다.

는 지배구조의 개선 등을 위하여 지분증권 등에 투자, 운용하는 투자합자회사로서 지분증권을 사모로만 발행하는 집합투자기구인데,[14] 사업회사의 지분증권을 취득하여 경영권에 참여하며, 조합원 간 계약에 따른 자율을 최대한 보장하고, 수익자총회 등 소집이 강제되지 않는 등[15] 여러 가지 점에서 제3유형의 사업신탁과 비슷하다. 그러나, 경영참여형 사모집합투자기구에 대하여는 자본시장법상 법형식과 투자방식 등에 일정한 제한이 있다.[16] 법에서 이와 같이 규제를 하는 취지는 이러한 법형식과 제한을 따르지 않는 형태의 경영참여형 집합투자기구는 허용하지 않겠다는 것으로 볼 수 있으므로, 우리나라에서 이에 구속되지 않는 방식의 제3유형의 사업신탁을 하는 것은 자본시장법상 규제와 상충될 가능성이 있다. 이것은 향후 규제법적 측면에서의 논의와 입법적 해결이 필요한 사항이다. 본 연구에서는 이러한 점을 염두에 두면서, 제3유형의 사업신탁의 사법적 측면의 문제들을 검토한다.

---

13) 자본시장법상 경영참여형 사모집합투자기구 이외에도 자본시장법상 기업재무안정 경영참여형 사모집합투자기구, 산업발전법상 기업구조개선 경영참여형 사모집합투자기구, 해외자원개발사업법상 해외자원개발투자전문회사, 해외농업·산림자원 개발협력법상 해외농업자원개발투자전문회사, 해외건설촉진법상 해외건설 경영참여형 사모집합투자기구가 있다(금융감독원, 경영참여형 사모집합투자기구 실무안내, 2016. 12., 14면).
14) 자본시장법 제9조 제19항 제1호.
15) 금융감독원, 경영참여형 사모집합투자기구 실무안내, 2016. 12., 19면.
16) 자본시장법 제9조 제19항 제1호, 제249조의10 내지 23.

제2장 국내외에서의 사업신탁의 활용

우리나라는 2011년 신탁법 개정 이전부터 하여 오던 부동산개발 사업을 위한 신탁 이외에는 사업신탁이 거의 활용되지 않고 있다. 신탁의 모태국가인 영국에서는 오래전 회사가 본격적으로 발달하기 이전에 신탁을 설립하여 사업을 하였으나, 현재는 거의 이용되고 있지 않다.[1] 사업신탁은 미국에서 독자적으로 발달하였는데, 일반 회사와 같이 사업을 하기 위하여서보다는, 뮤추얼 펀드나 자산유동화 거래 등 일정한 금융 분야에서 주로 이용되고 있다.

　한편, 캐나다에서는 한때 사업신탁이 소득신탁(income trust)의 하위유형으로 독특하게 이용되기도 하였다. 그리고, 사업신탁이 일반 회사가 수행하는 사업의 영역에서 가장 성공적으로 이용되고 있는 것으로 평가할 만한 곳으로는 싱가포르를 들 수 있다. 싱가포르는 사업신탁법을 제정하고, 세계 최초로 사업신탁의 수익증권을 상장하는 것을 허용하였다. 싱가포르의 성공에 자극받은 홍콩은 후발주자로서 사업신탁을 받아들여 그 수익증권을 상장하였다. 우리나라와 거의 유사한 신탁법제를 가지고 있는 일본은 사업신탁을 회사가 사업을 영위하기 위하여 신탁을 설립한다는 기본개념에서 확장하여, 신탁의 절차적 간편성에 착안하여 이를 다각적으로 활용하는 방안들이 제안되고 있다.

---

1) Zhang(2017), p. 457.

제1절 우리나라

우리나라에서 사업신탁은 주로 부동산신탁 영역에서 활용되는데 토지신탁이 대표적이다. 부동산신탁제도는 1990년경 부동산 투기억제대책의 일환으로 정부에 의해 처음 도입되었고, 1991년 성업공사의 대한부동산신탁, 한국감정원의 한국부동산신탁이 설립되면서 본격화되었다. 초기 부동산신탁회사의 업무는 토지신탁이 주를 이루었는데, 부동산신탁회사가 자신의 명의로 차입하여 개발자금을 제공하는 사업형태를 취하여 과도한 위험을 부담하였다. 그 결과 신탁사업 중 하나가 부실화되면 신탁회사의 파산으로 이어져, 결국 1997년 외환위기를 거치면서 한국부동산신탁과 대한부동산신탁이 모두 파산하고 말았다.[1] 1997년 외환위기 이후에는 종래와 같이 부동산신탁회사가 자금조달의무를 지는 차입형 토지신탁과 그렇지 않은 관리형 토지신탁으로 좀더 다양한 형태로 변화되었다.[2] 현재 KB 부동산신탁, 국제자산신탁, 코리아자산신탁, 한국토지신탁 등 11개의 부동산 전업 신탁회사가 있으며, 이들은 토지신탁을 주요 영업활동 중 하나로 하고 있다.[3]

---

1) 오창석(2010), 54면.
2) 김이수(2009), 535-537면.
3) 2017년 6월말 현재 이들 부동산신탁회사들의 수탁고는 169.1조원으로 전년말 대비 13.2조원(8.5%)이 증가하였는데, 이 중 토지신탁은 3.4조원 증가하였다. 그리고, 수탁고를 기준으로 할 때, 토지신탁 중에 관리형 토지신탁이 약 44.1조로 차입형 토지신탁 약 6.5조 보다 큰 비중을 차지하고 있으나, 차입형 토지신탁의 보수가 영업수익에서 차지하는 비중이 약 41.7%로 매년 증가추세를 보이고 있다(금융감독원, "2017년 상반기(1~6월) 부동산신탁회사 영업실적", 2017. 9. 14., 3-5면).

1. 토지신탁 (제2유형)

　토지신탁은 수탁자를 선임하여 토지 또는 건물을 신탁하고 이것을 가지고 개발사업을 하게 한다는 점에서 제2유형(사업형 신탁)에 해당된다. 토지신탁은 토지의 효율적 개발을 통한 수익 실현을 위하여 토지 소유자가 토지를 부동산신탁회사인 수탁자에게 신탁하고, 수탁자는 개발자금의 조달, 건축물의 건설 및 임대, 분양, 건축물의 유지·관리 등 업무를 수행하며, 그로 인하여 발생하는 수익을 수익자에게 교부하는 신탁이다.[4] 토지신탁에서는 위탁자 자신이 수익자가 되는 자익신탁 방식과 제3자를 수익자로 하는 타익신탁 방식이 모두 가능하다. 대출기관이 우선수익권을 받고 위탁자는 후순위수익권을 받는 구조도 있으며, 그 밖에 여러 방식으로 이루어지고 있다.[5]

　토지신탁은 사업내용에 따라 크게 분양형 토지신탁과 임대형 토지신탁으로 나뉜다. 임대형 토지신탁은 수탁자가 토지 등을 수탁받아 택지조성 등 사업을 시행하고 이를 임대하여 임대사업을 한 후 수익자에게 임대수입을 신탁이익으로 지급한다. 분양형 토지신탁은 수탁자가 토지를 신탁받아 토지 위에 건물을 신축하고 이것을 분양하여 그 분양수익을 수익자에게 지급한다. 그 밖에 다양한 형태의 혼합형이 존재하는데, 우리나라에서는 분양형 토지신탁이 주를 이룬다.[6] 그리고, 토지신탁은 신탁회사가 자금조달의무를 지는지 여부에 따라 차입형 신탁과 관리형 신탁으로 나뉜다. 차입형 신탁에서는 신탁회사가 사업비 조달의 주체가 되고, 건축주로서 사업을 수행할 의

---

4) 유재관(2010), 318면; 신영수·윤소연(2013), 47면; 오창석(2010), 54면; KB 부동산신탁 홈페이지(www.kbret.co.kr)의 부동산신탁업무(2018. 6. 17. 방문).
5) 예컨대, 주택분양보증신탁은 관리신탁과 담보신탁이 혼합된 형태인데, 분양사업자가 위탁자 겸 후순위수익자, 주택보증공사는 수탁자 겸 우선수익자가 되는 구조이다(이계정(2017), 112-113면).
6) 김용진(2013), 17-18면; 안성포(2011), 166면; 유재관(2010), 320-321면.

무를 부담한다. 관리형 신탁에서는 사업비 조달책임을 위탁자인 사
업주가 부담하고, 신탁회사는 인허가 및 분양계약 등의 주체로서 자
금 입출금 등의 관리업무만을 수행한다. 그 결과 관리형 신탁에서는
신탁회사의 위험이 상대적으로 적고, 신탁보수도 적어진다.[7]

토지신탁은 전문적인 신탁회사가 토지개발에 관한 모든 과정을
수행한 후 수익을 토지소유자 또는 그가 지정하는 수익자에게 지급
하는 바, 사업부지의 안정적 보유, 금융·대출기관에 대한 상환안정성
도모, 사업 수행의 객관성, 이해관계자들 간의 조정의 용이성 등의
장점을 가진다.[8]

2. 특별법상의 사업형 신탁 (제2유형)

우리나라에서 신탁법이 아니라 특별법에 따라 개발사업 등을 신
탁회사가 수행하는 경우가 있다. 이러한 신탁은 특별법에 의해 수탁
자가 토지 등의 자산을 신탁받아 관련 법률에서 정하는 사업을 하는
사업형 신탁으로서, 특별법에 의한 사업형 신탁에 해당된다.

이러한 예로서, 도시개발법은 도시개발구역의 토지소유자 등 민
간사업자인 도시개발사업의 시행자는 지정권자의 승인을 받아 자본
시장법에 따른 신탁업자와 신탁계약을 체결하여 도시개발사업을 시
행할 수 있도록 하고 있다.[9] 지정권자의 승인을 받도록 한 것은 도
시개발사업의 신탁계약에 따른 토지소유자의 불이익 방지 및 권익
보호를 위함으로,[10] 위탁자와 수탁자는 지정권자에게 제출하는 승인
신청서에 신탁개발의 개요를 기재하고, 사업계획서와 자금조달계획

---

7) 김용진(2013), 19면; 김이수(2009), 535-537면.
8) 양기진(2013), 268면.
9) 도시개발법 제12조 제4항.
10) 김동근·윤승현(2015), 141면.

서 등을 첨부할 것이 요구된다.[11]

수탁자는 도시개발사업의 잠재적 가치를 예측, 분석하여 개발사업의 타당성을 검토하고, 토지인허가 진행, 각종 계획 수립 및 인가, 시공사와 금융기관을 연계하여 프로젝트 파이낸싱 등을 하며, 자금관리 및 사업정산을 한다.[12] 이러한 신탁방식의 개발사업은 주민들이 파이낸싱 능력 및 개발사업에 노하우를 갖춘 신탁회사를 선임함으로써 사업추진에 전문성과 안정성을 꾀할 수 있다는 장점이 있다. 최근 보도에 따르면, 동법 개정 이후 최초로 신탁회사가 시행자로 참여하는 도시개발사업이 진행되고 있고, 시장에서는 신탁업자가 시행사로 참여함으로써 사업의 안정성을 신뢰할 수 있는 것으로 평가하고 있다.[13]

특별법에 의한 사업형 신탁의 예는 더 있는데, 도시정비 및 주거환경정비법이 2016년 3월 개정되어 신탁회사가 사업시행자로 정비사업에 참여할 수 있도록 허용한 것이 그러하다. 위 법 개정으로 동법제8조 제4항 제8호가 신설되어 주택 재건축 및 재개발 사업에서 조합설립 동의요건 이상의 토지 등 소유자가 동의하는 경우 신탁업자를 사업시행자로 지정할 수 있게 되었다. 사업시행자로 지정된 신탁회사는 구역내 토지를 신탁받고, 시공사를 선정하여 공사도급계약을 체결하여 주택재건축사업 등을 수행한다.[14]

---

11) 도시개발법 시행규칙 제19조 및 별지 제13호.
12) 국제자산신탁 주식회사 홈페이지의 신탁상품 중 도시개발사업 부분
  (http://www.kukjetrust.com/job/job_city_dev.asp) (2018. 6. 17. 방문).
13) 매일경제, "신탁사 첫 도시개발사업 시행 - '공도스타허브' 조합원 모집",
  2017. 6. 23. (http://news.mk.co.kr/newsRead.php?&year=2017&no=421589)
14) 코리아자산신탁 홈페이지 - 도시정비사업 구조
  (http://www.ktrust.co.kr/2016/products/products14.asp) (2018. 6. 17. 방문).

제2절 미국

1. 역사와 현황

미국에서 사업신탁은 19세기 중반 토지 소유를 위하여 처음 등장하였다. 이후 1910년대부터 1920년대에 걸쳐 미국 전역으로 전파되어 투자업, 부동산개발 및 경영, 특허권 관리, 천연자원의 개발, 제조업, 출판업, 판매업 등의 다양한 분야에서 활용되기 시작하였다.[1] 19세기 후반과 20세기 초반 흔히 매사추세츠 신탁(Massachusetts trust)이라 불렸던 사업신탁은 회사의 설립규제가 상당히 완화된 이후에도 여전히 인기를 누리며 회사의 강력한 경쟁자가 되었다. 당시 석유왕 록펠러가 세운 세계 최대 규모의 정유사였던 스탠다드오일(Standard Oil)과 철강왕 카네기가 1892년에 설립한 카네기 철광회사(Carnegie Steel Company)는 모두 사업신탁이었다. 특히 스탠다드오일(Standard Oil)은 시장의 경쟁을 무력화하여 석유의 가격을 마음대로 좌우하였고, 다른 산업에서도 비슷한 상황이 벌어지자 미국에서는 반독점(anti-trust) 움직임이 일기도 하였다. 그 결과, 1890년 셔먼 반독점법(Sherman Antitrust Act)이 제정되어 신탁을 통한 독점적 사업운영은 중단되었지만, 사업을 위한 신탁의 이용은 여전히 빈번하였다.[2]

미국에서 이처럼 사업신탁이 활발하였던 이유로는 다음의 점들을 든다.

첫째, 19세기 중반 매사추세츠주의 일반 회사법(general corporate statutes)은 회사가 부동산을 소유하고 거래하는 것을 금지하고 있었는데, 이로 인해 사업신탁이 출연하였다.[3] 사업신탁은 계약의 자유

---

1) Crotty(1922), pp. 207-208.
2) Morley(2016), pp. 2146, 2163-2164.

에 근거하여 사인간 발생된 것으로서,[4] 보스턴과 그 주변의 부동산 산업의 발달과 맞물려 사인의 자연권적 권리개념에 기초하여 매사추세츠주에서 많이 생겨났고, 이러한 이유로 사업신탁은 매사추세츠신탁이라고 불렸다.[5]

둘째, 미국의 일반 회사법은 주주 의결권에 관한 요건, 최대 자본금 제한, 액면금액 요건, 주식발행시 우선매수권, 배당금 제한, 합병을 위한 특별결의 요건 및 반대주주의 주식매수청구권, 다른 회사 주식의 소유제한 등 강행규정이 많았는데, 이들 제한을 피하기 위해서 사업신탁이 이용되었다. 19세기와 20세기 초반 철도, 전기, 가스 등의 사업에서 널리 사용된 매사추세츠 신탁은 최대 자본금의 제한 없이 수익권을 발행할 수 있다는 점을 이용하였다. 또한, 이들 사업은 하나의 통일된 체제하에서 운영함으로써 효율적 경영이 가능한데, 회사가 다른 회사의 주식소유를 하는 것에 대한 제한이 있었다. 이에 따라 사업신탁을 통해 다른 회사의 주식을 취득하는 이른바 지주신탁(holding trust)이 빈번하였다.[6] 이처럼 사업신탁의 인기는 과세상 이점[7] 외에 기업조직으로서의 유연성에서 말미암은 것이었는데,[8] 당시 한 학자는 "다른 법제화된 기업형태와 비교할 때 사업신탁이

---

3) Comments(1928) pp. 1105-1106; Jones, Moret & Storey(1988), p. 426; Silberstein-Leb (2015), pp. 199-201.

4) Crotty(1922), p. 207.

5) Comments(1928), p. 1106.

6) Jones, Moret & Storey(1988), p. 427; Kove & Bogert, G. G. & Bogert, G. T.(2012), pp. 188-189.; Cook(1924), p. 737.

7) 당시 회사는 이른바 이중과세(double taxation)의 문제가 있었는데, 사업신탁에 관한 Williams v. Inhabitants of Milton, 215 Mass. 1, 102 N.E. 355 (1913)에서 매사추세츠 대법원은 부동산 거래를 위해 만들어진 사업신탁인 Boston Personal Property Trust는 법인(corporate)이나 파트너쉽(partnership)이 아니라 신탁으로 보아 과세되어야 한다고 판결하여 이중과세 문제를 피할 수 있었다(Jones, Moret & Storey(1988), pp. 426-427, 430).

8) Jones, Moret & Storey(1988), p. 424.

가지는 가장 큰 장점은 바로 유연성이다"라고 하였다.[9]

그런데, 사업신탁의 유용성에 불구하고, 사업신탁에 일반 신탁법리가 적용됨에 따라 수탁자에 대한 엄격한 신인의무의 적용, 업무위탁의 제한, 영속적 존속기간에 대한 제한 등이 문제되었다.[10] 그리고, 수익자의 유한책임에 관한 법적 불명확성은 사업신탁의 큰 취약점이 되었는데, 파트너쉽의 파트너들은 개인적 책임을 지기 때문에 사업신탁이 파트너쉽으로 인정된다면 수익자들은 신탁채무에 대해 책임을 지게 되어 매우 불리하였다. 미국의 주 법원들은 매사추세츠 신탁을 파트너쉽으로 보는 판결을 수차례 내렸고, 매사추세츠 법원도 그러한 판결을 내리기도 하였다.[11] 1930년대 대공황을 거치면서 사업신탁이 줄어들었고, 1935년 미국 연방대법원의 Morrissey v. Commissioner[12] 판결에서는 기존의 입장을 변경하여 회사와 같은 기능을 하는 신탁에는 법인세가 부과되어야 한다고 판단함에 따라,[13] 이후 사업신탁은 점차 쇠퇴의 길을 걷게 된다. 그러나, 1930년대 후반부터 연방세법이 점진적으로 사업신탁에 대한 정책적인 면세조치를 취하면서 다시금 활성화 되었고, 1980년대부터 뮤추얼 펀드와 자산유동화 분야에서 활발히 이용되기 시작하고, 이후 구조화금융까지 그 범위를 넓혔다. 현재, 미국에서는 여전히 회사나 파트너쉽이 훨씬 많이 이용되고 있지만, 수조 달러 규모의 뮤추얼 펀드의 절반 이상이 사업신탁의 형태로 조직되는 등, 뮤추얼 펀드, 자산유동화거래, 부동산투자신탁(REIT), 연금(pension fund)에서 사업신탁의 영향력은

---

9) Issacs(1929), p. 1052.
10) Hansmann & Mattei(1998a), p. 474; Frankel(2001), p. 326의 각주 4; Sitkoff(2005), p. 37.
11) Silberstein-Leb(2015), pp. 202-204(Whitman v Porter, 107 Mass. 522(1871) 등을 든다).
12) 296 U. S. 344 (1935).
13) 이 판결의 세법상 영향에 대하여는, Bishop(2010), pp. 539-541 참조.

상당하다.[14] 2000년대 미국에서 사업신탁은 델라웨어주가 절대적인 비율을 점하고 있고, 그 다음으로는 코네티컷 주에서 많이 이용되고 있다. 2003년에는 1만개 정도의 사업신탁이 새로 등기되는 등 증가추세에 있다.

이처럼 미국에서는 초기에 일반 사업을 위하여 사업신탁을 사용하였지만, 이후에는 금융거래를 중심으로 한 특정 영역에서 이용되고 있다.[15] 현재 실제로 미국에서 이용되는 사업신탁은 일반 사업의 경영과 관련성이 적다는 점에서 본 연구에서 말하는 사업신탁과는 차이가 있다.

〈표 1〉 미국 주별 사업신탁 이용현황(2003년)[16]

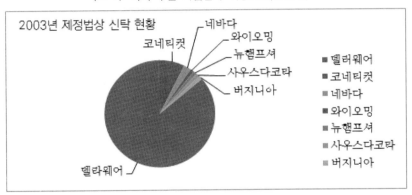

---

14) Drafting Committee on USTEA(2005), p. 1; Dukeminier & Sitkoff(2013), pp. 398-399; Jones, Moret & Storey(1988), p. 422; Langbein(1997), pp. 170-172; Sitkoff(2005) p. 34; Walsh & Michaels(2013), p. 682.

15) Drafting Committee on USTEA(2005), p. 1; Dukeminier & Sitkoff(2013), pp. 398-399; Schwartz(2013a), pp. 559-560; Schwartz(2013b), p. 321; Walsh & Michaels(2013), pp. 683, 687.

16) Drafting Committee on USTEA(2005), p. 4.

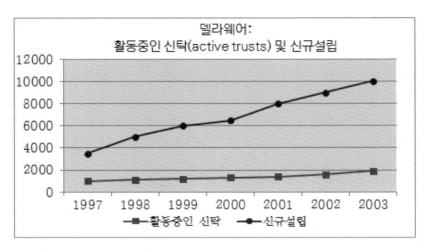

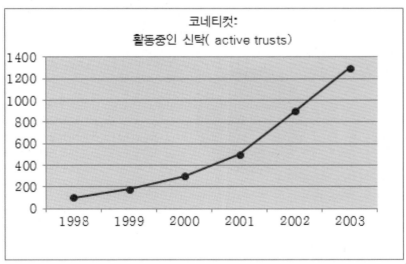

2. 사업신탁의 제정법화

가. 제정법화의 경로

　　미국에서 사업신탁은 제정법화되기 전과 후로 나눌 수 있다. 19세기 회사제도의 등장에 불구하고 회사의 설립과 운영상 제한을 불편하게 여긴 사업가들은 여전히 신탁에 대한 미련을 버리지 못하였고, 이러한 배경에서 사업신탁이 본격적으로 나타나 회사와 경쟁관계에 서게 되었다.[17] 미국에서 사업신탁은 제정법화되기 이전에도 자산분리, 양도가능한 지분, 신인의무 체제 등의 주요한 기업조직의 특성을 구비하고 있었고, 회사보다 더 적은 비용으로 손쉽게 이용될 수 있다는 점 때문에 상당한 수준으로 회사를 대체할 수 있는 존재로 인식되고 있었다.[18]

　　제정법화 이전의 사업신탁에 관한 대표적 판례인 Hecht v. Malley[19]는 매사추세츠 신탁은 기업조직의 한 형태로서 신탁증서에 따라 수탁자에게 신탁재산이 이전되고, 양도가능한 수익증권이 수익자에게 발행되며, 수탁자가 이러한 수익자들의 이익을 위하여 신탁재산을 보유, 운용하는 것을 핵심요소로 한다고 설시하였다. 이 판결은, 제정법화 이전에도 이미 사업신탁을 기업조직으로 파악하고 기업조직의 일정한 특징을 개념요소로 하여 정의를 한 것이라는 점에서 시사하는 바가 크다.[20]

---

17) Silberstein-Leb(2015), p. 193.
18) Morley(2016), p. 2146.
19) Hecht v. Malley, 265 U.S. 144 (1924).
20) 미국의 신탁법 교과서 및 1920년대 문헌에서는 매사추세츠 신탁을 "신탁증서 또는 신탁선언에 의해 영리를 위해 설립된 비법인 조직으로서, 보수를 받는 수탁자가 양도가능한 증서에 의해 표시되는 다른 사람의 이익을 위해 경영을 하는 것"이라고 정의하고 있다(Kove & Bogert, G. G. & Bogert G.

미국에서는 판례법에 의해 신탁이 규율되어 왔고,[21] 주별로 제정
법으로 신탁법이 마련되어 있는데, 통일신탁법(Uniform Trust Code)[22]
을 비롯한 여러 통일법들[23]이 정비됨에 따라 주법도 이들을 모델로
하여 신탁법 및 관련 법률들을 발전시켜갔다.[24] 이러한 법체제하에
서 미국의 법원은 여러 판결에서 사업신탁을 기존의 전통적인 신탁
과 구별하였는데, 전통적인 신탁은 재산의 보전과 보호를 위하여 고
안된 것임에 비해 사업신탁은 수익을 위한 사업을 하는 도구라는
점, 전통적인 신탁의 수익자는 위탁자로부터 증여받아 수익권을 취
득한 것에 비해 사업신탁의 투자자는 자발적이고, 계약적 관계라는
점 등이 언급되었다.[25] 이처럼 그 목적과 성격에서 차이가 있음을
인정하면서도, 기본적으로 미국 법원은 사업신탁을 신탁법상 신탁의
하나로 보고 판례법을 형성해 나갔고,[26] 증여적 성격의 민사신탁과
여러 면에서 차이를 보이는 사업신탁에 일반 신탁법리를 적용함에
따라 사업신탁의 법적 성격과 책임관계에 관하여 논란과 문제가 제

T.(2012), p. 183; Comments(1928), p. 1105).
21) 판례를 집대성한 신탁 리스테이트먼트(Restatement of Trusts)는 미국법률협
   회(American Law Institute)에서 미국의 주마다 다른 신탁 관련 법령의 통일적
   해석을 위해 판례법을 정리한 것이다. 1935년 제1차 신탁 리스테이트먼트와
   1959년 제2차 신탁 리스테이트먼트가 Scott, A. W. 교수의 주도로 간행되었
   다. 이후 Edward Halbach 명예교수의 주도로 1992년에 제3차 신탁 리스테이
   트먼트 중 투자에 관한 부분이 "Restatement (Third) of Trusts: Prudent Investor"로
   간행되었고, 2012년 이를 포함한 제3차 신탁 리스테이트먼트가 완간되었다
   (Dukeminier & Sitkoff(2013), pp. 388-389).
22) UTC with Prefatory Note and Comments(2017).
23) 통일수탁자권한법(Uniform Trustee Powers Act 1964), 통일검인절차법(Uniform
   Probate Code 1969), 통일신중투자자법(Uniform Prudent Investor Act 1994) 등이
   다(Dukeminier & Sitkoff(2013), p. 389).
24) Dukeminier & Sitkoff(2013), p. 389.
25) Flannigan(1982), pp. 184-185.
26) Thulin(1922), pp. 179-182.

기되었다. 예컨대, 일반 신탁법리에 따라 사업신탁의 수탁자는 무한
책임을 지는 것으로 보았는데, 이로 인해 실무에서는 수탁자의 책임
을 한정하는 별도의 특약을 두는 경우가 대부분이었다. 그리고, 전
통적인 신탁에 비해 수익자의 권한이 좀더 큰 사업신탁의 특성에 따
라, 수익자의 책임문제와 관련하여서는 주마다 법원칙이 달리 적용
되는 등 법적 불명확성이 극심하였다.[27] 사업신탁의 당사자들이 느
끼는 이러한 법적 위험은 신탁의 이점을 반감시켰고, 실무가들의 요
구에 의해 입법적 해결을 불러와 미국에서는 제정법으로 사업신탁
을 규율하게 되었다.[28] 이중 1988년 제정된 델라웨어 사업신탁법
(Delaware Business Trust Act)이 가장 대표적이다. 델라웨어 사업신탁법
은 2002년에 델라웨어 제정법상신탁법(Delaware Statutory Trust Act)으로
법명을 변경하였는데, 동법은 사업신탁에 독자적 법인격을 부여함으
로써 판례법에서는 명확하지 않았던 사업신탁의 법적 성격, 소송능
력, 유한책임의 문제 등을 일정 부분 해결하였다.[29] 이 법은 사업신
탁의 지배구조(governance), 운영(management), 자본구조에 관하여 사
적 자치와 유연성을 인정한 점에서 회사법과 큰 차이가 있다.[30] 하
지만, 델라웨어주를 포함하여 약 30여개 주에서 주별로 마련한 제정
법상 신탁(statutory trust)[31]을 규율하는 법률의 내용은 불완전하거나

---

27) Walsh & Michaels(2013), p. 682; 미국 판례법상 사업신탁의 수탁자와 수익자
   의 책임문제에 관하여는, Jones, Moret & Storey(1988), pp. 433-435 및 오성근
   (2008), 433-449면 참조; 사업신탁과 파트너쉽 사이의 구별 및 수익자의 책임
   에 관하여, Jones, Moret & Storey(1988), pp. 429-432 및 Silberstein-Leb(2015), pp.
   206-208; 매사추세츠주와 델라웨어주의 사업신탁상 수익자의 책임문제에
   관하여, Hansmann & Mattei(1998a), pp. 474-475.
28) Silberstein-Leb(2015), pp. 205-208.
29) Frankel(2001), p. 326; 문기석(2013), 79-80면.
30) Walsh & Michaels(2013), pp. 683, 685.
31) 제정법상 신탁(statutory trust)라는 명칭은 사업신탁이 가장 활발한 델라웨어
   주와 코네티컷주의 실무를 반영한 것이다. 이들 주에서 사업신탁(business

뒤떨어진 것이어서 이들을 보완하고 새롭게 정비할 필요가 있었다.[32] 이에, 여러 주들의 제정법상 신탁을 통일하고 사업신탁을 좀더 효과적인 조직형태로 만들기 위하여, 2009년 7월에 전미통일주법위원회의(National Conference of Commissioners on Uniform State Law)에 의해 통일제정법상신탁법(Uniform Statutory Trust Entity Act)의 최종안이 승인되었다. 이후 통일제정법상신탁법은 2011년과 2013년에 개정되었는데,[33] 2018년 현재 켄터키 주와 콜롬비아구에서만 주법으로 수용하고 있어 아직 그 활용은 저조한 편이다.[34] 제정법상 신탁이 가장 활발히 이용되는 델라웨어주에서도 통일제정법상신탁법을 전체적으로 도입하는 대신, 자신들이 뮤추얼 펀드, 자산유동화거래 등에서 가지는 독보적인 위치를 유지하기 위하여 이들 분야의 요청에 맞추어 법개정을 하는 등, 실무의 수요에 부합되게 델라웨어주 제정법상 신탁법을 계속적으로 보완해나가고 있다.[35]

---

trust) 대신에 제정법상 신탁이라는 용어가 사용되게 된 것은 구조화 금융거래에서 사업신탁이 파산법(Bankruptcy Code)상 파산적격이 있는 자로 인정될 수 있다는 우려에 따른 것이다. 이들 주의 파산법상 파산적격이 있는 자(person)에는 "corporation"이 포함되고, "corporation"에는 "business trust"가 포함되어 있는데, 만약 도산절연을 추구하는 금융거래에서 사업신탁이 파산의 대상이 되면 당사자들의 기대에 어긋나게 되므로 실무에서는 사업신탁을 제정법상 신탁이라고 재명명하여 사용하게 되었다(Rutledge & Habbart(2010), pp. 1060-1061(각주40); Drafting Committee on USTEA(2005), p. 2).

32) USTEA with Prefatory Note and Comments(2015)의 Prefatory Note, pp. 1-2.

33) USTEA with Prefatory Note and Comments(2015)의 Prefatory Note Regarding 2011 and 2013 Amendments.

34) http://www.uniformlaws.org/Act.aspx?title=Statutory Trust Entity Act (2018. 6. 17. 방문); 다른 몇 주에서는 이와 유사한 내용의 별도의 입법을 하였다(Walsh & Michaels(2013), p. 686).

35) Richards Layton & Finger(2016) https://www.rlf.com/Publications/6520) (2018. 6. 17. 방문).

나. 통일제정법상신탁법[36]의 주요 내용

통일제정법상신탁법은 주마다 사업신탁에 관한 서로 다른 제정법이 존재하는 것에서 사업신탁을 통일적으로 규율할 수 있는 기반을 마련하고, 제정법상 신탁에 대해 독립된 법인격, 수탁자와 수익자의 유한책임을 부여함으로써 사적 계약을 통해 구현하기 힘들었던 조직법적 기본요소를 제공하였다는 점에서 그 의의가 크다.

(1) 신탁법과의 관계

통일제정법상신탁법은 제정법상 신탁을 규율하기 위한 통일법전인데, 동법 제105조에서 신탁법과 동법 사이의 관계를 명시하는 조문을 두어, 신탁법이 동법에 대해 보충적 관계에 있다고 규정하고 있다.[37] 동 조항 단서는, 신탁증서로 제104조가 정하는 강행규정에 해당되지 않는 한 신탁법과 다른 내용을 정할 수 있다고 한다. 이에 따라, 제정법상 신탁에 대하여는 통일제정법상신탁법이 가장 우선적인 효력을 가지며, 일반 신탁법리와 통일신탁법은 통일제정법상신탁법이나 신탁증서(governing instrument)가 달리 정하지 않는 범위에 한하여 적용된다.[38]

---

36) USTEA with Prefatory Note and Comments(2015).
37) 제3차 신탁 리스테이트먼트는 사업신탁은 리스테이트먼트의 원칙이 적용되는 것도 많지만 그렇지 않은 것도 많다고 하면서, 사업신탁은 사업조직법이 다루는 것이 최선이라고 보아 리스테이트먼트의 적용대상에서 배제하고 있다(제3차 신탁 리스테이트먼트 § 1, comment b). 그러나, 신탁은 그것이 사업목적인 때에도 신탁증서나 다른 법률로 대체되지 않는 한 일반적인 신탁법이 적용되므로, 통일제정법상신탁법은 일반 신탁법, 통일신탁법이 보충적으로 적용되는 것으로 하였다(USTEA with Prefatory Note and Comments(2015)의 Prefatory Note, p. 3).
38) 미국 통일제정법상신탁법 제105조의 comment.

(2) 제정법상 신탁의 설립과 법적 성격

(가) 등기(filing)에 의한 설립

제정법상의 신탁은 그 용어에서도 나타나듯이 일반적인 신탁과 달리 제정법에 의하여 만들어지는 존재이다. 즉, 위탁자와 수탁자 사이의 계약 등 신탁행위로 설립되는 것이 아니라, 주정부에 등기를 함으로써 설립된다.[39] 수탁자는 등기신청시 신탁의 명칭, 지정사무소의 주소, 송달을 위한 최초 대리인의 주소, 시리즈 신탁인 경우 그에 관한 내용 등을 기재한 신탁서류(certificate of trust)를 제출하여야 하고, 주정부는 신청서류가 동법상 규정된 요건을 모두 구비하고 신고비용을 납부하였다면 신고를 수리하여야 한다.[40]

제정법상 신탁의 설립에 등기를 요구한 것은 제정법상 신탁은 주식회사, 유한책임회사 등과 같이 별개의 법인격을 가지고 자신의 이름으로 거래하고 수탁자 및 수익자와는 별도로 존재하는 조직이기 때문이다.[41] 기업조직의 설립을 등기에 의하도록 하는 것은 조직체가 순수한 계약의 생성물이 아니라 주정부에 의한 양허(consession)의 산물이라고 보는 이른바 양허이론에 기원을 두며, 주정부가 조직을 계속 관리한다는 의미를 가진다.[42] 제정법상 신탁도 법인격체이므로 단순히 계약에 의해 생성되도록 하는 대신 주정부에 등기를 함으로써 설립되도록 한 것이다.

그리고, 동법은 만약 신탁증서의 내용이 등기 내용과 상치하는 경우에는 등기에 기재된 내용의 효력이 우선하는 것으로 정하고 있다. 사업신탁의 등기는 유한책임을 가지는 조직에 대하여 대외적으

---

39) 미국 통일제정법상신탁법 제201조 (a), (d)항 및 comment.
40) 미국 통일제정법상신탁법 제211조 (a)항.
41) USTEA with Prefatory Note and Comments(2015)의 Prefatory Note, p. 3.
42) Ribstein(1991), pp. 85-88.

로 이해관계를 가지는 자에 대한 공시기능을 하는 것으로서, 등기에
공신력을 인정한 것이다.[43]

(나) 독립된 법인격의 부여

통일제정법상신탁법은 법인격 있는 조직체라는 뜻의 "entity"라는
단어를 법의 명칭의 일부로 포함시킨 것에서 알 수 있듯이, 제정법
상 신탁에 수탁자와 수익자로부터 별도로 존재하는 독립된 법인격
을 부여하였다. 나아가, 제정법상 신탁은 독립된 법인격체로서 자신
의 이름으로 거래를 하고 재산을 보유하며, 소송에서 당사자능력을
가진다는 점을 명시하였다.[44] 이는 제정법상 신탁이 일반적인 신탁
과 구별되는 중요한 특징이다.[45]

이와 함께, 제정법상 신탁은 일반적인 신탁과 같이 수탁자의 명
의로 신탁재산을 보유하고 거래를 체결하는 것도 가능하다고 규정
하는데, 신탁의 명의로 자산을 보유하는 제도가 마련되어 있지 않는
주에서도 제정법상 신탁이 활용될 수 있도록 하기 위함이다. 그러나,
이 경우에도 동법상 책임에 관한 원칙은 변함이 없으므로, 수탁자의
명의로 신탁재산을 보유하는 때에도 수탁자 개인이 아니라 제정법
상 신탁의 재산으로 책임을 지게 된다.[46]

(다) 영속적 존재

일반적인 신탁에서는 영구불확정 금지(rule against perpetuities)의
원칙이 적용되어, 신탁과 관련한 권리는 그 권리가 생긴 때에 생존
한 사람의 사후 21년 이내에 확정되어야 하고, 그렇지 않으면 그 권

---

43) 미국 통일제정법상신탁법 제201조 (e)항 및 동조의 comment.
44) 미국 통일제정법상신탁법 제302, 307, 308조.
45) USTEA with Prefatory Note and Comments(2015)의 Prefatory Note, p. 1.
46) 미국 통일제정법상신탁법 제307조 및 동조의 comment.

리는 유효하지 않는 것으로 되었다. 이 원칙은 권리가 영구적으로
확정되지 않는 불확실한 상태에 놓여서는 안된다는 점을 이유로 한
다. 영구불확정 금지의 원칙은 신탁의 존속기간을 직접적으로 정하
지는 않지만, 수익자가 동 원칙에 따른 기한 내에 특정될 것을 요구
하여 간접적으로 신탁의 존속기간을 제한한다. 미국에서는 이 원칙
의 불합리성에 대한 비판이 계속되어 왔고, 많은 주에서 주법으로
영구적인 신탁을 허용하기에 이르렀다.[47] 초기 사업신탁에서도 영구
불확정 금지의 원칙이 적용되는 것으로 보기도 하였는데, 이후 이를
배제하는 판례가 나왔다.[48]

　　통일제정법상신탁법은 제정법상 신탁에 대하여 영구불확정 금지
의 원칙을 명시적으로 배제하고, 제정법상 신탁이 회사와 같은 영속
적인 기업조직으로서 존재하게 됨을 분명히 하였다. 동법 제306조는
제정법상 신탁은 신탁증서에서 달리 정하지 않는 한 영속적인 것으
로 하고, 동법 또는 신탁증서에 의하지 않고는 철회, 종료되지 않으
며, 수익자나 수탁자의 사망, 무능력, 해산, 종료, 파산 등으로 인하
여 제정법상 신탁이 종료되지 않는다고 규정한다. 그리고, 일반 신
탁에서의 혼동의 원칙을 변경하여 단독 수탁자가 단독 수익자가 되
더라도 종료되지 않도록 하고 있다.

(3) 수탁자의 권한과 의무

　　통일제정법상신탁법은 제정법상 신탁의 수탁자의 권한과 의무를
신탁법리상 수탁자에 대한 것이 아니라 회사법상 이사와 같이 정하

---

47) Dukeminier & Sitkoff(2013), pp. 877, 882, 895, 899.
48) 1899년 매사추세츠 대법원의 Howe v. Morse, 174 Mass. 491, 55 N.E. 213 (1899)
　　판결로 매사추세츠 사업신탁은 영구불확정 금지의 원칙이 적용되지 않는
　　것으로 되었다(Jones, Moret & Storey(1988), p. 444).

고 있다. 제정법상의 신탁은 주로 사업조직으로 사용되기 때문에 수
탁자의 신인의무를 좀더 엄격한 신탁법리의 것이 아니라 회사법상 신
인의무의 모델에 의하기로 한 것이다. 법초안위원회(drafting committee)
는 신탁법리상 신인의무는 증여적 신탁의 맥락에서 발전되어 왔음
에 비해 회사법상 이사의 신인의무는 상사적 수요에 맞추어 발전되
어 왔다고 하면서, 제정법상 신탁의 수탁자에 대하여 2005년 모범사
업회사법(Model Business Corporation Act, 2005)의 § 8.30의 회사 이사의
신인의무를 모델로 삼는다고 밝혔다.[49]

(가) 광범위한 권한 부여

통일제정법상신탁법은 수탁자의 권한에 관하여 수탁자는 신탁증
서 및 동법에서 부여된 권한 외에 신탁증서에서 제한하고 있지 않는
한 신탁의 영업과 사무를 위하여 필요한 권한을 가진다고 규정하고
있다. 일반적인 신탁에서는 수탁자가 신탁증서에 정해진 범위 내에
서만 권한을 가지는데, 이러한 신탁법리를 변경하여 법에 의해 가능
한 한 넓은 범위의 권한을 수권한 것이다.[50] 그리고, 수탁자가 권한
범위를 넘어 행위하거나 부적절하게 권한을 행사한 때에도 그러한
수탁자와 거래하거나 수탁자를 보조한 제3자가 선의인 경우 그를 보
호하는 규정을 두어, 수탁자의 권한범위의 확대를 뒷받침하고 있다.
나아가, 일반 신탁법리에서는 신탁과 거래하는 제3자는 수탁자가 그
러한 거래를 할 권한이 있는지에 대하여 확인할 것이 요구되는데,
이러한 원칙을 변경하여 제3자는 선의로 수탁자와 거래하거나 수탁
자를 보조할 때 수탁자의 권한범위와 권한행사의 적절성에 대하여
확인할 필요가 없다고 규정한다. 따라서, 선의의 제3자는 수탁자가
적법한 권한을 가지고 있다고 간주할 수 있고, 신탁증서를 확인하지

---

49) 미국 통일제정법상신탁법 제505조의 comment..
50) 미국 통일제정법상신탁법 제502조 및 comment.

않아도 된다.[51]

(나) 과반수에 의한 의사결정 원칙

수탁자는 전원일치에 의해서 의사결정을 한다는 일반적인 신탁의 원칙 대신 과반수에 의한다는 기본 원칙을 정하고 있다.[52] 이는 사업신탁에서 공동수탁자를 둔 경우에 전원일치에 의하여 신탁사무를 처리하는 것의 비효율성을 고려한 것이다.

(다) 이사와 비슷한 의무 기준 적용

① 주의의무

수탁자에 대하여 이사와 같은 내용의 일반 행위기준(standards of conduct)을 부과한다. 즉, 수탁자는 수탁자로서의 권한을 행사할 때, 선의로(in good faith), 제정법상 신탁에 최선의 이익(best interest)이 된다고 합리적으로 믿는 방식으로 행위하여야 하고, 자신과 유사한 지위에 있는 자가 그와 비슷한 상황이었으면 적절하다고 합리적으로 믿는 주의로서 의무를 이행하여야 한다고 규정한다. 이러한 수탁자의 의무는 2005년 모범사업회사법 § 8.30을 모델로 한 것으로, 신탁증서에서 달리 정하지 않는 한 일반 신탁법리에 의한 수탁자의 의무 기준에 따르도록 한 델라웨어 제정법상신탁법과는 다른 것이다. 실제로 델라웨어의 제정법상 신탁을 이용하는 실무에서는 신탁증서에서 수탁자의 의무를 회사법상 이사의 의무와 같은 내용으로 정하는 것이 일반적이라는 점을 고려하여, 통일제정법상신탁법은 그 기본 원칙을 변경하여 회사법상 이사의 의무기준을 적용하는 것으로 하였다.[53]

---

51) 미국 통일제정법상신탁법 제504조 (a), (b) 및 comment; Dukeminier & Sitkoff (2013), p. 584.
52) 미국 통일제정법상신탁법 제503조 제1항 및 comment.
53) 미국 통일제정법상신탁법 제505조 및 동조의 comment.

그리고, 수탁자는 신탁증서, 제정법상 신탁의 기록 또는 전문가의 의견, 보고서, 진술에 합리적으로 의존(reliance)한 결과 발생된 신탁 또는 신인의무 위반에 대하여는 책임을 지지 않는다고 규정한다.[54] 이때, 수탁자는 전문가의 의견 등에 의존하였다고 하여 당연히 면책이 되는 것은 아니며, "합리적으로" 의존할 것이 요구된다. 이에 대하여는 수탁자가 입증을 하여야 할 것인 바, 제3차 신탁 리스테이트먼트의 다음의 기술내용이 참고가 된다: "법률고문(legal counsel)으로부터 의견을 구한 것은 수탁자의 신중함에 대한 증거가 된다. 그러나, 수탁자는 자신이 원하는 법률조언을 받기 위해 법률자문을 쇼핑(shopping)하였거나, 법률조언에 따르는데 합리적이지 못하였을 수 있으므로, 법률자문에 의존한 것은 신탁의무 위반에 대한 완전한 방어가 되지는 못한다. 수탁자가 조언을 구하고 그것을 따를지 고려할 때 신중하게 행동할 의무를 가지며, 수탁자가 전문가를 신중하게 그리고 선의로 선정하였고, 법률조언자가 그의 전문성의 범위 내에서 한 수긍할 수 있는 의견에 의존하였다면, 이는 수탁자의 신중함에 대한 강력한 증거가 된다".[55]

그리고, 통일제정법상신탁법은 "선의로(in good faith), 제정법상의 신탁에 최선의 이익이 된다고 합리적으로 믿는 방식으로 행위하여야 하고, 자신과 유사한 지위에 있는 자가 그와 비슷한 상황이었으면 적절하다고 합리적으로 믿는 주의로서 의무를 이행하여야 한다"는 의무에 대하여, 신탁증서로 선의, 신탁을 위한 최선의 이익 및 유사한 상황에 있는 자라면 합리적으로 적절한 것이라 믿었을 것이라는 주의(care)에 대한 판단기준을 명확히 불합리하지 않는(manifestly unreasonable) 범위에서 달리 정하는 것을 허용한다.[56]

---

54) 미국 통일제정법상신탁법 제506조.
55) 미국 통일제정법상신탁법 제506조의 comment; 제3차 신탁 리스테이트먼트 § 77의 comment b(2).

② 충실의무

수탁자의 이익충돌행위에 대한 규율을 일반 신탁법리상 수탁자에 대한 것보다 완화하여, 수탁자의 자기거래는 무효(void)가 아니라 신탁에 대하여 공정하지 않는 경우에 한하여 무효화 할 수 있는 (voidable) 것으로 하였다. 일반 신탁법리에 의하면 수탁자의 자기거래는 거래가 공정하고 신탁에 이익이 된 경우에도 수익자에 의하여 무효화될 수 있는 "no further inquiry" 원칙이 적용되는데, 그것 대신 2005년 모범사업회사법 § 8.61(b)(3)과 같이 관련 거래가 신탁에 대해 공정하였음을 당사자가 입증하지 않는 경우 제정법상 신탁에 의해 무효로 될 수 있도록 한다. 이에 따라, 제정법상 신탁의 수탁자, 임원, 직원 등 일정한 자는 위와 같이 거래가 무효화되지 않는다면, 제정법상 신탁과 사이에 대출, 차입, 보증, 담보제공, 채무인수, 그 밖의 거래를 할 수 있다.[57]

③ 업무위탁

신탁법리상 수탁자의 업무위탁을 허용하지 않는 원칙을 변경하여 일반적으로 수탁자가 그 권한과 의무를 제3에게 위임할 수 있도록 하였다. 일반 신탁법리에서 인정되는 수탁자의 자기집행의무에 구속되지 않고, 제정법상 신탁의 수탁자로 하여금 필요한 경우 전문가에게 위탁할 것을 장려하기 위한 것이다. 통일제정법상신탁법은 수탁자의 신탁사무의 위임시 수탁자는 자신과 유사한 지위에 있는 자가 그와 비슷한 상황에 있다면 합리적으로 적절하다고 믿을 주의를 다할 의무를 다하여 수임인을 선택하고, 위임의 범위 및 조건을 설정하며, 수임인의 신탁사무 처리에 대한 주기적인 감시를 할 의무를 부과한다. 그리고, 업무를 수탁한 수임인은 수탁업무를 수행할

---

56) 미국 통일제정법상신탁법 제104조 제7항.
57) 미국 통일제정법상신탁법 제507조 및 comment.

때 합리적인 주의를 다하여 위탁조건을 준수할 의무를 제정법상 신탁에 대하여 진다고 규정하고 있다.[58]

(라) 유한책임과 자산분리기능

통일제정법상신탁법은 제정법상 신탁의 수탁자와 수익자에게 회사의 이사와 주주에 상응하는 유한책임을 인정한다. 즉, 동법 제304조 제1항은 제정법상 신탁의 모든 채무는 신탁에 귀속되도록 하고, 수익자, 수탁자 또는 그 대리인은 누구도 신탁의 채무에 대하여 개인적인 책임을 부담하지 않는다고 규정한다. 또한, 제305조에서 수익자 및 수탁자의 채권자는 신탁재산을 점유하거나 그에 대하여 법적 또는 형평법상 구제권리를 행사할 수 없다고 명시하여, 제정법상 신탁에 회사에서 인정되는 자산분리기능(asset partitioning)을 부여하였다.[59] 다만, 유한책임 및 자산분리에 관한 조항은 동법상 제104조의 강행규정에는 포함되어 있지 않다.

(마) 수익권의 양도가능성

통일제정법상신탁법 제602조 (b)항은 수익권은 원칙적으로 자유롭게 양도가능하다고 규정한다. 일반 신탁법리에서는 수익권의 양도가능성에 일정한 제한이 있는데,[60] 이와 달리 제정법상 신탁의 수익권은 원칙적으로 양도가능한 권리로 한 것이다. 다만, 이 조항은 동법 제104조에 열거된 강행규정은 아니므로, 신탁증서로 다르게 정

---

58) 미국 통일제정법상신탁법 제511조 및 comment.
59) Rutledge & Habbart(2010), pp. 1067-1068.
60) 일반 신탁에서는 수탁자가 신탁수익의 지급에 대하여 재량을 가지는 재량신탁(discretionary trust)의 경우 수익권은 원칙적으로 양도가능하지 않은 것으로 본다. 그리고, 미국에서는 낭비자신탁(spendthrift trust)을 인정하여, 수익권의 양도가 불가능하도록 하는 제한을 둘 수 있도록 한다(Dukeminier & Sitkoff(2013), p. 687).

할 수 있다.[61]

(바) 수익자의 권한

통일제정법상신탁법에 의해 수익자는 회사의 주주에게 인정되는 공익권인 의결권, 정보요구권, 대표소송권한을 가진다. 이중 의결권은 임의규정이며, 정보요구권과 대표소송권한은 강행규정으로 되어 있다.

① 의결권

복수의 수익자는 수익권의 과반수의 결의 또는 동의에 의하여 행위하며,[62] 신탁증서의 변경, 합병, 수익권교환(interest exchange), 신탁의 조직변경 등 일정한 사항에 대하여는 전원에 의한 동의를 받도록 한다. 다만, 의결권 및 결의요건에 관한 조항은 임의규정으로서, 당사자들의 의사에 따라 신탁증서에서 달리 정할 수 있다.[63]

② 정보요구권

수익자는 수익자의 이익과 합리적인 관련이 있는 경우 정보요구권을 가진다.[64] 수익자의 정보요구권을 무제한적으로 인정하면 수탁자의 원활한 업무수행에 지장이 생길 수도 있음을 고려하여 수익자의 이익과 합리적인 관련이 있을 것이라는 제한을 두고 있는 것이다. 수익자의 정보요구권은 수익자의 기본 권리로서 일반적인 신탁법리에서도 인정된다. 제3차 신탁 리스테이트먼트는 수익자는 신탁

---

61) 미국 통일제정법상신탁법 제602조 comment.
62) 미국 통일제정법상신탁법 제603조 제1항.
63) 미국 통일제정법상신탁법 제103조 (d)항, 제923조 (a)항 (1)호, 제933조 (a)항 (1)호, 제943조 (a)항 (1)호 및 그 각 comment; 동법 제103조 제6항.
64) 미국 통일제정법상신탁법 제608조.

위반을 방지, 시정하거나 그 밖에 자신의 권리를 행사하기 위해 합리적으로 필요한 정보를 요청할 권한을 가진다고 하는데, 통일제정법상신탁법에서도 이와 같이 규정하였다.[65]

수익자의 정보요구권은 수탁자의 업무의 적절성을 담보하고 수익자의 수탁자 감시를 위해 필수적으로 요구되므로, 이를 강행규정으로 하고 있다. 다만, 신탁증서에서는 수익자가 요구하는 정보가 수익자의 이익과 합리적으로 관련이 있는 것인지를 평가하는 기준을 정할 수 있는데, 그 기준은 명확히 불합리한(manifestly unreasonable) 것이어서는 안된다.[66]

③ 대표소송권한

사업신탁의 수익자에 대하여 회사의 주주와 같이 대표소송권한을 부여하고 있다.[67] 대표소송권한은 수익자가 신탁에 위반하는 수탁자의 행위에 대한 구제수단이므로 이를 박탈할 수 없도록 하고, 다만 신탁증서로 수익자가 일정금액 이상의 수익권을 보유할 것과 같은 추가 요건이나 제한을 두는 것은 허용한다. 이때, 추가 요건이나 제한은 명확히 불합리한(manifestly unreasonable) 것이어서는 안된다.[68]

(사) 사적 자치의 최대화와 강행규정의 명시

통일제정법상신탁법은 신탁의 기본인 유연성과 사적자치를 그대로 존중하고 있다.[69] 동법은 신탁증서에 규정이 없는 경우에 적용되는 기본 원칙(default rule)을 정하는 것이며, 동법상 거의 모든 규정들

---

65) 미국 통일제정법상신탁법 제608조 comment 및 제3차 신탁 리스테이트먼트 § 82의 comment a(2).

66) 미국 통일제정법상신탁법 제104조 제13항.

67) 미국 통일제정법상신탁법 제610조.

68) 미국 통일제정법상신탁법 제104조 제14항 및 제610조의 comment.

69) Walsh & Michaels(2013), p. 686.

은 신탁증서로 달리 정할 수 있도록 하고 있다.[70] 이와 같이 할 수 없는 사항들을 강행규정으로서 제104조에 열거하고 있다. 이에는 (1) 등록 대리인, 사업신탁 등기시 기록제출, 기존 사업신탁에 대한 동법의 적용(제107조), 동법 개정 및 폐지 권한(제108조) (2) 준거법의 선택(제301, 801조), (3) 제정법상 신탁에서 주로 증여적인 목적을 가지는 신탁의 배제(제303조 (b)항), (4) 제정법상 신탁의 존속기간(제306조 (a)항), (5) 제정법상 신탁의 소송능력(제308조),(6) 시리즈 신탁에 관한 제401, 402(b),(c)항, 403, 404, 405(c)항에서 정한 사항, (7) 수탁자의 신탁 업무시 행위 기준(제505조), (8) 신탁증서, 기록, 전문가의 의견 등 의 존시 합리적으로 행동할 의무(제506조), (9) 수탁자의 정보에 관한 권리(제508조), (10) 수탁자의 악의(bad faith), 고의에 의한 행위 및 위법 행위에 대한 구상청구권, 비용선급권, 수탁자의 면책의 불허(제509조), (11) 수탁자는 명백히 신탁증서에 반하거나 신인의무에 심각한 위반이 생길 수 있는 지시에 따르지 않을 의무(제510조 (c)항), (12) 수익자의 채권자의 수익권에 대한 권한행사(제602조 (a),(c),(d)항), (13) 수익자의 정보에 관한 권리(제608조), (14) 주주의 소송제기 및 대표 소송권한(제609, 610조), (15) 소송위원회(litigation committee)를 둔 경우 그에 관한 규정(제613조), (16) 신탁의 전환, 수익권교환, 합병 등에 관한 일정한 수익자의 승인권한(제923(a)(2), 933(a)(2), 943(a)(2), 953(a)(2)항), (17) 전환계획, 수익권교환계획, 합병계획 등에 포함되어야 할 사항(제922(a), 932(a), 942(a), 952(a)항), (18) 신탁의 해산 및 전환에 관한 제7장, (19) 제10장의 기타 조항, (20) 수탁자, 동법 제103조 (e)항(8), (9)에서 정하는 자[71] 및 수익자 이외의 사람의 권리의 제한이 포함된다.

---

70) USTEA with Prefatory Note and Comments(2015)의 Prefatory Note의 p. 2.
71) 신탁증서에서 수탁자가 업무를 위탁할 수 있도록 하는 제3의 수임인과 신탁증서에서 신탁의 당사자가 아닌 자에 관한 권리를 정한 경우 그 제3자를 말한다.

다만, 이 중에 (7), (8), (9), (13), (14)는 신탁증서로 그 기준을 달리 정하거나 관련 요건을 부가하는 것을 허용하고 있는데, 그 경우에도 기준이나 추가 요건이 명백히 불합리하지 않을 것(manifestly unreasonable)이라는 제한을 두고 있다. 결국, 수탁자의 의무와 책임에 관한 것 중 완전한 의미의 강행규정에 해당되는 것은 (10)과 (11) 두 가지이며, 그 밖의 것들은 주로 공시, 등기, 제3자의 권리, 준거법의 선택, 제정법상 신탁의 목적, 합병, 전환 등에서 절차에 관한 것이다.[72]

이상과 같이 강행규정으로 열거되어 있는 몇 가지 사항들을 제외하고는 신탁증서로 모두 달리 정할 수 있다. 동법상 거의 대부분은 당사자들이 자유롭게 정하고 변경할 수 있어 매우 큰 유연성을 가진다. 또한, 제정법상 신탁에서 신탁증서로 일반적인 신탁법리와 다르게 만드는 것도 가능하다.[73] 예컨대, 통일제정법상신탁법상 강행규정에 관한 것이 아니라면, 신탁증서로 회사법이나 파트너쉽에 관한 법률을 적용하는 것으로 정할 수도 있다.[74] 그리고, 동법 제106조는 사적 자치를 강조하여, 동법은 계약자유의 원칙과 신탁증서의 효력을 최대화기 위하여 자유롭게 해석되어야 한다고 하고 있다.[75]

다. 평가

통일제정법상신탁법은 사업신탁이 조직체로 이용됨을 전제로, 이에 대해 일반적인 신탁법리의 변용을 정면으로 인정하고, 전통적인 민사신탁에서 분리하여 이를 규율하기 위하여 별도로 입법화한 것으로 평가할 수 있다. 대표적으로, 일반적인 신탁법리와 달리 (i) 사

---

72) 미국 통일제정법상신탁법 제104조 comment.
73) 미국 통일제정법상신탁법 제105조.
74) Rutledge & Habbart(2010), p. 1062.
75) 미국 통일제정법상신탁법 제106조 (a)항 및 동조의 comment.

업신탁에 별도의 법인격을 인정하고, (ii) 수탁자의 권한을 확대하고, 그 의무와 업무위탁에 관하여는 회사법상 이사와 유사한 기준을 도입하며, (iii) 수탁자 및 수익자의 유한책임을 법으로 인정하고, (iv) 수익권의 양도가능성을 원칙적으로 인정하고, (v) 조직의 영속성을 명백히 하고, (vi) 수익자에 대하여 회사의 주주에게 인정되는 일정한 권한을 부여한 점을 들 수 있다. 이와 같이 하면서도 강행규정의 범위를 최소화하여 신탁의 유연성을 해치지 않으려고 노력하였다는 점에 특징이 있다.

그런데, 선제적인 입법에 불구하고 실제 활용은 뮤추얼 펀드, 자산유동화거래 등 특정 분야에 제한되고 있고, 순수하게 사업을 영위하는 목적으로 활용되는 사례는 사업신탁이 가장 활발한 델라웨어 주를 포함하여 여타 주에서도 쉽사리 발견되지 않는다.[76] 학계에서는 대체로 그 이유를 알기 힘들다는 식의 이야기를 하고 있는데,[77] 앞으로 통일제정법상신탁법을 통한 제정법화가 활발해지면, 사업신탁이 뮤추얼 펀드 등 특정 영역에 국한되던 것에서 나아가 향후에는 좀더 많은 분야에서 회사에 대한 대안으로 자리매김할 수 있을 것이라는 평가도 있다.[78]

---

76) Dukeminier & Sitkoff(2013), pp. 398-399; Walsh & Michaels(2013), p. 687.
77) 미국의 학자들은 현재 왜 제정법상 신탁이 뮤추얼 펀드, 자산유동화거래 등 특정 영역에서는 우월한 위치를 점하는 것인지에 대해 의문을 제기하면서도 쉽사리 답을 하지 못하고 있다. Langbein(1997), p. 188은 특정한 분야에서 신탁과 회사 중 하나가 지배적으로 이용되는 이유를 자신은 알 수 없다고 한다. Sitkoff(2005), p. 45는 뮤추얼 펀드, 자산유동화거래와 같은 일정한 영역에서 회사보다 신탁이 우세한 이유에 대하여 답변을 못하고 있음을 인정하고 있다.
78) Walsh & Michaels(2013), p. 687.

제3절 캐나다

1. 역사와 현황

캐나다에서는 사업신탁이 소득신탁(income trust)의 하위 카테고리로서 발달하였다. 소득신탁이란 소득을 창출하는 자산을 보유하는 신탁으로서 단위증권(unit)으로 수익권이 거래되는 것이다.[1] 소득신탁은 석유 및 가스 로열티 신탁(oil & gas royalty trust), 부동산투자신탁(real estate investment trust), 사업신탁(business trust)을 하위 카테고리로 하는데, 1980년대 초에 석유 및 가스 로열티 신탁이 처음 등장하였고, 1990년대 초 부동산투자신탁이 발전하였다. 1995년경에는 소득신탁의 또 다른 종류로서 사업신탁이 붐을 일으켜 전통적인 회사의 대안으로 큰 인기를 끌었고, 회사가 독점하여 온 일반 사업의 영역까지 확대되었다.[2] 1995년과 1996년에 토론토 증권거래소(Toronto Stock Exchange)에 다수의 사업신탁의 수익증권이 상장된 후, 1997년부터 2001년까지의 고성장 주식에 대한 인기에 따른 정체기가 있었으나, 닷컴버블로 인한 주가 폭락과 최저이자율 시장이 이루어지자 투자자들은 주식과 비교하여 과세상 이점을 누리는 고배당 상품인 사업신탁에 투자하기 시작하였다.[3] 그 결과 2002년에는 회사가 아닌 사업신탁으로 기업공개(IPO)를 한 것이 전체 기업공개의 86%를 차지하였다.[4] 이러한 사업신탁의 급성장은 회사들이 사업이 성숙화한 경우에 사업신탁 구조로 전환하는 것에 매력을 느끼게 된 것에 기인하였

1) UITA Working Group(2006), p. 1.
2) Romano & Singer(2005), p. 53; UITA Working Group(2006), p. 2.
3) David Ward Philip(2009), p. 4.
4) Gillen(2006), p. 330.

다. 신탁의 과세상 이점을 이용하여 고배당 수익증권을 발행하여 대
중의 자금을 보다 용이하게 조달할 수 있었기 때문이다.[5] 사업신탁
의 인기는 2006년까지 계속되어, 2006년 6월 30일 기준 247개의 소득
신탁의 수익증권이 토론토 증권거래소에 상장되어 있었다.[6] 사업신
탁은 다양한 영역에 걸쳐 이루어졌는데, 소비재, 에너지, 레스토랑, 미
디어, 전기통신, 교통, 전력, 파이프라인, 투자금융(investment banking)에
걸쳐 매우 광범위하였다.[7]

2006년 소득신탁이 전성기를 누리던 즈음, 캐나다 최대 통신회사
인 BCE Inc.를 포함하여 대규모 회사 여러 곳이 사업신탁으로 구조를
전환할 의향을 밝혔는데, 이는 캐나다 정부에 경종을 울려 과세확보
를 위한 적극적인 대책을 마련하기에 이르렀다.[8] 캐나다 재정부
(Department of Finance)는 2006년 10월 31일 특정 플로우-스루 조직체
입법(specified flow-through entity legislation)을 발표하여, 상장 소득신탁
자체에 과세하여 법인세율을 적용하고, 소득신탁의 투자자에 대한
배당을 회사의 주주에 대한 배당과 유사한 취급을 하기로 하였다.[9]
이 발표는 할로윈대학살(Halloween Massacre)로 불리면서 엄청난 파장
을 일으켰고, 소득신탁의 인기는 급속히 사그라들었다.[10] 사업신탁

---

5) 2005년 캐나다의 금융회사인 GMP Capital Corporation은 사업신탁인 GMP
   Capital Trust을 이용해 회사의 주식을 사업신탁이 소유하게 하고 그 수익증
   권을 상장시켰는데, 당시 그와 같이 할 계획을 밝히자 주가가 하룻만에
   $3.60에서 $32.25로 뛰기도 하였다(Kryzanowski & Lu(2009), p. 785; GMP
   Securities 홈페이지 History 항목(http://gmpsecurities.com/Who-we-are/History) (2018.
   6. 17. 방문).
6) Alarie & Iacobucci(2007), p. 2.
7) Halpern & Norli(2006), p. 66; UITA Working Group(2006), p. 2.
8) Osler, Hoskin & Harcourt LLP, Income Trust Conversions, p. 5.
9) David Ward Philip(2009), p. 5.
10) Miller(2011), pp. 444-445; Anand & Iacobucci(2011), p. 152; David Ward Philip(2009),
    pp. 4-5.

은 과세정책의 변화로 크게 쇠퇴하여 현재는 거의 찾아보기 힘들게 되었지만,[11] 사업을 영위하는 효과를 누리기 위한 또 다른 유형의 사업조직으로서 시사점을 준다.

2. 사업신탁의 기본 구조와 효용

가. 기본 구조

캐나다 사업신탁의 큰 특징은 사업회사의 주식 등 지분증권을 소유하여 지배하는 것으로서, 제3유형(사업회사 소유형)에 해당된다. 사업신탁이 사업회사의 지분과 그에 대한 대출채권을 보유함으로써 간접적으로 사업을 영위하는 효과를 누린다.

캐나다 사업신탁은 다양한 거래구조를 취할 수 있는데, 전형적인 구조는 〈그림 1〉과 같다.[12] 투자자는 기업공개에서 사업신탁의 수익증권을 취득하고, 이를 통해 사업신탁은 자금을 모아 사업회사의 주식 등 지분권을 인수한다. 기업공개 이외에, 기존의 상장회사도 사업신탁을 설립하여 회사의 주식을 보유하도록 하고 사업신탁의 수익증권을 상장하는 방식으로 구조를 전환하는 경우도 있다.[13] 어떤

---

11) Investing Daily의 2011. 1. 13.자 기사, "The Last Canadian Income Trusts: Reasons Not to Convert", By Jim Fink (https://www.investingdaily.com/11162/the-last-canadian -income-trusts-reasons-not-to-convert)는 2011. 1. 1. 개정세법 시행 이후 캐나다 사업신탁은 유니콘처럼 희귀한 존재가 되었다고 한다.

12) 이에 대한 변형된 구조는, Gillen(2006), pp. 334-336 참조.

13) Alarie & Iacobucci(2007), p. 2; Beck & Romano(2009), pp. 136-139(상장회사는 사업신탁으로의 구조전환에 대하여 주주총회의 승인을 받고, 전환에 반대하는 주주들은 회사에 대하여 주식매수청구권을 가진다. 수탁자는 회사의 자산을 인수하고 수익증권을 발행하기로 하는 전환계약서(conversion agreement)를 회사와 체결한다. 이에 따라 수탁자는 수익증권을 발행하고, 회사의 주주들은 자신의 주권을 제출하고 수익증권을 교부받는다. 이와 함께, 수익증

경우이든 사업회사는 절세를 위하여 보통 외부차입과 신탁으로부터
의 차입을 하는데, 외부차입은 선순위대출로 하고 신탁으로부터의
차입은 후순위대출의 형태로 이루어진다. 차입을 하는 것은 사업회
사가 이자지급비용을 과세소득에서 공제함으로써 과세부담을 줄이
도록 하기 위함이다.[14]

〈그림 1〉 캐나다 사업신탁의 기본 구조

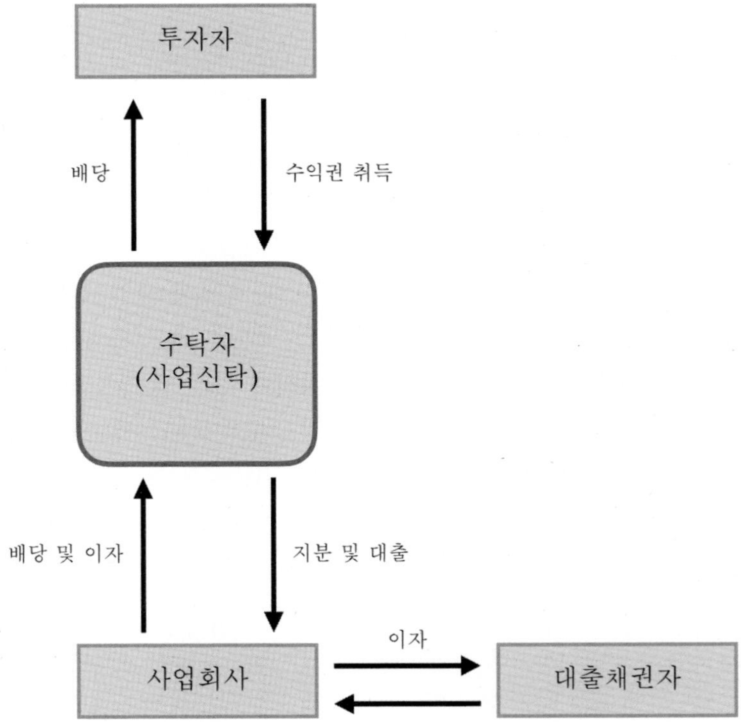

권의 상장을 위한 절차가 진행된다).
14) Alarie & Iacobucci(2007), p. 1; Halpern & Norli(2006), p. 67; Gillen(2006), p. 333.

나. 효용

캐나다 사업신탁은 사업을 하는 회사의 주식 공모발행에 대한 대안으로 큰 인기를 끌었는데, 주로 절세효과에 따른 것이다. 사업신탁이 선풍적으로 인기를 끈 2000년대 초중반 당시 캐나다 세법상 회사에 대하여는 회사의 소득과 주주의 배당소득에 대하여 각각 소득세가 부과되는 이중과세를 하였음에 비해, 신탁은 도관과세 원칙이 적용되어 신탁 단계에서는 소득세가 징수가 되지 않고 수익자의 배당소득에 대하여만 징수되었다.[15] 특히, 사업신탁은 사업회사에 대출을 하여 사업회사로 하여금 높은 부채비율을 가지게 하는 구조를 취함으로써 절세 효과를 극대화하였다.[16] 사업신탁이 과세상 큰 혜택이 있는 것으로 평가되자 기존의 상장회사들도 사업신탁을 설립하여 회사의 주식을 보유하도록 하고 사업신탁의 수익증권을 상장하는 방식으로 구조를 전환하는 경우가 많이 생겼다.[17]

사업신탁 구조에서는 높은 부채비율에 따른 대출이자의 지급과 지속적인 배당을 감당할 수 있어야 하기 때문에, 안정적이고 현금흐름의 변동이 크지 않은 사업에 적합하였다.[18] 또한, 사업신탁은 높은 현금보유율을 보이는 회사가 쉽사리 투자기회를 찾지 못하는 경우의 대안으로 떠올랐다. 회사가 잉여현금을 보유하게 되면 경영진은 이를 효율적으로 활용할 것이 요구되는데, 사업신탁에서는 안정적인 고배당을 하는 것을 목표로 하므로 잉여현금은 대부분 배당금 등으로 지출되고, 사업성장을 위해 자금이 필요하게 되면 투자자를 추가로 모집하는 과정을 거친다. 이러한 추가모집 과정에서 시장규율이

---

15) Alarie & Iacobucci(2007), pp. 10-11; Romano & Singer(2005), p. 53; UITA Working Group(2006), p. 4.
16) Anand & Iacobucci(2011), p. 151.
17) Alarie & Iacobucci(2007), p. 2.
18) David Ward Philip(2009), p. 2; Halpern & Norli(2006), p. 68.

이루어져 경영진의 비효율성과 대리인 비용의 문제를 상당 부분 해
소시킬 수 있게 된다.[19] 그리고, 사업신탁은 후순위채권과 지분권
(equity)을 하나의 수익권에 결합시키는 결합금융(stapled financing) 형
식을 이용하는데, 결합금융은 발행인의 채무이행이 어렵게 되면 신
탁으로부터의 차입의 채무재조정을 통해 채무불이행 문제를 피할
수 있다는 장점이 있다. 투자자는 대출채권 이외에 지분권도 함께
가지므로, 회사에 채무불이행이 발생되지 않도록 할 유인을 가진다.
따라서, 수익자는 외부 대출채권자에 비해 좀더 쉽게 채무재조정을
해줄 가능성이 크다. 이상과 같이 캐나다 사업신탁의 이점은 세금절
감, 잉여현금흐름의 대리인비용 감소, 재무구조 악화 내지 부도위험
의 최소화로 볼 수 있다.[20] 투자자 입장에서는, 2006년 과세정책 변화
이전에 사업신탁의 과세상 이점을 이용하여 안정적인 고수익배당을
한다는 점이 매력으로 작용하였다. 특히 2000년경 연금은 자신의 연
금지급채무 이행을 위해 안정적이면서도 높은 배당을 받을 수 있는
상품에 대한 수요가 컸고, 이를 만족시킬 수 있는 사업신탁에 큰 관
심을 가졌다. 당시 캐나다 투자상품 중 고수익 상품이 상대적으로
적었던 점도 하나의 요인으로 지적된다.[21]

3. 소득신탁법의 제정 및 주요 내용

사업신탁 등 소득신탁이 그 인기와 함께 점차 수익자의 보호 미
비 등 문제를 드러내어 법적 한계가 지적됨에 따라,[22] 소득신탁을 위

---

19) Halpern & Norli(2006), p. 71.
20) Alarie & Iacobucci(2007), pp. 14-15, 17, 152; Halpern & Norli(2006), pp. 66-71.
21) Halpern & Norli(2006), p. 72; Kryzanowski & Lu(2009), p. 787
22) 캐나다 2대 일간지인 Globe and Mail의 2006. 10. 25.자 기사, "Income Trust Boards:
    The new 'Wild West'"(〈http:..www.theglobeandmail.com/archives/income-trust-boards-
    the-new-wild-west/〉)는 투자자의 권리가 신탁증서에만 의존하는 문제점을 지

한 조직법적 규율이 필요하다는 인식이 확산되었다. 캐나다에서는
사업신탁이 미국에서와 같이 일반적인 신탁법리 하에서 발달되어
왔는데, 사업신탁은 증여적인 민사신탁과 목적, 기능, 구조면에서 상
당한 차이가 있음에도 일반적인 신탁법리를 그대로 적용하여 법적
불명확성을 가져왔다. 구체적으로, 일반적인 신탁법리에서의 수탁자
의 무한책임의 원칙, 재량권한의 위탁금지 등이 문제되었고, 투자자
측에서는 수익자 보호문제가 제기되었다.[23] 투자자는 주식이 아니라
신탁의 수익권을 취득하기 때문에 회사법상 주주의 보호를 위한 여
러 강행규정을 적용받지 않았던 것이다.[24] 이러한 문제에 대한 입법
적 대응으로서, 온타리오(Ontario), 앨버타(Alberta), 브리티쉬 콜롬비아
(British Columbia), 서스캐처원(Saskatchewan) 등에서 주법으로 개별적인
입법이 이루어지다가, 2008년 8월 캐나다 통일법회의(Uniform Law
Conference of Canada)에서 소득신탁에 관한 통일적 규율을 위한 소득
신탁법(Income Trusts Act)이 승인되었다. 다만, 2006년 과세정책의 변
화로 사업신탁의 이용이 거의 사라지면서, 소득신탁법은 사실상 주
법으로 거의 채택되고 있지 않고 있다.[25]

　동법의 입법의도는 소득신탁의 수익자, 수탁자, 채권자 등 주요
관련 당사자들이 시장에서의 기대에 부합되는 공정하고 균형된 취
급을 받을 수 있도록 하기 위함에 있다. 이에 따라, 수익자에게는 회
사의 주주에게 부여된 권리와 면책을 최대한 인정하고, 수탁자에게
는 회사의 이사에 상당하는 의무와 책임을 가지도록 하는 것을 주요
목표로 하였다.[26] 소득신탁법의 입법은 통일법회의 2006년 보고서[27]

적하고 있다.
23) Miller(2011), pp. 452-454.
24) Gillen(2006), p. 331.
25) Miller(2011), pp. 444-445. 같은 글 pp. 454-455는 2011년 현재 이 법을 채택한
　　주(province)가 아직 없고, 이법이 2006년 정부의 사업신탁 과세정책의 희생
　　물이 될 수도 있을 것이라고 한다.

의 영향을 크게 받았는데, 동 보고서는 신탁의 세법상 이익을 침해하지 않으면서, 수탁자, 수익자 및 채권자 등 사업신탁의 주요 참가자들의 권리의무를 캐나다 사업회사법(Business Corporations Act)[28] 과 비슷하게 정할 것을 제안하였고,[29] 소득신탁법에는 이러한 기본 입장이 반영되었다.

가. 사업신탁의 법적 성격

기본적으로 캐나다 사업신탁은 그 법적 성격이 일반적인 신탁과 같으며, 수탁자 명의로 신탁재산이 소유되고, 신탁사무가 처리된다. 사업신탁에 독립적 법인격을 부여하지 않고 일반적인 신탁의 성격을 가지도록 한 것은 사업신탁이 신탁이기 때문에 누리는 세법상 이익을 그대로 유지하기 위함이다.[30]

나. 수탁자의 권한과 의무

수탁자는 소득신탁법에 의해 마치 회사의 이사와 같이 신탁사무에 관한 광범위한 권한을 수여받고, 수탁자의 주의의무와 충실의무에 대하여 엄격한 신탁법리의 기준이 아니라 캐나다 사업회사법상 이사와 같은 기준에 따랐다. 사업신탁의 수탁자는 단순히 신탁재산

---

26) UITA Working Group(2006), pp. 8-9.

27) UITA Working Group(2006).

28) 캐나다 사업회사법(Business Corporations Act (R.S.C., 1985, c. C-44)).

29) UITA Working Group(2006), pp. 8-9; Gillen(2006), pp. 332, 338-339. 다만, 소득신탁법에는 주식매수청구권, 대표소송권 등 일정한 주주 권리가 빠졌다고 지적하면서, 대부분의 사업신탁은 토론토 증권거래소에 상장되므로 증권감독기관이나 거래소에 의해 회사 수준의 지배구조를 갖추도록 규율되고, 상장심사시 그러한 요건을 요구받을 것이라고 한다.

30) UITA Working Group(2006), pp. 10, 15.

을 보전하고 위험을 피하면 되는 것이 아니라 기업 운영에 따른 위
험을 지는 것이 예정되어 있으므로, 회사의 이사와 같이 취급하는
것이 적절하다고 보았기 때문이다.[31] 또한, 동법은 수탁자의 기능,
의무 및 책임에 관하여 수탁자를 회사의 이사와 동등하게 만들고자
하였는데, 이사와 수탁자는 실질적으로 비슷한 역할과 의무 및 책임
을 지게 함으로써 사업신탁이 수탁자를 구함에 어려움이 없도록 하
고, 시장에서 투자자들이 회사와 사업신탁에 대하여 쉽게 이해할 수
있도록 하기 위함이었다.[32] 이러한 입법배경은, 사업신탁의 특성이
여타 신탁과 다르다는 인식과 함께 시장에서 관련 당사자들이 좀더
단순하게 판단하고 거래할 수 있는 법적 근거를 제공하려는 정책적
목적이 함께 작용한 것이다.

(1) 광범위한 권한의 부여

사업신탁의 수탁자는 직접 사업을 경영하는 주체는 아니지만, 사
업회사의 주식 등 소득을 창출하는 자산을 신탁재산으로 소유하며,
회사와 이사와 비슷하게 신탁재산을 운영하거나 그 운영을 감시할
권한을 가진다. 그리고, 이를 위해 사업신탁의 수탁자는 광범위한
권한과 재량을 필요로 한다.[33] 이에 따라 소득신탁법 제32조 제1항은
수탁자는 신탁사무를 수행하고, 신탁재산을 운영하며, 이를 감독할
의무가 있다고 규정함으로써, 법에 의해 수탁자에게 광범위한 권한
을 부여한다.[34]

---

31) UITA Working Group(2006), p. 33.
32) 캐나다 소득신탁법 제32조의 comment.
33) UITA Working Group(2006), p. 29; Gillen(2006), p. 357는 다만, 이에 대해서는
사업신탁의 수탁자는 사업회사를 경영하는 것은 아니므로, 그 임무는 신
탁재산의 보전에 좀더 가깝다는 반론도 제기되었을 수도 있었을 것이라고
한다.

(2) 업무위탁의 허용

소득신탁법은 업무위탁의 점에서도 사업회사법을 모델로 하여 수탁자의 업무위탁을 넓게 인정하고 있다. 소득신탁법 제33조 제1항은 수탁자의 권한을 외부 및 경영 수탁자(managing trustee) 또는 위원회 등의 내부에 자유롭게 위임할 수 있음을 규정하고, 외부에 위임하는 경우 보수 등 조건을 포함한 경영위임계약을 체결하도록 한다. 동법 제33조 제2항은 수익자의 승인이 필요한 사항의 제출, 수탁자 또는 감사 공석시 결원보충, 추가 수탁자 및 감사의 선임, 증권 관련 법규상 요구되는 경영정보, 재무제표의 승인, 신탁증서의 개정 등 일정한 사항은 위탁할 수 없는 권한으로 예외를 두고 있다. 이 조항은 사업회사법의 이사에 관한 조항과 상당히 비슷하다. 다만, 사업회사법에서는 이사는 증권발행을 제3자에게 위탁할 수 없도록 하고 있음에 비해, 소득신탁법은 이를 포함시키고 있지 않아 수탁자는 수익권의 발행 및 환매를 위탁할 수 있다는 점에 차이가 있다.[35]

(3) 회사 이사의 의무기준의 채택

소득신탁법은 수탁자의 일반적인 의무에 관하여 사업회사법상 이사에 관한 조문을 그대로 차용하였다. 수탁자는 (a) 정직하고 선의로, 그리고 모든 수익자의 최선의 이익을 위하여 행위하여야 하고, (b) 동등한 상황이었다면 신중한 사람이 합리적으로 행사하였을 것인 주의, 성실 및 능력을 행사하여야 한다고 규정하는데, 이것은 사업회사법상 이사의 의무 조항의 문구와 그대로 일치한다.[36] 회사법

---

34) 캐나다 소득신탁법 제32조 제1항의 comment.
35) 캐나다 소득신탁법 제33조의 comment.
36) 캐나다 소득신탁법 제34조 및 사업회사법 제122조 제1항.

상 이사의 의무기준을 그대로 채택한 것이다. 이와 같이 한 입법자들의 취지는 소득신탁의 수탁자는 단순히 신탁재산의 보존을 그 임무로 하기보다 회사의 이사와 같이 상업적 위험을 수반할 것이 기대되기 때문이다.[37]

수탁자의 이익충돌행위에 관하여도 사업회사법을 모델로 하여 그 허용요건을 정하고 있다. 수탁자는 중요한 이해관계를 완전히 공개하도록 하고, 수익자에 대해 합리적이고 공정한 거래이어야 하며, 이해관계없는 수탁자들의 과반수 또는 2/3 이상의 수익자에 의한 승인을 받을 것을 요구한다. 그리고, 이러한 조건을 구비하면 거래는 무효로 되지 않는다고 규정한다.[38] 소득신탁법이 사업회사법의 기준을 채택한 것은, 실무에서 사업신탁의 신탁증서에서 사업회사법상 요건보다 완화된 요건하에서 이익충돌거래를 할 수 있는 근거를 두고 있는 경우가 적지 않아, 오히려 투자자 보호상 문제가 제기됨에 따른 것이다. 실무상 문제로 인해 사업회사법에서의 요건을 최소한의 기준으로 요구할 필요가 있음이 지적되었고,[39] 소득신탁법은 사업회사법의 기준에 따라 입법되었다.

다. 유한책임

(1) 수익자의 유한책임

소득신탁법은 수탁자의 신탁사무의 처리, 신탁재산의 운영, 기타 수탁자의 행위로 인한 채무에 대한 수익자의 책임은 수익권에 한정된다는 규정을 두어 수익자의 유한책임을 명시하였다.[40] 일반적인

---

37) UITA Working Group(2006), p. 33.
38) 캐나다 소득신탁법 제36조 제8항 및 comment.
39) UITA Working Group(2006), p. 35; Gillen(2006), pp. 376-377.
40) 캐나다 소득신탁법 제8조.

신탁법리에서 수익자가 신탁과 거래한 제3자에 대하여 개인적 책임
을 질 가능성은 크지 않지만 이에 관한 위험분석은 불필요한 거래비
용을 가져오고, 일반 투자자들은 위험의 정도에 대하여 판단하기 어
렵다는 점을 고려하여 법에 의해 유한책임을 분명히 한 것이다.[41]

사업신탁에 대하여 법인격이 없는 일반적인 신탁의 기본 성격을
유지하면서도 수익자의 유한책임을 인정하였다는 점에서 미국의 통
일제정법상신탁법과 차이가 있다. 캐나다 소득신탁법에서 이와 같
은 방식을 취한 것은 신탁의 과세상 이점을 해하지 않으면서 신탁의
영리적 목적 사용과 기존의 신탁법리가 상충되는 문제를 해결하려
는 절충안으로 풀이해 볼 수 있다.[42]

(2) 수탁자의 유한책임

소득신탁법은 수탁자의 무한책임의 원칙을 크게 수정하였다. 동
법은 수탁자가 신탁의무의 이행의 결과나 그와 관련하여 발생되는
채무에 따른 수탁자의 책임은 신탁재산의 총 실현가능가치에서 총
책임액을 차감한 액수를 초과하지 못한다고 규정하고, 다만 개별 계
약이나 증서에서 수탁자가 개인적으로 책임을 지기로 약정한 경우
에는 그에 따르도록 하고 있다.[43] 미국은 제정법상 신탁에 법인격을
부여하여 신탁만이 책임의 주체가 되는 방식을 취하는 것에 비하여,
캐나다는 신탁에 별도의 법인격이 부여하지 않기 때문에 일반적인
신탁에서와 같이 수탁자가 책임의 주체가 되나, 소득신탁법에 별도
의 조문을 두어 그 책임액을 신탁의 순자산액으로 제한함으로써 실
질적으로 수탁자의 유한책임을 실현시키고 있는 것이다.[44]

---

41) UITA Working Group(2006), pp. 15-16.
42) Miller(2011), pp. 478-479; UITA Working Group(2006), pp. 10, 15.
43) 캐나다 소득신탁법 제37조 제2항 및 제1항 (b)호.

라. 수익자의 권리

캐나다에서 신탁법은 기본적으로 판례법에 기초한 매우 유연한 것임에 비해 회사법은 주주의 권리에 관하여 강행규정을 두고 있다. 이에 따라, 사업신탁이 자칫 회사법상 주주 보호를 위한 강행규정을 회피하기 위하여 이용될 우려가 제기되었다.[45] 이에 소득신탁법은 사업신탁에 대하여 회사와 같이 수익자와 채권자 보호를 강조하여 고정적인 구조를 지향하였고, 그 결과 상당수의 강행규정을 두는 방향으로 입법이 이루어졌다. 사업신탁의 규율에 관한 이러한 기본입장은 미국의 통일제정법상신탁법이 신탁의 유연성을 최대한 존중하여 기본규칙의 역할을 하도록 하는 것과는 큰 차이를 보인다.[46]

소득신탁법상 수익자는 회사의 주주들이 가지는 권한을 상당한 수준으로 부여받고 있다. 수익자는 주주와 같이 의결권 행사를 통해 수탁자의 선임 및 해임, 수탁자의 자기거래의 승인, 신탁증서 개정 등 신탁의 중요한 사항에 관하여 권한을 가진다. 그리고, 개별 수익자는 주주제안권과 같은 제안권을 가지고, 회사의 주주에게 인정되는 것과 마찬가지로 5% 이상의 수익권을 보유하는 수익권자는 수익자총회의 개최를 요구할 권한을 가지며, 수익자는 회사법상 주주에게 인정되는 것과 같은 대표소송권한을 가진다.[47] 일반적인 신탁법리에서 수익자는 신탁사무에 대하여 매우 소극적인 지위에 있던 것과 크게 달라진 것이다.

---

44) UITA Working Group(2006), p. 37.
45) Gillen(2006), pp. 337, 376.
46) Miller(2011), pp. 458. 463-464.
47) 캐나다 소득신탁법 제13, 14, 24조.

4. 사례: Swiss Water Decaffeinated Coffee Income Fund[48] (제3유형)

캐나다 사업신탁은 다양한 거래구조를 가지는 여러 사례들이 존재하는데, 그 중 기본구조를 잘 보여주는 것으로 2002년 수익증권이 공모발행되어 토론토 증권거래소 상장된 Swiss Water Decaffeinated Coffee Income Fund를 살펴본다. 이 사업신탁은 Swiss Water Decaffeinated Coffee Company Inc.의 주식과 채권을 취득하는 것을 목적으로 하는 것으로서, 그 수익증권이 토론토 증권거래소에 상장되어 있다. Swiss Water Decaffeinated Coffee Company Inc.는 캐나다 브리티쉬 콜럼비아주의 버나비에 본사를 두고 디카페인 커피를 판매하는 회사이다.

이 사업신탁은 사업회사의 주주들과 인수계약을 체결하여 주식을 인수받는 방식으로 사업회사의 완전 모회사가 되었고, 공동수탁자들이 사업회사의 이사회를 구성하고 있다. 수탁자는 사업회사와 사무관리계약(Administration Agreement)을 체결하여 사업회사로부터 증권법규상 공시의무 이행, 투자자 관련 서비스 제공, 수익자에 대한 재무와 세무 등 관련 정보 제공, 수익자총회 소집 및 개최, 수익자에 대한 배당, 기타 수탁자가 요청하는 사무에 관하여 보조를 받는다. 즉, 사업신탁의 공동수탁자들이 사업회사의 이사를 겸직하고, 사업회사에 일정한 신탁사무를 위탁하여 처리하게 하는 구조이다.

사업회사는 사업신탁의 수익증권 상장 전에 은행으로부터 대출을 받아 차입채무를 지고 있으며, 상장 후에도 추가 대출을 받는 것이 예정되어 있다. 이와 함께, 사업신탁은 사업회사가 발행하는 후순위 채권(subordinated note)을 취득하여 자금을 제공한다.

---

48) 본문의 거래구조와 내용은 SWDC Income Fund Prospectus(2002)를 참조하였다.

〈그림 2〉 Swiss Water Decaffeinated Coffee Income Fund의 구조도

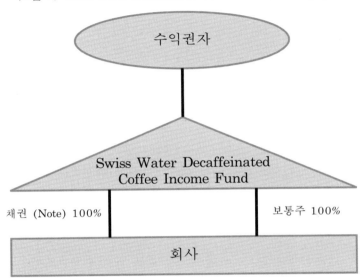

제4절 싱가포르

1. 제도의 도입 및 현황

싱가포르는 2004년 사업신탁법(Business Trusts Act(Chapter 31A))을 제정하여 입법을 통해 아시아 최초로 사업신탁 제도를 도입하고, 수익증권의 상장을 허용하였다.[1] 싱가포르가 선도적으로 사업신탁법을 제정한 것은 싱가포르 정부가 금융시장에서 사업신탁을 촉진시키고자 한 정책적 이유에 따른 것이었다.[2] 싱가포르에서 사업신탁은 제도 도입 후 수년간 성과가 미미하였지만, 2011년에 Hutchinson Whampoa 그룹이 항만사업을 사업신탁 수익증권으로 공모해 그해 세계최대 규모의 기업공개를 한 후 사업신탁에 대한 관심이 급증하였다. 2013년 싱가포르는 미국에 이은 세계 2위의 기업공개 시장으로 발돋움하였는데, 사업신탁의 성장이 큰 역할을 하였다.[3]

싱가포르에서는 사업신탁이 현재에도 매우 활발하여, 2018년 6월 현재 19개의 사업신탁이 싱가포르 통화청(Monetary Authority of Singapore)에 등록되어 있고, 이중 15개의 사업신탁의 수익증권이 싱가포르 증권거래소에 상장되어 거래되고 있다.[4] 싱가포르에서 사업신탁법 제정을 통한 사업신탁의 도입은 새로운 투자상품을 창조하여 싱가포르 자본시장의 심도와 다양성을 제고할 것으로 기대되었는데,[5] 현재의 사업신탁의 성공은 이를 입증하고 있다.

---

1) Ho(2012), p. 315.
2) 유혜인(2015), 1377-1378면.
3) 이중기(2014(b)), 78면.
4) http://www.msa.gov.sg/regulations-and-financial-stability/regulations-guidance-and-licensing/business-trusts/list-of-registered-business-trusts.aspx (2018. 6. 17. 방문).
5) MAS(2003), p. 3.

2. 사업신탁의 기본 구조와 효용

가. 기본 구조

싱가포르 사업신탁은 여러 변형된 구조가 가능하지만 가장 기본적인 구조는 〈그림 3〉과 같다. 위탁자인 스폰서(sponsor)는 싱가포르에 수탁자-경영자(trustee-manager) 회사를 설립하고, 그에게 신탁재산을 이전한다. 일반적으로 수탁자-경영자는 스폰서의 자회사로 설립되며, 신탁의 수탁자로서의 역할과 사업의 경영을 하는 경영자로서의 역할을 모두 한다.[6]

〈그림 3〉 싱가포르 사업신탁의 기본 구조[7]

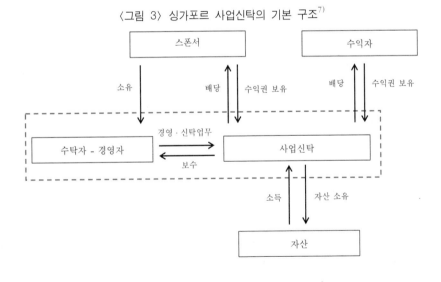

---

6) MAS(2004), p. 1.
7) 싱가포르 증권거래소 홈페이지의 Products 중 Real Estate Investment Trust & Business Trust의 Business Trust Structure (http://www.sgx.com/wps/portal/sgxweb/home/products/securities/reits-bt) (2018. 6. 17. 방문).

수탁자-경영자는 사업신탁의 수익권을 발행하는데, 보통 스폰서가 신탁재산의 이전 대가로 지분의 일부를 취득하고, 그밖의 지분은 공모를 통해 투자자에게 발행한다.

나. 효용

싱가포르 사업신탁의 가장 큰 효용은 싱가포르 증권거래소의 설명과 같이 배당의 자율성에 있다.[8] 싱가포르 회사법(Companies Act (Chapter 50))상 회사는 감가상각과 같은 비현금성 비용을 공제한 회계상 수익 개념에 기초하여 배당가능이익을 산출하고, 배당가능이익이 있어야 배당을 할 수 있다.[9] 이에 비해, 사업신탁법상 수탁자-경영자는, 이사회의 결의에 따라 2인 이상의 이사가 서명한 서면으로 배당 직후 신탁재산으로부터 신탁채무의 변제기 도래시 그 이행이 가능하다는 합리적인 근거가 있음을 인정할 것을 조건으로, 신탁재산으로부터 배당을 선언할 권리를 가진다.[10] 따라서, 사업신탁은 당해 분기에 회계상 이익이 존재하지 않더라도 현금흐름에 따라 보유하는 현금이 있다면 이를 배당할 수 있게 된다.[11] 사업신탁법 입법 당시 신탁재산의 가치가 신탁재산으로 부담하는 책임을 초과할 것

---

8) 싱가포르 증권거래소 홈페이지의 Products 중 Real Estate Investment Trust & Business Trust의 Why invest in Business Trusts? (http://www.sgx.com/wps/portal/ sgxweb/home/products/securities/reits-bt) (2018. 6. 17. 방문). 그 밖에 여러 문헌들도 같은 취지로 기술한다. 예컨대, Ho(2012), p. 315, Herbert Smith Freehills(2013), p. 2.

9) 싱가포르 회사법 제403조; MAS(2003), p. 3.

10) 싱가포르 사업신탁법 제33조 제1항. 동조 제4항은 만일 수탁자-경영자의 이사회가 동조 제1항의 서면상 결론에 도달함에 합리적인 근거가 없었던 때에는 그러한 서면을 허용하거나 수권한 이사는 $100,000 이하의 벌금 또는 2년 이하의 징역에 처해진다고 규정한다.

11) MAS(2004), p. 5; Ho(2012), pp. 317-318.

이라는 순자산 기준(net asset test)을 적용하는 안이 제안되었으나, 순
자산 기준은 분배시마다 자산과 부채의 정기적 평가를 해야 해서 과
중한 부담을 준다는 의견이 실무에서 개진되었고, 통화청은 역사적
비용(historical cost)에 기초한 자산가치 또는 실현가능한 가치(realizable
value)가 사용가치 또는 미래 현금흐름을 반드시 반영하는 것은 아니
라는 점을 고려하여 순자산 기준은 배제하기로 하였다.[12] 수익자에
대한 배당에 관하여 순자산 기준 대신 이른바 유동성 기준(liquidity
test) 내지 현금흐름 기준(cash flow test)을 채택한 것이다.[13] 배당이 보
다 자유롭게 현금흐름에 따라 이루어질 수 있다는 점 때문에 사업신
탁은 특히 안정적인 성장과 높은 현금흐름을 보유하는 사업, 예컨대
인프라사업, 선박사업, 부동산 등에 적합한 것으로 평가되며, 실제로
싱가포르 사업신탁의 대부분이 이러한 사업에 관한 것이다.[14] 사업
신탁의 수익자는 유한책임을 누리면서도 고수익을 기대할 수 있어,
사업신탁은 안정적인 고수익 배당을 추구하는 투자자의 수요에 부
응한다.[15]

그 밖에, 위탁자 측면에서 사업신탁의 장점으로는 다음을 들 수
있다.

---

12) MAS(2004), p. 5.
13) 회사의 주주에 대한 배당에 대한 기준 설정시 고려 요소로는 크게 현금흐
름(cash flow), 수익력(earnings), 순자산(net assets)이 있는데, 나라마다 이러한
기준을 단독으로, 또는 중첩적, 선택적으로 결합시켜 사용하고 있다. 이들
입법례는 크게 지급불능기준(영업의 통상적인 과정에서 지급기일이 도래
한 부채에 대해 변제를 할 수 없거나 주주에 대한 분배를 함으로써 위와
같은 지급불능 상태가 되는 경우에는 분배를 금지하는 것)과 대차대조표
기준으로 나누어 볼 수 있다. 이에 관한 자세한 논의는, 윤영신(2006a),
300-302면.
14) Clifford Chance(2012), p. 2; Wu(2012), p. 695.
15) Ho(2012), p. 317. 실제로 싱가포르 사업신탁의 prospectus에서는 배당가능소
득의 90% 또는 100%를 배당할 것이라는 배당정책을 기재하고 있다(FSLT
Prospectus(2007), p. 39, RHT Prospectus(2011), p. 84, HPHT Prospectus(2011), p. 87).

첫째, 사업의 유동화를 통한 자본조달이 가능하다. 항만, 전력, 가스 등 인프라 시설이나 선박과 같이 비유동적인 자산을 소유한 회사는 이를 이용하여 자본조달을 하는 것이 쉽지 않은데, 사업신탁을 이용하여 자산을 유동화함으로써 보다 용이하게 자본조달을 할 수 있다.[16]

둘째, 사업을 유동화하면서도 신탁재산에 대한 계속적인 지배력을 보유한다.[17] 스폰서는 사업신탁에서 수탁자-경영자의 모회사로서 이를 지배하며, 나아가 사업신탁의 수익권을 상당 부분 보유한다. 이를 통해 신탁재산을 수탁자에게 이전한 후에도 사업에 대한 통제력을 계속 보유하게 된다. 특히, 수탁자의 해임을 사실상 어렵게 만들기 위하여 스폰서가 사업신탁의 수익권을 25%을 넘어서 보유하는 경우가 많고, 그 경우 신탁에 대한 통제력을 더 공고히 하게 된다.[18] 다만, 이러한 구조는 스폰서 입장에서는 유리하지만, 다른 수익자의 입장에서는 지배구조상 문제를 가져올 수 있다.

셋째, 스폰서는 수탁자 보수를 통하여 추가적인 수익창출이 가능하다. 스폰서는 사업신탁을 운영하는 수탁자-경영자의 모회사로서 수탁자-경영자가 수령하는 수탁자 보수에 따른 이익을 누리게 된다.[19]

3. 사업신탁법의 주요 내용

사업신탁법은 기본적으로 사업신탁은 회사 대신 신탁을 통해 사업을 수행하는 것임을 전제로 한다.[20] 사업신탁은 수탁자가 경영하

는 기업조직으로서 사업을 경영한다는 점에서 소극적 투자기구인
집합투자기구와는 다르고, 그 경영판단에 대하여는 규제하지 않는다
는 것이 입법자들의 의도였다. 이에 따라 사업신탁법은 회사법의 규
정 내용을 참조하여 그것에 최대한 가깝도록 하였다.[21]

가. 사업신탁의 법적 성격과 정의

싱가포르의 사업신탁은 기본적으로 법적 성격은 일반적인 신탁
으로서, 다음과 같이 정의하고 있다.

"사업신탁이란,
(a) 재산에 관하여 설정된 신탁으로서 다음과 같은 특징을 가진다:
　ⅰ) 그 목적과 효과가 수익자들로 하여금 재산 또는 사업의 운영으로부터
　　　비롯되는 이익, 수입 또는 그 밖의 지급이나 수익을 지급받거나 참가
　　　하는 것이고,
　ⅱ) 수익자는 협의를 하거나 지시를 내릴 권리가 있는지 여부와 상관없이
　　　신탁재산의 운영에 대하여 일상적인 통제를 하지 않으며,
　ⅲ) 신탁재산은 전체적으로 수탁자 또는 그를 대신하여 행위하는 다른 사
　　　람에 의하여 운영되고,
　ⅳ) 수익자의 출자와 그에게 지급될 이익 또는 수입은 집합(pooled)되며,
　ⅴ) 아래 중 하나일 것:
　　ⓐ 수익권은 배타적으로 또는 주로 환매불가하거나,

신탁으로 설립한 것으로서, 회사와 신탁의 요소를 모두 가진 하이브리드
구조라고 설명한다
(http://www.sgx.com/wps/portal/sgxweb/home/products/securities/reits-bt) (2018. 6.
17. 방문).
21) MAS(2003), p. 4.

ⓑ 오로지 증권선물법(Securities and Futures Act (Cap. 289)) 제284조에 의한
집합투자스킴에 관한 규정(Code on Collective Investment Schemes)과 증
권거래소에 목록이 기재된 부동산 관련 자산 및 부동산에만 투자하
는 신탁

(b) 또는, 통화청이 관보의 고시에 의해 이 법 목적상 사업신탁으로 지정한
신탁 및 그 클래스

그러나, 스케쥴(Schedule)에 명시된 신탁은 포함되지 않는다."

이처럼 사업신탁의 정의규정은 상당히 넓게 되어 있는데, 스케쥴
에 의해 사업신탁에서 배제되는 것 중에 "사업으로서 하는 것 이외
의 신탁(A trust operated by a person otherwise than by way of business,)"
이 명시되어 있어,[22] 사업을 하는 것이 요구되고 있다.

한편, 사업신탁은 통화청에 반드시 등록하여야 하는 것은 아니지
만, 사업신탁의 수익증권을 상장하기 위하여는 등록이 요구된다.[23]

나. 수탁자–경영자의 구조

(1) 수탁자-경영자의 단일화

사업신탁법 제정 당시 투자신탁과 같이 수탁자와 운영자를 분리
하는 이중 책임자 모델(dual-responsibility entity model)과 이들을 한 회
사가 수행하는 단일 책임자 모델(single-responsibility entity model) 사이
에 어떤 방식을 채택할 것인지에 대하여 논의가 있었다. 이중 책임
자 모델은 집합투자기구와 같이 수탁자와 운영자의 책임을 분명히
할 수 있는 경우에 적합하고, 운영자가 적극적인 사업활동을 하고

---

22) 싱가포르 사업신탁법 Schedule, 1.
23) MAS(2003), p. 6; Ho(2012), p. 316.

경영상 위험을 지는 사업신탁에서는 독립된 수탁자를 두어 운영자를 감시하는 것이 적합하지 않다고 보아, 단일 책임자 모델이 채택되었다.[24]

(2) 1 수탁자-경영자 1 사업신탁 주의

수탁자-경영자는 싱가포르 국적의 회사이어야 하고, 어느 한 사업신탁의 경영 이외의 업무를 수행할 수 없도록 하고 있다.[25] 즉, 수탁자-경영자는 하나의 사업신탁만 수탁받아 전속 수탁자-경영자가 된다. 이러한 1 수탁자-경영자 1 사업신탁 제한은 수탁자-경영자가 복수의 사업신탁을 경영할 경우 수익자들에 대하여 지는 충실의무가 상충될 가능성을 없애기 위한 것이다.[26] 그리고, 싱가포르 사업신탁은 별도의 법인격을 가지지 않고 수탁자가 무한책임을 지는 것이 원칙이므로, 여러 개의 사업신탁을 수행하다가 어느 한 사업신탁이 부실화되는 경우 그 영향이 다른 사업신탁에 미칠 수 있다는 점도 고려되었다.[27]

---

24) MAS(2003), p. 9; MAS(2004), p. 1.
25) 싱가포르 사업신탁법 제6조 제1, 3항.
26) Wu(2012), pp. 690-691은 다음과 같은 사례를 들고 있다. 싱가포르 사업신탁인 Pacific Shipping Trust의 위탁자인 Pacific International Lines는 사업신탁의 수탁자-경영자에게 그 소유의 선박을 매도하고, 다시 이를 임차하여 사용한다. 한편, 수탁자-경영자는 위탁자의 자회사이다. 이 선박임차계약에서 임차료를 최대한 싸게 하는 것이 수탁자-경영자의 주주인 위탁자에게 유리한 반면, 사업신탁의 수익자들은 높은 임차료로 계약을 체결하기를 바란다. 수탁자-경영자는 자신의 주주의 이익과 수익자의 이익이 상충되는 상황인데, 이러한 경우에 수탁자-경영자는 수익자의 이익을 우선하여야 한다.
27) MAS(2003), pp. 11-12; Wu(2012), p. 689.

(3) 수탁자-경영자의 독립성 보장

수탁자-경영자는 일반적으로 스폰서의 자회사로서, 이를 고려하여 사업신탁법은 수탁자-경영자 회사의 독립성을 높이기 위한 조항들을 마련하고 있다. 동법은 수탁자-경영자의 이사회의 독립성을 보장하기 위하여 이사회 구성에 관한 엄격한 요건을 부과하고 있는데, 이사의 과반수 이상이 수탁자-경영자의 경영 및 사업관계로부터 독립된 자이고, 1/3 이상이 수탁자-경영자의 경영 및 사업관계로부터 독립되고 모든 주요주주로부터 독립된 자이며, 과반수 이상이 수탁자-경영자의 주요주주로부터 독립된 자일 것을 요구한다.[28] 이는 싱가포르 통화청의 회사지배규준(Code of Corporate Governance)의 2.1에서 상장회사의 이사회에 대하여 1/3 이상이 독립된 이사일 것을 요구하는 것보다 더 강화된 것이다.[29] 또한, 감사위원회는 이사회의 내부기관으로서 3명 이상의 이사로 구성되는데, 모든 위원은 수탁자-경영자의 경영 및 사업관계로부터 독립된 자이고, 의장을 포함한 과반수 이상은 수탁자-경영자의 모든 주요 주주로부터 독립된 자일 것을 요구하고 있다.[30]

(4) 수탁자-경영자의 해임요건

사업신탁법은 수탁자의 해임을 위하여 의결권을 가진 수익자의 3/4 이상의 찬성을 요구하여 해임을 어렵게 하고 있다.[31] 스폰서가

---

28) 싱가포르 사업신탁법 제14조 제1항, 싱가포르 사업신탁규정(Business Trust Regulations) 제12조 제1항.

29) http://www.mas.gov.sg/~/media/resource/fin_development/corporate_governance/CG CRevisedCodeofCorporateGovernance3May2012.pdf.

30) 싱가포르 사업신탁법 제15조 제1항, 싱가포르 사업신탁규정 제13조 제1항.

31) 싱가포르 사업신탁법 제20조.

수익권을 1/4 이상 보유하면 다른 수익자는 수탁자를 자유롭게 해임
하는 것이 사실상 어려워지는데, 이러한 이유로 실제 스폰서가 25%
이상의 수익권을 보유하는 경우가 많다.[32] 이러한 점은 싱가포르에
서도 사업신탁의 지배구조상 문제점으로 지적되고 있다.[33] 그러나,
다른 한편으로는 본래의 자산보유자인 스폰서의 노하우를 활용할
수 있고, 수탁자가 쉽게 해임되지 않아 사업운영의 안정성이 도모된
다는 이점도 인정된다.[34] 이러한 점에서 사업신탁은 기업 지배구조
보다는 안정적인 현금흐름에 의한 수익을 추구하는 투자자에게 적
합한 기업조직이 될 수 있다는 평가도 있다.[35]

다. 수탁자-경영자의 의무

사업신탁법은 사업신탁을 적극적인 사업 경영의 점에서 소극적
인 투자신탁과 다르고 회사와 비슷하다고 보아, 회사의 경우 경영판
단에 대해 직접적인 규율을 하지 않고, 상장회사는 공시의무에 종속
되는 반면 사업의 운영 자체는 규제되지 않는다는 이념을 사업신탁
에 적용하는 것을 기본 입법태도로 한다.[36]
구체적으로, 수탁자-경영자의 일반적인 행위 기준으로서, "수탁자-
경영자는 언제나 정직하게(honestly) 그리고 합리적인 주의(reasonable
diligence)로서 동법과 신탁증서에 따른 의무를 수행하여야 한다"고

---

32) Ho(2012), pp. 322-323; Wu(2012), p. 692(25% + 1주를 보유하면 된다고 한다);
공모발행시 기준, First Ship Lease Trust의 스폰서는 32%(FSLT Prospectus(2007),
p. 8), Religare Health Trust의 스폰서는 자회사를 통해 28%(RHT Prospectus
(2011), p. 17), Accordia Golf Trust의 스폰서는 25% 이상(Accordia Offering
Circular(2014) p. 34)을 보유한다.

33) Ho(2012), p. 319.

34) MAS(2004), p. 4.

35) Ho(2012), p. 323; 유혜인(2015), 1383면.

36) MAS(2003), p. 4; Wu(2012), pp. 693-694.

규정한다. 그리고, 수탁자-경영자는 그 권한과 의무를 수행할 때, 전문가로부터 제공된 보고서, 진술, 재무정보 및 다른 정보를 수탁자가 그것이 전문가의 능력 범위내라는 합리적인 근거를 가지고 믿은 때에는 이에 의존(reliance)할 수 있다. 다만, 이때 수탁자-경영자는 선의이어야 하고, 그 상황에서 필요한 질문을 하여야 하며, 그러한 의존(reliance)이 부당한 것임을 알지 못하는 때에만 그러하다. 또한, 신탁증서에 구속됨을 전제로, 수탁자-경영자는 신탁의 경영과 운영을 위하여 수권된 바를 이행하기 위하여 대리인을 선임할 권한을 가진다.[37]

충실의무에 관한 일반조항으로서, 수탁자-경영자는 수익자들의 최선의 이익을 위해 행동하여야 한다고 하여 최선의 이익의 원칙을 규정한다. 나아가, 수탁자-경영자가 회사임을 고려하여, 별도의 조항을 두어 수탁자-경영자의 이사에 대하여도 동일한 의무를 부과하고 있다. 그리고, 사업신탁법상 수탁자-경영자의 이사의 이러한 의무는 회사법에서 정한 이사의 의무보다 우선적으로 적용되는 것으로 명시하고 있다.[38] 수탁자-경영자는 회사이므로, 수탁자-경영자의 이사회가 자신의 주주의 최대한의 이익을 추구할 의무와 수탁자-경영자로서 신탁의 최대한의 이익을 추구할 의무가 상충될 우려가 있음을 인식하여, 이러한 때에는 신탁의 이익을 우선시하도록 하는 명문의 조항을 둔 것이다.[39]

또한, 수탁자-경영자의 이사에게 이익충돌행위 등에 관한 고지의무를 부과하는 조문을 추가로 두고 있다. 동법 제12조는 수탁자-경영자가 신탁을 위해 체결하는 거래에 관하여 수탁자-경영자의 이사가 직접 또는 간접적으로 이해관계를 가지는 경우에는, 그 이해관계의 성격에 관하여 이사회에 알리도록 한다. 다만, 이해관계가 중요한

---

37) 싱가포르 사업신탁법 제10조 제1항, 제9조, 제8조 제2항.
38) 싱가포르 사업신탁법 제10조 제2항, 제11조 제1, 3항.
39) MAS(2003), p. 11; MAS(2004), p. 2.

것이 아닌 때에는 수탁자-경영자의 이사가 거래상대방 회사의 구성원(member)이거나 채권자라는 사실만으로 고지의무가 부과되지는 않는다.

그리고, 일반적인 충실의무 이외에 정보 및 기회이용 금지의무를 별도로 규정하고 있는데, 수탁자-경영자 및 그 임원 또는 대리인은 그 지위로 인해 취득한 정보를 부적절하게 사용하여서는 안되고, 수익자에게 해를 가하면서 직접 또는 간접적으로 자기 자신 또는 다른 사람의 이익을 얻어서는 안된다고 하고 있다.[40]

그밖에, 신탁증서나 여타 계약으로 동법 또는 신탁증서상 수탁자-경영자가 따라야 하는 주의나 성실의무를 위반함에 따른 책임을 면책하거나 배제하는 것은 원칙적으로 무효로 하여,[41] 수익자의 보호를 꾀하고 있다.

라. 수익자의 유한책임과 수탁자의 책임

사업신탁법은 수익자의 대외적 책임에 관하여 의문이 생기지 않도록, 수익자는 사업신탁의 채무에 관하여 자신의 수익권의 인수대금을 한도로 책임을 부담한다고 규정하여 수익자의 유한책임을 법으로 보장하고 있다. 그리고, 수익자의 유한책임은 신탁증서에 의하여도 달리 정할 수 없도록 한다.[42]

수탁자는 일반적인 신탁법리에 따라 무한책임이 인정되는데,[43] 사업신탁법은 수탁자의 무한책임으로 인해 수탁자가 여러 신탁을 인수하였다가 어느 한 신탁이 부실화될 경우 여타 신탁에도 영향이

---

40) 싱가포르 사업신탁법 제10조 제3항, 제11조 제2항.
41) 싱가포르 사업신탁법 제29조 제1항.
42) 싱가포르 사업신탁법 제32조; Wu(2012), p. 689.
43) Wu(2012), pp. 688-689.

미칠 것을 우려하여, 수탁자-경영자는 단일한 사업신탁만을 인수하
도록 한다.[44]

마. 수익자의 권리

사업신탁법은 수익자에게 의결권과 수익자총회소집권, 총회참석
및 발언권한, 대표소송권한 등을 인정하고 있는데,[45] 이러한 것들은
일반 신탁법리에서는 수익자에게 보장되고 있지 않은 것으로, 회사
의 주주와 같은 권한을 부여한 것이다.

4. 사례

사업신탁법상 사업신탁은 신탁을 통해 사업을 하는 것을 전제하
고 있다. 그런데, 실제로 이루어지는 사업신탁의 구조를 보면 수탁
자-경영자가 단독으로 사업을 하는 것이 아니라, 스폰서가 사업신탁
의 수탁자-경영자 회사의 모회사가 되고, 사업신탁의 수익권을 상당
부분 취득하여 사업신탁에 대한 통제를 계속하면서 사업신탁이 보
유하는 사업을 전체 기업구조 하에서 수행한다. 그리고, 대부분의
사업신탁은 제3유형에 속하는 것으로 파악된다.

가. First Ship Lease Trust[46] (제3유형)

First Ship Lease Trust는 2007년 3월 싱가포르 증권거래소에 수익증
권이 상장된 사업신탁으로서, 공모 당시 100% 자회사인 13개의 특수

---

44) 싱가포르 사업신탁법 제6조 제3항; MAS(2003), p. 12.
45) 싱가포르 사업신탁법 제42조 제1, 2항, 제55, 56, 59조.
46) 본문의 거래구조와 내용은 FSLT Prospectus(2007)을 참조하였다.

목적회사(SPC)로 하여금 각 한 척의 선박을 소유하게 하였다. 특수목
적회사는 선박운송회사와 나용선계약을 체결하고 선적을 임대하여
수익을 올리고 그 사업이익으로 사업신탁에 배당하고, 사업신탁은
다시 그 대부분을 수익자에게 배당한다. 최초 공모 후에도 자금을
계속 조달하여 선박을 추가로 매입하고 장기나용선계약을 통해 임
대료 수익을 올리는 것을 사업모델로 하고 있다.

〈그림 4〉 First Ship Lease Trust 구조도

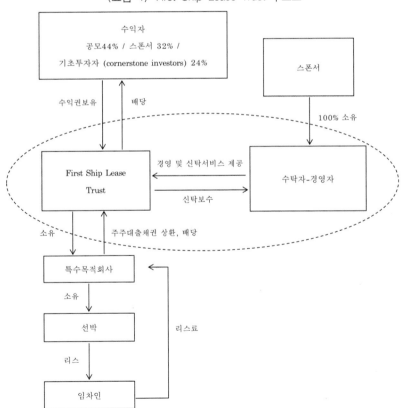

스폰서인 First Ship Lease Pte. Ltd는 선박을 소유하는 특수목적회사를 통해 선박운송회사에게 선박임대를 하고 임대료를 받는 사업을 하는 기업이다.[47] 수탁자-경영자는 사업신탁의 수익증권의 공모발행으로 조달한 자금으로 스폰서로부터 특수목적회사의 주식 전체를 인수한다. 각 특수목적회사는 하나의 선박을 소유하며, 선박은 장기 나용선계약이 체결되어 있다. 수탁자-경영자는 스폰서의 100% 자회사로서 사업의 경영 및 수익자를 위한 신탁업무를 하는데, 임차인 선정, 리스구조와 조건의 결정 및 리스계약 체결, 실사, 위험관리 등 업무가 포함된다. 스폰서는 수익권의 32%를 보유하여 수탁자-경영자에 대한 해임을 저지하는 권한을 가진다. 스폰서와 사업신탁 사이의 이익충돌을 막기 위하여 스폰서와 수탁자-경영자는 향후 스폰서와 그 자회사들이 사업신탁과 선박용선업으로 경쟁하지 않기로 하는 비경쟁계약을 체결한다.

나. Religare Health Trust[48] (제3유형)

Religare Health Trust는 인도 소재 병원 등 의료서비스 등에 관한 자산을 포트폴리오로 하여 2011년 싱가포르 증권거래소에 수익증권이 상장된 사업신탁이다. 스폰서인 Fortis Healthcare Limited는 인도에서 설립되어 인도 증권거래소에 상장된 회사로서, 아시아-태평양 지역에 73개의 의료서비스 시설들의 네트워크를 보유하고 있는 기업이다. 스폰서는 몇 단계의 지분구조를 통해 사업신탁의 수탁자-경영자인 RHT Health Trust Manager Pte. Ltd를 간접적으로 지배한다. 그리고, 100% 자회사를 통해 이 사업신탁 수익권의 28%를 취득하여 수탁자-

---

47) First Ship Lease Trust의 홈페이지(http://www.firstshipleasetrust.com/abt_sponsor.html) (2018. 6. 17. 방문).
48) 본문의 거래구조와 내용은 RHT Prospectus(2011)을 참조하였다.

경영자의 해임을 저지하는 권한을 가진다. 사업신탁은 수익증권의
발행으로 모은 자금으로 중간회사를 통해 병원 및 리서치 센터 등
시설을 보유, 운영하는 여러 회사들을 소유하여 이들로 하여금 사업
을 수행하게 한다. 수탁자-경영자는 대표자(CEO), 재무담당인원(CFO)
등을 포함하여 7명의 임직원이 있으며, 투자전략의 수립, 신탁재산
의 관리, 신탁의 재무 및 자본 관리, 수익자 총회 등 신탁의 행적적
사무 처리 등의 업무를 한다.

〈그림 5〉 Religare Health Trust 구조도

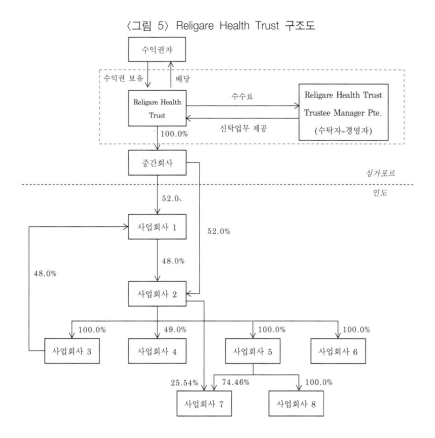

다. Hutchison Port Holdings Trust[49] (제3유형)

2011년 세계 최대 규모의 기업공개 거래였던 Hutchison Whampoa 그룹의 항만사업에 관한 Hutchison Port Holdings Trust("HPH Trust")의 수익증권 공모는 기업이 사업을 분할하기 위해서 사업신탁을 이용한 사례이다. 스폰서인 Hutchison Port Holdings Limited는 컨테이너 항만사업을 하는 세계적 기업으로, 홍콩 증권거래소에 상장되어 있는 Hutchison Whampoa Limited의 자회사이다. HPH Trust의 수탁자-경영자인 Hutchison Port Holdings Management Pte. Limited는 스폰서의 간접적인 100% 자회사이고, 신탁에 속하는 사업부문의 지주회사인 HPHT Limited를 100% 자회사로 둔다. 그룹 구조조정의 일환으로 HPHT Limited는 스폰서와 자산매매계약을 체결하여 중국 광동의 장면, 난하이, 뤄양에 소재한 하천 항만사업과 그 부대사업을 소유하는 회사들의 주식과 주주대출채권(shareholder's loan)을 이전받는다. HTH Trust는 수탁자-경영자의 HPHT Limited의 주식 소유 및 대출을 통해 HPHT Limited를 지배하고, HPHT Limited는 다시 바하마, 캐이만아일랜드, 홍콩, 중국의 회사들을 주식과 대출을 통해 지배하는 구조이다. 이들 중간 회사들이 3개의 하천 항만사업을 하는 회사들을 지배한다. 이 거래를 위한 인수대금은 사업신탁의 수익증권 공모를 통해 조달한다. 수탁자-경영자와 HPHT Limited는 스폰서와 사이에 지원서비스 계약(Support Services Agreement)을 체결하여 스폰서가 HPHT Limited에게 사무실 공간, 전기, 정보센터, 전산 등 설비와 회계 등 사무적 서비스를 제공하며, IT 서비스 계약을 체결할 것을 합의하였다. 이를 통해 HPH Trust는 스폰서의 세계적인 항만 네트워크와 노하우, 판매망과 항만 운영시스템을 활용하고, 스폰서와 글로벌 지원 서비스 계약(Global Support Services Agreement)을 체결하여 기술적, 행정적 서비스를 제공받는다.

---

49) 본문의 거래구조와 내용은 HPHT Prospectus(2011)을 참조하였다.

〈그림 6〉 Hutchison Port Holdings Trust 구조도

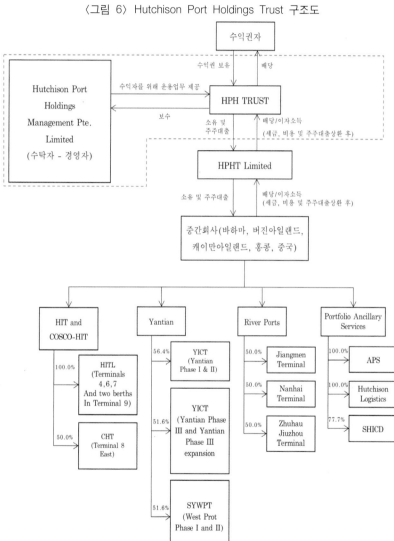

수탁자-경영자는 HPH Trust의 포트폴리오 컨테이너 터미널의 적하시간 감축, 선적 출항스케줄 관리의 효율화, 화물업자 등과의 관계유지 등 사업활동을 한다. HPH Trust의 수탁자-경영자의 경영진이 사업회사의 경영진을 겸임하고 있어,[50] 법적으로는 수탁자-경영자는 사업회사의 감독업무를 수행하게 되나, 실제로는 동일한 경영진이 사업회사의 운영도 한다. 한편, 스폰서와 수탁자-경영자는 비경쟁계약을 체결하여 스폰서가 수탁자-경영자의 동의없이 HPH Trust의 사업영역인 광동지방, 홍콩 및 광저우에서 항만사업에 대한 투자행위를 하지 않기로 함으로써, 잔존 그룹과 실질적으로 사업을 분리한다.

---

50) 예컨대, 수탁자-경영자의 CEO는 사업회사 중 하나인 Yantian의 이사(managing director)를 겸임하고 있고, 수탁자-경영자의 CFO(chief financial officer)는 또 다른 사업회사인 HIT의 이사를 겸임하고 있다.

제5절 홍콩

1. 제도의 도입 및 현황

홍콩은 싱가포르보다 한발 늦기는 하였지만 2011년 홍콩 최대 통신회사인 PCCW Limited의 분할을 위하여 사업신탁을 하여 수익증권의 상장을 허용한 바 있다. 2011년 1월 아시아 최고 갑부인 Li Ka-shing이 자국인 홍콩이 아닌 싱가포르에서 Hutchison Whampoa 그룹의 자회사인 Hutchison Port Holdings Limited를 사업신탁을 통해 그 수익증권을 상장시키기로 함으로써 세간에 큰 관심을 불러일으키자, 홍콩의 정부관료들은 사업신탁의 허용을 홍콩 금융정책의 주요 안건으로 삼았으며, 홍콩 입법기구(Legislative Council)의 일원인 Paul Chan Mo Po는 홍콩이 이미 부동산투자신탁(REITs)에서 싱가포르에 뒤쳐졌으며 사업신탁으로 싱가포르에 패배하고 있다고 우려를 표하기도 하였다. 이러한 정책적 이유로 홍콩은 마침내 2011년 사업신탁인 HKT Trust의 수익증권을 홍콩 증권거래소에 상장하게 하였다.[1]

이후 홍콩 증권거래소에 3개의 사업신탁의 수익증권이 추가로 상장되는데, 모두 제3유형에 속하며, 회사가 특정 사업부문을 분할하여 독자적인 사업체로 만들기 위한 것이었다. HKT Trust가 그러하며, 2014년 1월 상장된 HK Electric Investments도 전력사업의 사업분할을 위한 사업신탁으로서 HKT Trust와 매우 유사한 구조를 가지고 있다. 현재 상장되어 있는 다른 2개의 사업신탁[2]도 호텔사업을 하는 기업이 일정한 사업부문을 사업신탁으로 분할하고, 기업이 그 결합증권을

---

1) Ho(2012), pp. 324-326.
2) Langham Hospitality Inv and Langham Hospitality Inv Ltd.와 Jinmao Hotel and Jinmao (China) Hotel Investment and Management Limited.

상당부분 보유하여 지배력을 가지는 구조를 취하고 있다.[3]

2. 사례: HKT Trust[4] (제3유형)

PCCW Limited("PCCW")은 홍콩 증권거래소에 상장된 최대의 통신회사로서, HKT Trust를 이용하여 통신사업부문을 분할하였다. HKT Trust의 수익증권의 공모발행은 통신사업부문을 분할하여 상장함으로써 통신사업의 공정한 가치를 만들고, 안정적인 현금흐름을 창출하여 이에 기초한 배당을 실시하며, PCCW의 신주발행의 경우와 비교하여 사업신탁을 이용함으로써 HKT Trust와 그 자회사인 HKT Limited에 대한 과반수 지분을 보유하여[5] PCCW 주주지배력의 희석화를 가져오지 않도록 하는데 목적이 있었다. 분할상장된 통신사업부문은 그룹의 미디어 사업 등 잔존 부분과는 분리되어 직원들의 고용주체가 달라지고, 사업 수행을 위한 행정적 기반이 독립된다. 또한, HKT Trust와 잔존 그룹 사이에 이익충돌을 방지하기 위하여 상호간 통신사업에 관한 비경쟁계약을 체결하였다.

HKT Trust는 HKT Limited가 발행하는 주식에만 투자하는 신탁으로, 신탁재산은 HKT Limited의 주식과 결합증권 발행에 따른 납입금으로 수령한 현금, 사업을 위해 수탁자-경영자가 체결한 계약상 권리 등으로 구성된다. HKT Trust가 주식 100%를 소유하는 HKT Limited는 통신사업의 지주회사의 역할을 하며, 그 아래에 사업을 하는 회사를 자

---

3) Langham Prospectus(2013), p. 11 구조도 등; JH Prospectus(2014), p. 127 구조도 등.
4) 본문의 거래구조와 내용은 HKT Trust Prospectus(2011)를 참조하였다.
5) PCCW는 HKT Trust와 HKT Limited의 지분을 약 68%를 보유한다(HKT Trust Prospectus(2011), p. 243). 또한, 새로운 수익권 발행시 지분비율에 따라 청약을 할 수 권리(Right Issue)를 부여받아 지분비율을 유지할 수 있도록 하고 있다.

회사로 둔다. 분할된 통신사업의 운영은 HKT Limited와 그 자회사들이 하고, 수탁자-경영자는 전력사업의 운영에 적극적으로 관여하지 않고 일반적인 행정업무만 하는 제한적인 역할을 한다.[6] 한편, 수탁자-경영자의 이사회와 HKT Limited의 이사회를 동일하게 구성하여 이사들이 모두 같고, 양 회사의 감사위원회도 동일하게 구성함으로써 수탁자-경영자와 HKT Limited는 내부조직과 경영에서 통일성을 꾀한다.

PCCW는 수탁자-경영자의 100% 모회사로서 이를 지배한다. 그리고, HKT Trust의 신탁증서에서 수탁자-경영자는 수익자의 보통결의로 해임, 교체될 수 있도록 하고 있다. HKT Trust에서는 PCCW가 수익권의 68%를 보유하여 수탁자-경영자의 해임은 PCCW가 결정하게 된다.

이 거래에서 상장된 증권은 HKT Trust의 수익권(unit), HKT Limited의 보통주에 대한 수익적 권리(beneficial interest),[7] HKT Limited의 우선주가 결합되어 있다. 이 결합증권(stapled securities)은 HKT Trust의 수탁자-경영자와 HKT Limited가 하나의 신탁증서의 당사자가 되어 공동으로 발행하고,[8] 이들은 각각 상장증권의 발행인으로서 홍콩 증권거래소의 상장규정과 증권선물법(Securities Futures Ordinance) 및 기업인수규준(Takeover Code)을 적용받게 된다. 결합증권은 복수의 증권이

---

6) Baker & McKenzie(2011), p. 3.
7) HKT Limited의 보통주는 수탁자-경영자의 명의로 보유된다. HKT Trust의 수탁자-경영자와 HKT Limited가 당사자로 체결한 신탁증서(Trust Deed)에 따라 HKT Trust의 수익권은 보통주와 동일한 수로 발행되며, 각 보통주는 각 수익권과 연결되어(linked) 수익자는 보통주에 대한 수익적 권리(beneficial interest)를 누리게 된다. 즉, 수탁자-경영자는 HKT Limited의 주주명부에 수탁자-경영자의 명의가 기재된 HKT Limited의 보통주에 대한 수익적 권리를 수익자에게 부여하며, HKT Limited가 보통주에 대하여 배당을 하면 수탁자-경영자는 그 배당금을 신탁증서에서 정하는 바에 따라 100% 수익자에게 지급한다(HKT Trust Deed(2011)의 3.2(Units and Ordinary Shares to be Linked) 및 14.1(Cash Distributions)).
8) HKT Trust Deed(2011).

상호간에 법적으로 구속됨을 기초로 상장되고, 이들이 별개로 이전되거나 거래될 수 없으며, 결합증권에 대하여 단일한 가격이 부여되고 개별 구성증권에 대하여 따로 가격이 존재하지 않는다.[9] 그리고, HKT Trust의 수익자총회는 최소 연 1회 개최되는데, 이 수익자총회와 HKT Limited의 주주총회는 실제로 하나의 회의로 진행하도록 하고 있다.

〈그림 7〉 HKT Trust 구조도

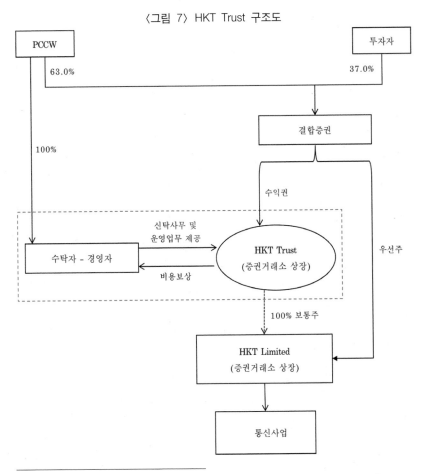

---

9) http://www.hkex.com.hk/eng/prod/secprod/ss/stapled.htm (2018. 6. 17. 방문).

HKT Trust의 주요 목표는 현금흐름을 창출하는 자산으로부터 안정적인 배당을 실시하여 이러한 상품을 선호하는 투자자로부터 자금을 모으는 것이다. 수탁자-경영자는 배당가능소득의 100%를 배당하기로 하고, 공모발행시 최대한 배당을 실시하는 점에서 다른 발행인들과 차별화됨이 강조되었다.

3. 싱가포르 사업신탁과의 비교

가. 거래구조의 유사점과 차이점

(1) 유사점

홍콩의 사업신탁은 그 시작부터 싱가포르로부터 큰 영향을 받았다. 기본적으로 법적 성격이 일반적인 신탁과 같다는 점은 물론, 구체적인 거래구조에서 싱가포르의 사업신탁과 비슷한 면이 많다. HKT Trust를 예로 들면, 스폰서가 신탁사무와 경영업무를 모두 하는 수탁자-경영자를 자신의 100% 자회사로 두고, HKT Trust의 수익권을 상당 부분 보유하여 그 해임에 대한 저지권한을 확보하는 등 싱가포르 사업신탁과 구조적으로 상당히 유사하다.[10] 이러한 구조를 통해 스폰서는 사업신탁과 신탁재산에 대하여 지배 및 경영상 통제를 꾀하고 있다. 홍콩과 싱가포르의 이러한 공통적 구조는 미국의 사업신탁과는 상당히 다른데, 이에 대하여는 창업주 일가가 사업에 계속적인 지배력을 보유하는 아시아 국가의 강한 가족기업 문화를 반영한 것이라는 평가가 있다.[11]

---

10) HKT Trust Prospectus(2011), p. 172의 Structure and organization of the HKT Trust and the Company 구조도 참조.
11) Ho(2012), p. 328.

(2) 차이점

홍콩의 사업신탁은 싱가포르 사업신탁과 달리 결합증권을 이용하는 것에 특징이 있다. 결합증권이란 둘 이상의 증권이 하나로 결합되어 투자자가 하나의 상품으로 둘 이상의 증권을 보유하는 효과를 누리게 하는 것이다. HKT Trust의 투자자는 HKT Trust의 수익권, HKT Limited의 보통주에 대한 수익적 권리, HKT Limited의 우선주의 세 가지 요소로 구성된 결합증권을 취득한다. 투자자는 평상시에는 HKT Limited의 보통주로부터 지급되는 배당수익을 받는 한편, HKT Limited의 우선주로부터 HKT Limited의 해산시 우선적으로 이루어지는 배당을 받을 권리를 가진다.[12] 결합증권은 투자자에게 복수의 증권에서 발생되는 이익을 누릴 수 있게 하여 투자분산화를 가져오고, 어느 한 발행인의 청산시에도 다른 발행인은 영향이 없어 청산위험을 줄일 수 있게 한다는 장점이 있다고 이야기된다.[13] 반면, 실제로 추가로 가치를 부여하지 않으면서 오히려 거래구조를 불명확하게 한다는 비판도 있다.[14]

---

12) HKT Trust Prospectus(2011), pp. 9, 173.
13) Ho(2012), p. 327.
14) 결합증권은 원래 호주에서 발달된 것이다. 그런데, 호주에서도 결합증권에 대한 회의론이 있는데, 결합증권이 실제로 증권에 별다른 추가적인 가치를 부여하지 않으면서, 오히려 구조를 모호하게 하여 투자자로 하여금 그 내용을 잘 알지 못하게 만든다고 한다. 그리고, 수익자의 지배권한은 제한되면서 스폰서가 자산매각으로 수익을 올리고 이후 추가적으로 운영보수도 취득한다는 지적이 있다(Financial Regulation Discussion Paper Series - Why Stapled Securities? FRDP 2012-3, Australian center for financial studies, 2012. 6. 4., p. 3).

나. 법제상 차이

홍콩의 사업신탁은 싱가포르와 법제에서도 큰 차이를 보인다. 싱가포르는 사업신탁법이라는 별도의 법률을 마련하여 사업신탁의 구조, 수탁자-경영자의 의무와 책임, 수익자의 권리와 책임 등에 관하여 구체적으로 규율하고 있는 반면, 홍콩에서는 별도의 법률 없이 기존의 법제도를 기반으로 하고 있다. 즉, 홍콩의 사업신탁은 별도의 법이 규율하는 것이 아니라 순수하게 신탁법에 따른 신탁이다. 그 결과, 수탁자의 주의의무, 충실의무 등도 일반 신탁법리의 의무에 관한 것이 그대로 적용되고, 수탁자는 무한책임을 지며, 수익자의 유한책임이 법으로 명시되지 않는다. 그렇지만, 실무에서는 신탁증서에 의해 수탁자의 의무를 변경하거나 면책에 관해 정하고 있는데, 수탁자-경영자는 수탁자-경영자로서 행위함에 따른 채무에 대하여 개인적 책임을 지지 않고, 사기, 고의 또는 과실이 없는 한 면책된다고 하거나,[15] 수탁자의 충실의무를 최선의 이익의 추구의무로 정하고, 사업상 판단을 할 때 주의의무를 다하여 외부의 전문가를 선임하여 구한 의견에 선의로 의존한 경우 그에 관한 판단의 실수에 대하여는 책임을 지지 않기로 하며, 수익자는 수익권 인수대금을 모두 지급한 이상 수탁자에 대한 비용보상책임을 지지 않는다는 조항을 두기도 한다.[16]

홍콩의 증권법규에서는 사업신탁의 수익증권의 상장에 관하여 직접 규정하고 있지 않는데, 수익증권이 사업회사의 주식과 함께 결

---

15) HKT Trust Deed(2011)의 2.4(a) 및 HKEI Trust Deed(2014)의 21.1.

16) HKT Trust Deed(2011)의 18.6(a)(b), 18.8(Trustee-Manager Not Responsible for Errors of Judgment) 및 21.3(Limitations of Liability of Holders); HKEI Trust Deed(2014)의 18.6(a)(b), 18.8(Trustee-Manager Not Responsible for Errors of Judgment) 및 21.3(Limitations of Liability of Holders).

합증권으로서 상장됨에 따라, 수탁자-경영자는 상장증권의 발행인으로서 증권선물법, 상장규정, 기업인수규준 등의 규제를 받게 된다. 그 결과 홍콩 증권거래소는 상장규정에서 요구되는 상장회사의 이사의 해임요건, 회계 등 사항을 수탁자-경영자에게 요구한다. 그런데, 홍콩의 사업신탁은 어디까지나 회사가 아닌 신탁이어서, 상장회사에 관한 규정들에 마련되어 있는 투자자 보호조항이 적용되지 않는다는 문제가 있다. 이에 대하여 홍콩 증권거래소는 기본적으로 사업신탁은 그 자체는 회사가 아니므로 회사법(Company Ordinance) 및 기타 주주 보호에 관한 법규의 적용을 받지 않는다는 입장을 취하고 있다. 그러나, 증권거래소는 상장 사업신탁의 수익자에게도 상장회사의 주주와 동등한 수준의 보호를 제공하기 위하여, 상장 신청인에게 투자자 보호에 관한 요건과 공시요건, 조직구조에 대하여 상장규정의 내용을 반영할 것을 건 별로 요구한다.[17] HKT Trust 건에서도 신탁증서에서 총회의 소집통지, 재무제표 공시 등의 사항에서 상장회사의 주주에 준하는 수준으로 주주 보호에 관한 내용을 정하였다.[18]

---

17) HKEx Guidance Letter(2014), pp. 2, 3, 6.
18) 이중기(2014b), 99면; HKT Trust Prospectus(2011), p. 11에 이러한 사항들이 명시되어 있다.

제6절 일본

1. 제도의 도입과 현황

일본은 우리와 신탁법제가 상당히 비슷하며, 그간 신탁이 발전되어 온 경로와 모습이 매우 흡사하다. 사업신탁으로서는 제2유형의 신탁(사업형 신탁)인 토지신탁이 토지개발사업을 위하여 활용되어 온 것 또한 우리나라와 비슷하다.[1] 2006년에 일본 신탁법상 신탁의 정의조항이 개정되어 소극재산이 신탁재산에 포함됨을 분명히 함으로써 사업 자체의 신탁의 법적 근거를 구비한 것도 우리나라와 같다. 이러한 점에서 일본에서의 사업신탁에 관한 논의는 우리에게 시사하는 바가 크다.

일본에서도 법개정에 불구하고 사업 자체의 신탁에 해당되는 사례는 쉽게 발견되지 않는데, 학계에서 사업신탁을 활용할 수 있는 방안에 대하여 다방면으로 검토하고 있다는 점이 주목할 만하다. 회사분할이나 영업양도 등을 통해 해오던 것을 사업신탁을 이용하여 회사분할이나 자회사 설립 등의 절차를 거치지 않고 보다 손쉽게 하는 방법을 제안하고 있다. 일본에서는 특히 자기신탁의 활용을 크게 기대하고 있는데, 자기신탁을 이용하면 별도의 법인을 설립하지 않고 위탁자가 수탁자를 겸하여 고용관계를 유지하면서 사업을 계속하여 신탁사무를 수행하는 점에서 유용하다고 하고 있다.[2] 2006년 신탁법 개정으로 자기신탁이 허용되게 됨에 따라, 같은 해 신탁업법을 개정하여 불특정다수에 대한 수익권 발행이 예정되어 있는 자기신탁의 경우 신탁업자의 겸업규제를 완화하고, 수익자 보호를 위하

---

1) 홍유석(1992), 690면.
2) 新井誠(2008), 55면; 早坂文高(2011), 22면; 神作裕之(2011) 44면.

여 공모형 자기신탁에 대해 다른 유형의 신탁과 같은 수준의 업규제를 하는 것으로 하였다.[3] 다만, 학계의 논의와 법개정에 불구하고 현재 사업신탁의 활용방안에 관한 제안들은 대부분 이론적 수준에 머물고 있고, 실제로 이용되는 예는 쉽사리 발견되지 않는다. 이하는 현재 일본에서 논의되고 있는 사업신탁의 활용방법들이다.

첫째, 사업신탁을 고위험 신규사업의 진출을 위해 이용하는 방안이다. 새로이 위험부담이 큰 신규사업을 하려는 경우, 새로운 사업이 실패하게 되면 기존 사업에까지 영향을 주고 회사 전체가 위험에 빠질 수 있기 때문에 쉽사리 신규사업에 뛰어들지 못하고 주저할 수 있다. 이때 사업신탁을 활용하면 기존의 사업과 신규사업의 위험을 효과적으로 분리할 수 있다.[4] 구체적으로, 사업가는 자기를 수탁자로 하여 자기신탁을 하고, 선순위수익권을 투자자에게 발행하고 후순위수익권은 자신이 취득한다. 신탁기간 종료 후, 후순위수익자는 당해 사업을 반환받고 우선수익권자는 사업수익을 배당받도록 할 수도 있다. 그리고, 유한책임신탁을 이용하여 위험을 한정시킬 수 있다.[5]

둘째, 사업신탁을 사업재편의 방안으로 활용하는 것이다. 여러 사업을 영위하는 회사가 그 중 한 사업이 수익성이 악화되어 다른 사업부문의 흑자 없이는 존속하기 어려운 경우, 불량사업부문을 떼내어 회사 전체의 수익과 사업구조를 재편하기 위하여 사업신탁을 사용할 수 있다.[6] 기존에 회사분할이나 영업양도를 통해 특정 사업부

---

3) 新井誠·神田秀樹·木南(2011), 501면; 金融庁, 信託法改正に伴う改正信託業法の概要(http://www.fsa.go.jp/policy/shintaku/02.pdf).
4) 일본의 신탁법개정시 참의원 회의록에 기재된 활용례이다(新井誠(2014), 157-158면).
5) 新井誠(2008), 57면.
6) 채무초과에 있는 사업과 같이 위험이 큰 사업을 회사로부터 분리해 내어 신탁을 통해 독립시키고 자금조달을 위해 투자자를 모집하게 되면, 수익

문을 분리해내던 것을 사업신탁을 이용하는 것이다.

셋째, 사업신탁을 이용하여 높은 수익이 예상되는 특정 사업을 신탁한 후 이를 담보로 자금을 조달하는 방안이다. 회사에 담보적 가치가 있는 자산이 별로 없고 회사 전체로는 수익이 발생하지 않는 경우 금융기관으로부터 차입이 어렵지만, 제조·판매의 노하우, 고도 기술을 가진 인재, 우량고객 등을 보유하고 있어 고수익을 올리는 사업부문이 있다면 사업신탁 방식으로 이를 분리하여 높은 신용등급을 받을 수 있다. 회사는 사업신탁의 수익증권의 발행을 통해 자금조달을 하는 것이 가능해진다.[7] 그리고, 현금흐름이 안정적인 영업부문을 신탁하여 수익권을 증권화하여 발행한다면 통상의 차입보다 좋은 조건으로 자금조달을 할 수 있다. 이것은 회사의 개별 부동산, 동산이나 채권 등을 증권화하는 것에 그치지 않고 사업을 대상으로 증권화하는 자금조달 방법이다.[8]

넷째, 사업신탁을 기업간 합병이나 사업제휴의 수단으로 활용하는 방안이다. 예컨대, A사가 보유한 X사업과 B사가 보유한 Y사업의 제휴를 통한 시너지를 창출하기 위해 A사가 B사에게 X사업을 신탁하고, B사는 Y사업을 자기신탁하여 하나의 신탁을 통해 양 사업을 통합한다. A, B사는 신탁행위로 손익 귀속에 대하여 정하고 이를 반영한 수익권을 발행하고, 수익을 분배받는다. 또한, 상황에 따라 신탁의 분할, 병합 외에, 기간의 변경, 종료시의 신탁재산의 배분 등을 상호간 합의에 의해 자유롭고 신속하게 실시하는 것이 가능하다. 기존의 사업제휴, 합병 등에서는 외적 환경의 변화가 급격할 경우 제

자 보호의 측면에서 문제가 발생될 수 있다. 이러한 점을 고려하여 수익자에 대한 순자산액, 사업계획, 레버리지 비율의 설명의무 등을 수탁자에게 요구할 필요가 있다는 지적이 있다(小野傑 · 深山雅せ(2007), 85면).

7) 田中和明(2007), 372-374면.
8) 新井誠(2008), 56면.

도가 경직적이어서 신속한 대처가 어려움에 비해, 사업신탁을 이용하면 환경의 변화에 대응할 수 있는 유연성을 가질 수 있다.[9]

다섯째, 회사가 채무초과에 빠진 경우, 사업신탁을 이용하여 사업갱생을 도모하는 방안이다. 회사는 사업의 전부 또는 일부를 신탁하여 사업신탁을 설정한 후, 주거래은행 등 회사의 채권자가 보유하는 대출채권과 회사가 보유하는 사업신탁의 수익권을 교환하거나, 수익권을 직접 채권자에게 발행하고, 채권의 변제에 갈음한다. 이후 채권자는 수익자로 지위가 변경되어 신탁의 변경 합의권, 위법행위유지청구권 등 수익자로서의 권한을 행사하여 수탁자의 업무수행을 감독하고, 기업재건을 도모한다.[10] 기존에는 회사가 채무초과에 빠지게 되면 회사의 사업 등을 매각하여 그 매각대금으로 채무변제 자원으로 삼아 회사갱생을 도모하는 경우가 많았다. 그러나, 이미 부도처리된 회사의 사업을 매수하는 제3자는 저가에 인수하고자 하여 사업가치가 충분히 반영되지 못할 가능성이 크다. 이에 비해 사업신탁은 수익권으로 대물변제하는 방식으로서 사업이 지나치게 염가매각될 위험은 상대적으로 적어진다고 한다. 그리고, 수탁자가 사업을 성공적으로 경영하면 수익권을 통해 지급받는 수익이 커져 채권자는 이익을 받을 수도 있게 된다.[11]

한편, 일본의 학자 중에는 다음과 같은 점을 이유로 사업신탁에 대하여 부정적인 시각을 보이기도 한다. 우선, 법적 불명확성의 문제이다. 사업신탁은 회사법의 번거로운 절차를 피하고 보다 간편하게 회사와 유사한 도구를 만들려는 시도로 볼 수도 있다. 그런데, 사업신탁에 관하여는 회사에 대응하는 법제, 판례, 상관습 등이 미성숙하여 법적 불명확성이 존재한다. 신탁된 부문의 종업원의 지위 승계

---

9) 田中和明(2007), 367-368면.
10) 田中和明(2007), 368면; 松尾順介·田頭章一(2011), 15면.
11) 田中和明(2007), 370면.

문제, 사업을 위해 허가가 필요한 경우 허가의 승인 내지 신규 취득
등 법적 불확실성은 도처에 존재한다. 다음으로, 현실적인 문제로서,
사업을 향상시키는 유능한 수탁자를 쉽게 찾을 수 있을지, 자기신탁
을 하여 적자를 냈던 경영자가 수탁자가 되는 사업신탁에 투자를 할
자가 존재할9 것인지의 문제가 있다. 이러한 점들을 고려하면, 사업
을 신탁하는 것이 이론적으로 가능하다고 하여도, 실제로 어느 정도
로 사용될 것인지는 의문이라고 한다. 결국, 일반적으로는 회사를
사업신탁보다 우선하여 사용하게 되고, 사업신탁은 토지신탁 등 특
정 사업에 제한될 것이라고 전망한다.[12]

2. 사례: 라쿠텐신탁(樂天信託)의 태양광발전사업신탁[13] (제2유형)

앞서 살펴본 다양한 활용방안에 관한 논의에 불구하고 일본에서
사업신탁은 2006년 신탁법 개정 이전부터 이용되어 온 토지신탁(제2
유형) 외에는 크게 이용되지 않고 있다. 일본에서 토지신탁 이외의
사례로는 라쿠텐신탁의 태양광발전사업신탁이 발견된다.

라쿠텐신탁회사는 태양광발전사업을 위한 사업신탁을 신탁서비
스의 하나로 제공하고 있다. 이 사업신탁에서는 사업 자체를 신탁받
는 것은 아니고, 사업을 위해 필요한 토지, 건물 등을 신탁받거나 금
전을 신탁받는다는 점에서 사업형 신탁(제2유형)에 해당된다. 신탁
회사는 토지, 건물 또는 금전을 신탁받고, 태양광발전사업에 필요한
각종 업무를 수행한다. 수탁자는 사업을 위해 제3의 운영관리사업자
등과 태양광발전설비의 발주 및 보관에 관한 계약을 체결하여 그로

---

12) 新井誠(2008), 58-59면.
13) 본문의 거래구조와 내용은 라쿠텐 신탁회사 홈페이지(https://www.rakuten-trust.co.jp/service/solarpower.html) (2018. 6. 17. 방문)의 기재내용을 참조하였다.

하여금 관련 설비 및 시설의 시공과 운영, 정비 등 관련 업무를 하도록 하고, 일정한 관리료를 지급한다. 그리고, 전력회사와 전력공급계약을 체결하여 전력을 제공하고 받은 요금에 따른 수익으로 신탁배당금을 지급한다. 배당은 전력요금수익에서 금융기관에 대한 차입원리금 변제, 운영관리사업자에 대한 관리료, 세금, 신탁보수, 손해보험금의 비용을 공제한 잔액으로 실시한다. 라쿠텐신탁회사는 2012. 9. 28. 미쯔이 케미칼 주식회사(三井化学株式会社) 등 7개 회사로부터 일본 최대급의 태양열, 풍력발전사업을 수탁받아 수행한 바 있다.

〈그림 8〉 라쿠텐신탁회사의 태양광발전사업 신탁 구조도

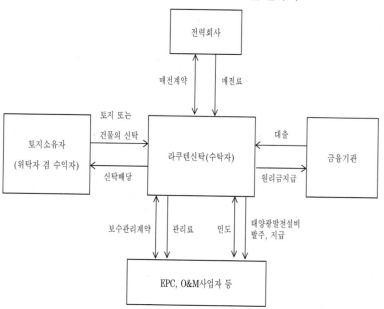

제7절 소결

본장에서는 국내외에서 발견되는 사업신탁의 사례들을 검토하였는 바, 이를 앞서 살펴본 사업신탁의 유형별로 보면 다음과 같다.

1. 제1유형: 사업 자체의 신탁

이 유형의 사업신탁은 1920년대를 전후하여 미국에서 사업신탁으로서 활성화되었고, 1930, 40년대의 영국과 미국의 판결에서도 일부 발견되는데,[1] 현재에는 이러한 형태의 신탁은 별로 이루어지고 있지는 않다.[2] 홍콩에서 사업분할 수단으로 사용된 HKT Trust에서는 통신사업을 사업신탁을 이용하여 분할하였으나, 이 때에도 해당 사업 자체를 신탁재산으로 삼은 것이 아니라 그 사업을 영위하는 사업회사의 모회사의 주식과 일부 현금 등을 신탁재산으로 하였다.[3] 이처럼, 오늘날에는 사업 자체를 신탁하는 사업신탁보다는 사업회사의 주식을 신탁재산으로 삼는 것이 보다 일반적이며,[4] 사업 자체를 신탁하는 사례는 국내외적으로 쉽사리 찾기 어렵다.

2. 제2유형: 사업형 신탁

우리나라와 일본에서는 주요한 사업용 자산을 신탁하고 수탁자

---

1) In re Thomson [1930] 1 Ch. 203; Sauvage v. Gallaway, 329 Ill. App. 38, 66 N.E.2d 740 (4th Dist. 1946).
2) Scott, Fratcher & Ascher(2007), Vol. 3, p. 1127, Frankel(2001), pp. 327, 331 및 Hansmann & Mattei (1998a), pp. 476-477. 영국에서 사업을 위한 신탁이 쇠퇴하였음에 관하여는, Sullivan(1985), p. 176 및 Zhang(2017), p. 457의 각주 30.
3) HKT Trust Prospectus(2011), p. 55.
4) Scott, Fratcher & Ascher(2007), Vol. 3, p. 1127.

가 이것을 가지고 사업을 하는 사업형 신탁(제2유형)인 토지신탁을 많이 하여왔다. 이 유형에서는 제3의 전문적인 수탁자인 부동산신탁회사가 개발사업을 적극적으로 수행한다. 우리나라에서는 특별법상 신탁회사가 개발사업을 하는 경우도 있으며, 일본에서는 신탁회사가 태양광발전사업을 하는 것도 발견된다.

3. 제3유형: 사업회사 소유형 신탁

사업신탁이 사업을 하는 회사의 주식을 소유하는 사업회사 소유형 신탁(제3유형)은 캐나다의 사업신탁이 대표적이며, 싱가포르와 홍콩의 사업신탁도 대부분 이 유형에 해당된다.

캐나다의 사업신탁은 회사의 주식 또는 파트너쉽 지분 상장의 대안으로서 이용되었는데, 사업신탁으로 하여금 회사의 주식이나 파트너쉽의 지분을 보유하도록 하고 사업신탁의 수익증권을 상장하는 구조를 취한다. 주로 절세를 위해 외부차입과 함께 신탁으로부터의 차입을 하는 특징을 가진다.

싱가포르와 홍콩에서는 자금조달 및 기업구조조정 목적으로 사업신탁을 이용하고 있다. 대규모 기업인 스폰서가 특정 사업부문을 사업신탁을 통해 상장하여 자금을 조달하는데, 주로 항만, 병원, 전력 등 안정적인 현금흐름을 창출하는 사업을 분리하여 해당 사업만의 가치에 집중함으로써 유리한 수익률을 투자자에게 제공하고, 안정적인 고배당 상품을 만들어 자금을 모집한다. 스폰서는 해당 분야의 대규모 기업으로서, 그 자회사인 수탁자-경영자로 하여금 특수목적회사, 사업회사 또는 사업회사의 지주회사의 주식을 소유하도록 하고, 사업은 이들 회사를 통하여 하게 하는 것이 일반적이다.

4. 평가

이상에서 본 바와 같이, 국내외 사례에서는 제2유형과 제3유형이 발견되고, 제1유형은 현재 찾기 힘들다. 그런데, 제1유형과 제2유형은 사업신탁의 최초 설립 단계에서 사업용 자산인 특정 자산만 신탁되는지 아니면 그 밖의 사업과 관련된 모든 채권·채무를 포함한 일체의 자산이 신탁되는지의 차이가 있을 뿐, 신탁이 설립되어 수탁자가 사업을 경영하기 시작한 이후에는 거의 차이가 없어진다. 이에 비해 제3유형은 사업회사의 주식 등 지분권을 주된 신탁재산으로 한다는 점에서 신탁재산의 구성 자체가 틀리다. 수탁자의 업무도 제1, 2유형에서는 사업의 직접 경영임에 비해 제3유형에서 수탁자는 사업회사의 주주가 되어 사업회사의 이사가 사업을 경영하는 것을 감시하고 신탁의 중요한 사항을 결정한다는 점에서도 기본적으로 다르다. 결국 크게 보면, 신탁이 일정 시점에 이르러 사업 자체를 신탁재산으로 구성하면서 수탁자가 직접 사업을 수행하는 유형(제1유형 및 제2유형)과 신탁이 사업을 하는 회사를 소유하는 유형(제3유형)으로 나눌 수 있다. 이중 직접적으로 신탁을 통해 사업을 하는 것은 전자의 경우이고, 후자는 이와는 성격을 달리한다.

그런데, 제3유형에서도 수탁자가 실제로는 상당히 적극적으로 경영활동에 참여하는 경우가 빈번히 발견된다. 예컨대, First Ship Lease Trust의 사업신탁은 특수목적회사의 주식 100%를 소유하면서, 수탁자-경영자가 선박의 임대를 위한 임차인 접촉, 리스구조와 리스계약 조건의 결정 및 계약 체결 등 리스계약과 관련된 업무, 선적 관리 등 업무를 하는 등[5] 사업경영 활동을 주도한다. 명목적 회사인 특수목적회사를 자회사로 두어 선박의 소유권, 용선계약 등의 법적 명의를

---

5) FSLT Prospectus(2007), p. 67.

특수목적회사의 이름으로 하지만, 실제적인 경영활동의 주체는 수탁자인 셈이다. 그리고, 사업회사의 주식을 소유하는 싱가포르, 홍콩, 캐나다 사업신탁의 경우에는 자회사인 사업회사는 특수목적회사와 같은 명목상의 존재는 아니고, 회사로서의 실체를 갖추고 스스로 사업을 수행하는 주체이다. 그러나, 이러한 경우에도 수탁자는 사업회사의 이사를 겸임하는 것과 같은 방식으로 경영참여도를 상당히 높이고 있다. 예컨대, 캐나다 사업신탁인 Swiss Water Decaffeinated Coffee Income Fund는 공동수탁자들이 사업회사의 이사를 겸임한다. 그리고, 싱가포르 사업신탁인 Hutchison Port Holdings Trust, 홍콩 사업신탁인 HKT Trust와 HK Electric Investments는 수탁자-경영자의 이사회와 사업회사의 지주회사의 이사회의 구성을 동일하게 하고 있다. 이러한 조직구조를 통해 수탁자는 사업회사나 지주회사의 이사의 지위에서 경영활동을 하게 된다.

따라서, 형식을 강조하면, 제3유형은 본 연구의 사업신탁의 개념요소 중 "(i) 신탁재산이 일정한 영업목적에 의하여 조직화된 유기적 일체로서의 기능적 재산인 사업일 것"과 달리 이러한 사업을 소유하는 회사의 주식을 신탁재산으로 하며, 수탁자는 사업회사의 주주로서 본 연구의 사업신탁의 개념요소 중 "(ii) 수탁자가 신탁사무로서 사업을 경영할 것"에도 해당되기 어렵다. 그렇지만, 실질을 중시하면, 사업을 소유하는 회사의 주식을 소유하면서, 그것을 이용하여 수탁자가 사업회사의 이사로 선임되는 등의 방식으로 경영에 적극적으로 관여함으로써 직접 사업을 하는 것과 같이 된다. 싱가포르와 캐나다는 실질을 중시하여 이러한 신탁을 사업신탁이라 보고, 별도의 법률을 제정하여 회사법의 모델을 참조하여 수탁자의 의무, 수익자의 권리 등에 관하여 일반적인 신탁과 달리 정하고 있는 것이다.

제3장 사업신탁의 자산분리기능과 유한책임구조

영미에서 신탁은 회사에 비해 훨씬 오랜 역사를 가지며, 사업을 하기 위한 법형식으로 이용되기도 하였다. 그러나, 회사법의 제정법화가 활발해지고, 회사에 대한 규제와 설립상 엄격한 허가요건이 차츰 완화됨에 따라 회사는 사업을 위한 도구로서 신탁에 대해 우위를 점하게 되었다.[1] 우리나라에서도 기업의 형태로는 민법상 조합, 상법상 익명조합 등도 있지만, 주식회사의 비중이 압도적으로 높다.[2] 오늘날 회사, 특히 주식회사는 독보적인 위치를 차지하고 있는데, 사업신탁이 다시금 회사와 같이 사업을 수행하는 주체가 되는 것이 어떠한 의미를 가지는지 하는 의문이 제기된다. 구체적으로, 사업신탁이 기업조직으로서 적절한 법리를 갖추고 있는지, 나아가 사업신탁이 회사와 차별화되는 점은 무엇인지를 고찰할 필요가 있다. 이러한 질문에 답하기 위해, 이 장에서는 기업조직의 대표적인 형태인 회사가 가지는 주요 특질과 조직법의 핵심기능이 무엇인지를 살펴보고, 사업신탁이 기업조직으로서의 기본기능인 자산분리기능과 유한책임구조를 실현할 수 있는지를 고찰해 본다.

---

  1) 현재 미국에서 대규모 자금조달을 위한 기업구조는 회사가 가장 우세한 형태이다(Clark(1986), p. 1; Allen & Kraakman(2003), p. 81).
  2) 김건식·노혁준·천경훈(2016), 14면; 송옥렬(2017), 701면; 이철송(2017), 88면.

제1절 기업조직으로서의 사업신탁

1. 회사의 주요 특질과 사업신탁

미국의 회사법 교과서와 논문 등 여러 문헌들에서 회사의 주요 특질로서, (i) 독립적 법인격체 (ii) 이사회 구조 하에서의 경영위임 또는 경영의 집중 (iii) 유한책임 (iv) 양도가능한 주식 및 (v) 조직의 영속성을 들고 있으며,[1] 일부 문헌은 (v) 조직의 영속성 대신에 (v) 투자자에 의한 소유 내지 투자자에 의한 자본공유를 들기도 한다.[2] 이들 특징은 오늘날 고도화된 시장경제에서 다수의 소유자가 있는 대규모 회사를 조직하는데 큰 효율성을 제공한다고 이야기된다.[3]

이러한 분석은 우리나라 상법 학자들도 마찬가지로 하고 있다. 주식회사가 대표적인 기업 형태가 될 수 있는 것은, (i) 주주의 간접·유한책임이 인정되고, (ii) 주주의 지위가 주권을 통하여 자유롭게 양도될 수 있다는 주식의 자유양도성이 보장되며, (iii) 소유와 경영이 분리되어 전문 경영인에게 기업경영을 담당하게 할 수 있고, (iv) 기업의 영속성이 있다는 점을 든다.[4] 또 다른 문헌에서는, 주식회사는 (i) 주식이라는 소액의 표준화된 출자단위가 마련되어 있어 주주가 유한책임을 진다는 점에서 대규모 자금조달에 편리하고, (ii) 회사는 주주들 사이에 손익을 배분하고 주주의 유한책임을 통해 사업의 위

---

1) Allen & Kraakman(2003), p. 81; Bauman(2010), pp. 124-129; Clark(1986), p. 2; Dooley(1995), pp. 26-27; Mahoney(2000), pp. 873, 892; Silberstein-Leb(2015), p. 192; Thulin(1922), p. 177.

2) Hansmann & Krakkman(2001), pp. 439-440; Kraakman et al.(2009), p. 5와 Reinier Kraakman 외(2014), 28면.

3) Hansmann & Krakkman(2001), p. 440.

4) 정찬형(2003), 225-226면.

험을 채권자에게 분산하는 등 사업의 위험을 영업주가 홀로 지도록 하는 것이 아니라 분산시키고 있으며, (iii) 회사는 분업을 통해 전문화의 이익을 누릴 수 있고, 특히 대규모 주식회사에서 전형적으로 소유와 경영의 분리를 통해 전문적인 경영자에게 경영을 위임함으로써 효율적인 경영이 이루어질 수 있다는 점을 들고 있다.[5]

이상과 같이 국내외 학자들은 기업조직으로서의 주식회사의 주요한 특질로서, (i) 독립적 법인격체 (ii) 이사회 구조 하에서의 경영위임 또는 경영의 집중 (iii) 유한책임 (iv) 양도가능한 주식 (v) 조직의 영속성을 들고 있다. 대규모 기업조직의 적격성을 위하여 사업신탁이 이러한 특질을 충족할 수 있을지 검토할 필요가 있다.

첫째, 별개의 법인격체의 점에 관하여는, 주식회사에게 법인격이 인정되는 것은 거래의 편의성[6]과 법적 명확성을 가져온다는 장점을 가진다. 그리고, 이러한 실제적 편의성 외에 독립적 법인격은 여타 회사의 주요한 특질들을 도출하는 개념이 되기도 한다. 우선, 회사는 독자적 법인격을 가짐에 따라 수탁자 및 수익자와는 다른 인격을 가지므로 조직격리가 용이하게 인정된다.[7] 그리고, 독립적 법인격을 가진다는 점은 회사 자신이 거래의 주체가 된다는 것이므로, 그에 따른 책임 또한 회사가 지게 되고, 주주는 책임을 지지 않는다는 주주의 유한책임과 손쉽게 연결되며,[8] 경영자 또한 원칙적으로 책임의 주체가 되지 않는다. 이처럼, 회사의 법인격은 자산분리기능과 투자자의 유한책임 및 경영자의 유한책임을 자연스럽게 수반하는데, 법

---

5) 송옥렬(2017), 701-702면.
6) Clark(1986), 19면은 만약 회사에 법인격을 부여하지 않는다면, 예컨대 회사가 부동산을 소유하는 경우 등기부등본에 다수의 투자자들의 이름을 모두 기재할 필요가 생기지만, 회사에 별도의 법인격을 인정하면 등기부등본에는 회사의 이름만 기재하면 되므로 매우 간편해진다고 한다.
7) Mahoney(2000), p. 876.
8) Dooley(1995), p. 27.

인격이 없는 사업신탁에서 이것이 어떻게 실현되는지를 검토하는 것이 필요하다.

둘째, 주식회사의 중요한 특징 중 하나는 소유와 경영이 분리되고, 그에 따라 경영이 이사회에게 위임되어 집중된다는 점이다. 전문적인 경영자인 이사회가 경영을 독점적으로 수행하게 함으로써 경영의 효율화를 거두기 위함이다.[9] 사업신탁은 소유와 경영이 분리되는 제도[10]라는 점에서 회사와 공통점을 가진다. 즉, 사업신탁에서는 수탁자가 회사의 이사와 같이 사업의 경영을 하므로, 경영위임이라는 점 자체로 회사와 차별화되는 점은 아니다. 오히려, 전통적으로 신탁법리는 수탁자에게 엄격한 의무를 부과하여 왔기 때문에 이에 따른 수탁자의 의무가 사업신탁에 그대로 적용될 수 있는지, 회사의 이사와 비교하면 어떠한지, 수탁자의 경영활동과 관련하여 수익자 보호에는 문제가 없는지 등과 같은 문제가 중요하다.

셋째, 주식회사는 주주가 투자금액 이상의 손해를 입지 않도록 하는 유한책임을 인정하는데, 회사가 이러한 유한책임을 확보하고 있다는 점은 회사의 중요한 성공 요인으로 꼽히고 있다.[11] 주주의 유한책임은 특히 회사가 공중으로부터 자금을 조달하는데 중요하며,[12] 주식회사를 다른 기업조직과 차별화하는 특징으로 일컬어진

---

9) 이철송(2017), 474-476면; 이사회에의 경영집중이 회사 자본의 유출을 막는 데 도움이 된다는 견해로, Blair(2003), p. 436, Stout(2005), p. 261.
10) 신탁과 회사를 비교하면서 이러한 언급을 하고 있는 문헌은 다수 있다. 예컨대, Warburton(2010), p. 103, Schwartz(2013b), p. 325, Ogus(1986), p. 186.
11) Mahoney(2000), p. 875. 콜럼비아대학교의 Butler 총장은 1911년 뉴욕상업회의소 연설에서 "회사의 유한책임은 현대의 가장 위대한 발견이다"라고 하였다(Wilgus(1914), p. 71).
12) Dooley(1995), p. 37. 그 밖에 회사에서의 유한책임의 기능에 관하여 논하는 문헌으로, Easterbrook & Fischel(1985), pp. 93-97, Allen & Kraakman(2003), pp. 91-94, Halpern Trebilcock & Trunbull(1980), pp. 130-131, Manne(1967), p. 262, Hansmann & Krakkman(2000), pp. 425-427.

다.[13] 그런데, 사업신탁의 경우에는 미국의 초기 사업신탁에 관한 판
례에서 수익자의 책임을 유한책임이 아니라고 한 판결이 존재하는
등 불명확성이 존재하였다. 수익자로서는 혹시나 생길지 모르는 무
한책임의 위험성은 사업신탁을 이용함에 장애가 될 수 있기 때문에,
사업신탁에서 유한책임은 사업신탁이 조직법적으로 이용되는 데 중
요한 문제가 되어 왔다.

넷째, 주식회사에서 주식의 양도가능성은 공중의 투자를 촉진한
다는 점에서 중요하다.[14] 그런데, 신탁법상 수익권도 양도가능성이
부여되므로, 이와 관련하여 특별한 문제는 없다. 개정 신탁법은 수
익권의 양도가능성을 인정함은 물론, 수익증권발행신탁을 도입하여
수익증권의 발행을 일반적으로 허용하여 수익자의 투자자화 현상을
제도적으로 뒷받침하였다. 개정 신탁법은 수익증권에 관하여 기명
및 무기명 수익증권의 발행, 수익증권의 기재사항, 수익자명부, 수익
증권의 불소지 제도, 수익증권의 양도방법 및 대항요건, 수익증권의
효력, 기준일 제도 등에 대하여 상법의 주권에 준하여 규정하였다.[15]
이와 같이 한 것은 수익권이 상법상 주식과 유사하다는 점을 고려한
것이다.[16]

다섯째, 주식회사는 가상의 인격체를 가짐으로써 사람과 같이 유
한한 존재가 아닌 무한한 존재로서 사업을 수행한다. 이로써 기업조
직의 안정성을 꾀하고, 파트너쉽에서와 같이 조직의 일원의 사망이
나 탈퇴로 인해 사업의 운영에 불안정한 상태를 가져오는 것을 방지
한다. 이러한 조직의 영속성에 따른 사업의 안정성은 회사를 이용하

---

13) Easterbrook & Fischel(1996), p. 40은 "Limited liability is a distinguishing feature of corporate law - perhaps the distingusing feature." 라고 한다.
14) Clark(1986), p. 14.
15) 신탁법 제78조 제3, 5항, 제79조 내지 제84조.
16) 법무부(2012), 612-613면.

는 것에 큰 이점이 된다.[17] 사업신탁에서 조직의 영속성이 문제되었던 것은 영미 신탁법리상 영구불확정 금지의 원칙에 따라 신탁이 영속적인 존재로서 사업을 영위하는데 어려움이 있었던 때문이다. 이러한 원칙이 특별히 문제되지 않는 우리 신탁법에서는 조직의 영속성의 측면에서 사업신탁과 주식회사를 구별할 실익은 없다고 할 것이다.

이상에서 본 것처럼, 사업신탁을 주식회사와 비교하여 평가할 때 자산분리기능, 수탁자의 의무 및 유한책임구조를 검토하는 것이 의미가 있다.

2. 신탁법리의 조직법적 역할

사업신탁을 기업조직으로 활용하기 위해 중요한 법리가 무엇인지를 이해하기 위하여, 조직법으로서의 신탁법리에 관한 미국의 논의를 살펴보는 것이 도움이 된다.

미국의 통일제정법상신탁법의 주저자(reporter)인 Sitkoff, R. H. 교수는 신탁의 조직법적 성격을 강조하여, 신탁은 단순히 당사자들 사이의 사적 계약이 아니라 물적 요소와 인적 요소를 가지는 조직적 형식으로서, 회사나 다른 조직들과 같이 신탁은 외부적인 물적 자산분리기능을 수행하고 내부적으로는 인적 관계에 대하여 계약적 유연성을 가진다고 주장한다. 신탁의 기능이 현대에 이르러 회사와 같은 조직법적 제도에 까지 확대되고 있음을 적시한 것이다. 그리고, 조직법은 그 적용대상에 주식회사, 유한책임회사, 파트너쉽, 신탁 등을 포괄하는데, 다음과 같은 두 가지 핵심 기능을 수행한다고 한다. 첫째, 조직법은 조직의 지배구조(governance)와 신인의무에 관한 계약적

---

17) Allen & Kraakman(2003), pp. 83-84; Dooley(1995), p. 27.

원칙(contractarian rule)을 제공한다. 이 원칙은 경영진의 권한과 의무 및 조직의 소유자의 권리에 관하여 규정한다. 둘째, 조직법은 자산 분리에 관한 소유적 원칙(proprietary rule)을 제공한다. 이 원칙은 조직 재산이 경영자 및 조직의 소유자의 재산으로부터의 분리됨에 관하여 정한다.[18]

Langbein, J. H. 교수는 이 중 첫번째 측면 특히, 신탁법리의 신인의 무법으로서의 기능을 강조한 대표적인 학자이다. Langbein, J. H. 교수는 수탁자의 신인의무의 현대적 기능에 대하여 다음과 같이 주장한다. 전통적인 증여적 신탁에서는 위탁자가 신탁자에게 이전한 토지 등 신탁재산을 그대로 보존하다가 수익자에게 이전하는 것이 주된 임무였는 바, 수탁자는 신탁받은 토지 등의 단순한 명의인으로서 신탁증서로 명확히 부여받은 제한적인 권한 이외에는 신탁재산에 관하여 다른 권한을 가지지 않았다. 이러한 수탁자의 권한축소는 수탁자를 억제하여 수익자를 보호하는 기능을 수행하였다. 그러나, 점차 신탁재산이 주식, 채권 등 금융자산으로 범위가 확대되고, 수탁자의 권한도 그 재량 하에 자산운용을 하는 것을 포함하게 되었는데, 이러한 수탁자의 확대된 권한 하에서는 수탁자의 신인의무가 수익자 보호를 위하여 종래의 수탁자의 권한축소를 대체하는 수단으로 중요해졌다고 한다.[19] 그리고, 신탁법을 물권법(property law)으로 보아 온 전통적 입장[20]에 대하여 신탁의 계약적 요소를 강조하고, 신인의 무 또한 계약적인 것으로 파악하였다.[21]

이에 대해, Hansmann, H. 교수, Krakkman, R. 교수와 Mattei, U. 교수

---

18) Sitkoff(2013), pp. 428, 438, 638.

19) Langbein(1995), pp. 640-642; Langbein(2004), pp. 53-54; Langbein(2007), p. 1073.

20) 대표적으로, Scott, Fratcher & Ascher(2007), Vol. 1, pp. 3-4; 제2차 신탁 리스테이트먼트 § 197 comment b는 신탁의 성립은 계약이라기보다 신탁재산에 대한 수익권의 이전으로 파악한다.

21) Langbein(1995), pp. 658-660, 669, 671.

는, Langbein, J. H. 교수의 신인의무적 접근을 배척하지 않으면서도, 그것은 계약에 의해 대체될 수 있는 것으로서 기본 규정(default rule) 을 제공하는 의미를 가질 뿐임에 비해, 자산분리기능은 조직법에 의 하여만 구현된다는 점에서 조직법의 핵심적 역할이라고 주장하였 다.[22] 그리고, 이러한 점에서 신탁법리가 수탁자의 지위를 자연인으 로서의 수탁자 개인과 신탁을 위한 수탁자로서의 가공적인 인격으 로 분리함으로써 신탁재산을 수탁자의 개인채권자들로부터 독립시 킨 것은 신탁법리의 핵심적인 기여라고 평가하고 있다. 이들 교수는 신탁법리의 중요한 역할은 신탁의 세 당사자 사이의 관계에 관한 기 본 규정을 제공하는데 있는 것이 아니라, 신탁과 거래하거나 기타 이해관계를 가지는 제3자와 이들 사이에 신탁재산을 별개의 재산으 로 만드는 것에 관한 원칙을 제공하는 데에 있다고 한다. 이는 제3자 와 사이의 일관된 원칙은 높은 거래비용 때문에 계약적 수단으로는 쉽사리 구현할 수 없기 때문이라고 설명한다.[23]

　　Sitkoff, R. H. 교수도 신탁법리는 조직법으로서의 두 가지 기능 즉 신인의무법으로서의 기능과 자산분리기능을 모두 수행한다고 하면 서, 이 중 특히 자산분리기능이 핵심이라고 본 Hansmann, H. 교수, Krakkman, R. 교수와 Mattei, U. 교수의 견해를 지지하였다. 계약으로 는 자산분리 내지 재산구분(ring-fencing)을 만들어내는 것이 불가능하 다는 점 때문이다. 이와 달리, 신인의무법으로서의 조직법은 계약으 로 대체하는 것이 가능하고, 이러한 기능을 하는 조직법은 주로 거 래비용을 줄이고, 공백보충을 하는 역할을 한다고 본다.[24]

---

22) Hansmann & Krakkman(2000), pp. 429, 432.
23) Hansmann & Mattei(1998a), pp. 415-416, 466, 470, 472; Hansmann & Krakkman (2000), pp. 406, 410; Hansmann & Mattei(1998a), p. 466; Hansmann & Mattei(1998b), p. 147.
24) Sitkoff(2013), pp. 428-429, 431, 439.

한편, Gallanis, T. P. 교수는, 신탁법리의 자산분리기능을 강조한 나머지 신탁법리의 신인의무법으로서의 기능이 지나치게 경시되고 있다고 주장하면서, 신탁법리의 자산분리기능과 신인의무법으로서의 기능은 동등하게 중요하게 취급되어야 한다고 강조하였다.[25]

3. 사업신탁과 조직법

앞서의 논의에서 보듯이, 신탁의 사업조직으로서의 기능과 관련하여 크게 신인의무 등 수탁자의 의무, 수익자의 권리 및 의무에 관한 측면과 자산분리기능을 제공하는 측면이 있다. 그리고, 회사법에서는 유한책임 또한 계약으로 완벽히 성취하기는 극도로 어렵다는 점에서 조직법의 중요한 기능으로 이야기되고 있다.[26] 자산분리기능은 대외적 관계에서 조직의 재산을 조직의 채권자의 만족을 위한 책임재산으로 분리시키는 것이며,[27] 유한책임은 조직의 소유자의 재산을 조직의 채권자로부터 방어시키는 것이라는 점에서, 이들은 상호 보완적으로 조직의 재산과 조직의 소유자의 재산을 분리시키는 기능을 한다.[28] 결국, 사업신탁의 조직법리는, (i) 수탁자의 의무라는 내부적인 권리의무의 측면, 그리고 (ii) 자산분리기능 및 유한책임구조라는 사업신탁의 여타 이해관계자와의 관계 내지 대외적 권리의무의 측면으로 나누어 살펴볼 수 있다. 이와 같은 관점에서, 본장에서는 사업신탁에서 기업조직이 갖추어야 할 핵심이라고 일컬어지는 자산분리기능과 유한책임의 구현에 대하여 살펴보고, 제4장에서 수

---

25) Gallanis(2013), p. 397.
26) Mahoney(2000), p. 874.
27) Sitkoff (2013), p. 439.
28) Reinier Kraakman et al.(2009) p. 10과 Reinier Kraakman 외(2014), 34면; 노혁준 (2013), 637면.

탁자의 의무에 관하여 살펴본다. 이하에서는 자산분리와 유한책임에 관하여 신탁법리가 어떻게 작동하는지를 검토하고, 사업신탁에서 기업조직의 핵심기능인 자산분리와 유한책임이 실현될 수 있음을 도출해본다. 다만, 이것은 일반적인 신탁법리에 기반한 것으로서, 사업신탁의 특유한 법리는 아니다. 그렇지만, 이러한 신탁법리의 기능은 사업신탁이 기업조직으로 활용되는 기본을 갖추도록 한다는 점에 의의가 있으며, 유한책임구조는 전통적인 민사신탁에서 보다 사업신탁에서 특히 필요로 하는 것이다.

제2절 신탁의 자산분리기능

최근 미국에서는 기업조직에서의 자산분리에 대하여 많은 논의
가 이루어지고 있으며, 자산분리기능을 조직법의 핵심으로 주장하는
견해가 늘고 있다. 회사의 자산분리기능을 선도적으로 주장한
Hansmann, H. 교수, Krakkman, R. 교수, Mattei, U. 교수는 이를 조직법
의 핵심적 기능이라고 하였으며, 미국에서 사업신탁에 관한 대표적
학자인 Sitkoff, R. H. 교수도 이 견해를 지지하고 있다. 이들 학자는
신탁에 대하여도 동일한 주장을 하고 있다.[1] 이하에서는 조직법상
자산분리기능에 관한 미국 학자들의 논의를 자세히 살펴보고, 우리
신탁법상 사업신탁이 이러한 자산분리기능을 가지는지를 검토한다.

1. 조직법상 자산분리기능에 관한 미국에서의 논의

신탁법리나 회사법 등 조직법에 따라 해당 조직의 자산분리기능
의 정도에 차이가 생긴다. 미국의 Hansmann, H. 교수와 Krakkman, R.
교수는 조직법에서의 자산분리를 두 가지 측면에서 분석하고 있는
데, 이들이 제시하는 기준은 신탁을 기업조직으로서 사용하는 사업
신탁에서 자산분리기능의 수행 정도를 파악하는데 도움을 준다.

Hansmann, H. 교수와 Krakkman, R. 교수는 조직법에서 자산분리를
(i) 적극적 자산분리(affirmative asset partitioning)로서, 조직설립 이후 조
직의 소유자와 경영자에게 발생하는 위험이 조직의 재산에 전이될
수 있는지 여부의 측면과 (ii) 방어적 자산분리(defensive asset
partitioning)로서, 조직의 재산에 발생하는 위험이 소유자에게 전이될

---

1) Hansmann & Krakkman(2000), p. 416; Hansmann & Mattei(1998b), p. 147; Sitkoff
   (2013), p. 439.

수 있는지의 측면으로 나눈다.[2] 적극적 자산분리는 조직격리(entity shielding)라고도 하며, 조직의 소유자의 재산과 조직재산을 분리하고, 경영자를 통해 행동하는 회사 자체를 법적 소유자로 간주한다는 의미이다.[3] 그리고, 소극적 자산분리는 조직의 소유자의 관점에서 조직재산의 위험으로부터 격리된다는 점에서 소유자격리(owner shielding)라고도 부른다. 소유자의 개인재산은 소유자의 채권자들을 위한 책임재산이 되도록 하고, 조직의 채권자는 이에 책임을 구할 수 없다는 의미이다. 소유자격리는 소유자의 개인재산이 조직의 채권자에게 책임재산으로 제공되지 않도록 하여 투자자의 유한책임과 연결된다.[4]

이처럼, 조직법적으로 자산분리는 조직격리와 소유자격리의 두 가지 요소가 뒷받침되어 조직에 속하는 재산이 조직의 채권자를 위한 책임재산이 되고, 소유자의 재산은 소유자의 채권자의 책임재산이 되도록 분리시킨다.[5] 이와 같이 함으로써, 조직 또는 소유자와 거래하는 채권자는 자신의 책임재산이 되는 것에 대하여만 감시 및 평가를 하면 되어 감시비용을 줄일 수 있게 된다. 적극적 자산분리의 측면에서, 조직과 거래하는 채권자는 조직의 소유자에 대한 채권자가 조직재산에 책임을 구할 있다면, 소유자들의 자산 및 신용상태까지 고려하여 조직과의 거래시 거래조건을 정하여야 하고, 이후에도 소유자의 자산상태 등을 계속적으로 감시하여야 하여 큰 비용의 증가를 가져올 수 있다. 특히, 오늘날 기업은 일정 규모 이상인 경우가 많은데, 그 소유자가 계속적으로 변동하여 문제가 커지게 된다. 소

---

2) Hansmann & Krakkman(2000), pp. 393 - 398.
3) Reinier Kraakman et al.(2009), p. 6와 Reinier Kraakman 외(2014), 29면; Sitkoff(2013), pp. 434-435.
4) Hansmann & Krakkman(2000), pp. 394-395, 401, 427.
5) Reinier Kraakman et al.(2009), pp. 9-10, Reinier Kraakman 외(2014), 34-35면.

극적 자산분리의 측면에서도 소유자의 채권자는 조직의 채권자가 소유자의 재산에 책임을 구할 수 있게 되면 조직에 대한 감시를 할 필요가 생기며, 소유자 상호간의 감시비용도 증가한다. 이러한 점에서 특히 소유자가 계속적으로 변동하는 기업조직에서 자산분리기능은 매우 중요하다.[6]

조직격리는 우선의 원칙(priority rule)과 청산방지(liquidation protection)를 그 내용으로 한다. 우선의 원칙이란 조직의 채권자는 조직재산에 대하여 소유자의 채권자보다 우선적으로 만족을 받는다는 것이다.[7] 조직의 재산에 대하여 소유자의 배당을 받을 권리가 조직과 거래한 제3자의 채권보다 후순위가 되므로, 소유자의 채권자도 제3자의 채권에 대해 역시 후순위로 된다. 다음으로, 청산방지란 조직의 소유자 및 그에 대한 채권자가 조직재산에 대하여 강제집행을 할 수 없고, 나아가 소유자의 지분의 일부 또는 전부를 임의로 청산하고 환급을 구할 수 없다는 것을 말한다. 청산방지에 따라 소유자는 자신의 몫에 해당하는 회사재산을 마음대로 회수함으로써 조직의 일부 또는 전부의 청산을 초래할 수 없을 뿐 아니라 소유자의 채권자가 그 소유자의 몫에 상당하는 조직재산에 대해 강제집행할 수도 없다. 청산방지는 개별 소유자나 그 채권자가 조직을 해체하는 것을 금지함으로써 조직의 계속기업 가치를 보호하는 기능을 한다.[8] 회사의 자산이 주주의 채권자에 의하여 갑작스럽게 집행되는 것을 막고, 주주의 투하자본이 조직재산으로 확약됨으로써, 특히 대규모의 장기적인 사업에서 다수의 이해관계자가 안정적으로 자신의 자금과 인력을 투하하도록 하여, 여타 조직형태에 대한 강점으로 인정된다.[9]

---

6) Hansmann & Krakkman(2000), pp. 402-403.

7) Hansmann & Krakkman(2000), p. 393; 노혁준(2013), pp. 637-638, 644.

8) Hansmann & Krakkman(2000), p. 403; Stout(2005), p. 255.

9) Stout(2005), pp. 255-258; Blair(2003), pp. 389-390, 392; Morley(2016), pp. 2167-2168.

Hansmann, H. 교수와 Krakkman, R. 교수는 이러한 기준을 가지고 다양한 조직들을 자산분리 방식과 정도에 따라 나누고 있다.[10] 조직 격리 중 우선의 원칙은 파트너쉽을 비롯한 모든 현대적 기업조직의 법적 형태에서 존재함에 비해, 청산방지는 파트너쉽과 같은 기업조 직형태에서는 인정되지 않는다. 이에 비해 청산방지는 모든 조직에 인정되지는 않는데, 파트너쉽과 같이 우선의 원칙만 인정되고 청산 방지를 동반하지 않는 것을 약한 조직격리(weak entity shielding)라 하 고, 주식회사와 같이 청산방지까지 인정되는 것을 강한 조직격리 (strong entity shielding)라고 부른다.[11] 그리고, 주식회사는 이와 함께 완전한 유한책임을 구비하여 가장 높은 수준의 조직격리와 소유자 격리를 가지는 것으로 본다.[12] 즉, 주식회사는 별도의 법인격을 가지 므로 다른 인격과 분리되어 별개의 자산을 가지게 되며, 우선의 원 칙과 청산방지가 모두 인정되어 이른바 강형의 조직격리 기능(strong form legal personality)을 갖추고 있다고 평가한다. 그리고, 주식회사와 같이 강형의 조직격리의 기능을 갖춘 법정 유사회사가 존재한다고 하면서, 그 예로서 미국의 제정법상 신탁을 들고 있다. 제정법상 신 탁인 사업신탁은 강형의 조직격리와 유한책임을 수반하면서, 내부 조직의 요소는 모두 조직을 규율하는 규범인 정관에 맡겨져 있고 그 러한 사항 대부분에 대해서 기본 내용 조차 규정하고 있지 않고 있 어, 정관에 적절한 규정을 두어 수익자가 주주와 같은 역할을 하는 공개회사에 상응하는 존재로 만들 수 있다고 한다.[13]

---

10) Hansmann & Krakkman(2000), pp. 394, 397.
11) Kraakman et al.(2009), p. 7과 Reinier Kraakman 외(2014), 31면; Hansmann & Krakkman(2000), p. 394; Hansmann, Krakkman & Squire(2006), p. 1384; Reinier Kraakman et al.(2009), p. 7, Reinier Kraakman 외(2014), 30-31면.
12) Hansmann & Krakkman(2000), pp. 394, 397.
13) Kraakman et al.(2009), pp. 7, 17과 Reinier Kraakman 외(2014), 31, 45-46면.

2. 미국의 신탁법리의 자산분리기능

신탁은 회사와 달리 독립적인 법인격체가 아니고 신탁행위에 의한 사적 관계이기 때문에 당연히 자산분리가 도출되는 것은 아니다.[14] 그러나, 일반적인 신탁에서 신탁재산의 자산분리는 판례법으로 오래 전부터 인정되어 오고 있다. 위탁자가 수탁자에게로 신탁재산의 명의를 이전하므로, 위탁자의 채권자는 신탁재산으로부터 만족을 구할 수 없다고 본다.[15] 그리고, 위탁자는 신탁사무 처리에 따른 채권에 대하여 책임을 지지 않는다.[16] 수탁자는 신탁재산에 대하여 보통법상의 권원(legal title)을 취득하되, 신탁의 수탁자로서 권리를 가지는 것이다. 그 결과 수탁자의 일반 채권자는 신탁재산으로부터 만족을 구할 수 없음이 확립된 판례로 인정되고 있다.[17] 이와 같이 신탁법리는 위탁자 및 수탁자의 일반 채권자로 하여금 신탁재산에 대하여 책임을 구하지 못하도록 하여, 조직법으로서 자산분리기능을 제공하고 있다고 평가된다.[18] 나아가, 미국의 사업신탁은 한 단계 더 진전되었는데, 통일제정법상신탁법은 제정법상 신탁에 대하여 일반적인 신탁과 달리 별도의 법인격을 부여하여,[19] 회사와 같이 조직격리기능이 자연스럽게 도출되도록 한다.

---

14) Sitkoff(2013), p. 435.
15) 미국 통일신탁법 제505조(a)(1)의 반대해석으로 철회불가신탁(irrecovable trust)의 경우 이러한 결론을 도출할 수 있다.
16) Hansmann & Mattei(1998a), p. 461.
17) 제3차 신탁 리스테이트먼트 § 42의 comment c; Bogert, G. T. (2001), p. 107; Morley(2016), p. 2153.
18) Sitkoff(2013), p. 439; Hansmann & Krakkman(2000), p. 416.
19) 미국 통일제정법상신탁법 제302조.

3. 우리 신탁법의 검토

자산분리에 관한 기준을 우리 상법상 주식회사와 신탁법상 신탁에 적용시켜보면 미국에서의 주식회사와 제정법상 신탁과 유사한 결론을 도출해낼 수 있다. 상법상 주식회사는 우선의 원칙과 주금환급 금지에 따른 청산방지가 모두 인정되어, 이른바 강형의 조직격리 기능을 하고 있다. 그리고, 이들 원칙은 강행법규적 성격을 가진다. 신탁법은 사업신탁에 대해 별개의 법인격을 부여하고 있지는 않지만, 신탁재산의 독립성을 인정함으로써 자산분리기능을 하고 있다. 회사가 독립된 법인격을 통해 조직격리를 하는 것처럼, 신탁법에서 인정되는 신탁재산의 독립성은 위탁자와 수탁자로부터 신탁재산을 독립시킴으로써 조직격리를 한다.

가. 신탁재산의 독립성

신탁에 의해 신탁재산의 소유권은 수탁자에게 완전히 이전하여 신탁재산이 위탁자의 재산으로부터 분리된다. 또한 신탁재산은 수탁자의 고유재산과 다른 신탁재산과도 분리된다. 이처럼 신탁재산이 위탁자의 재산과 수탁자의 여타 재산으로부터 각각 분리되어 독자적 존재가 되는 것을 신탁재산의 독립성이라 한다. 신탁법은 제22조 제1항에서 "신탁재산에 대하여는 강제집행, 담보권 실행 등을 위한 경매, 보전처분(이하 "강제집행등"이라 한다) 또는 국세 등 체납처분을 할 수 없다. 다만, 신탁 전의 원인으로 발생한 권리 또는 신탁사무의 처리상 발생한 권리에 기한 경우에는 그러하지 아니하다."고 하여 이를 명시하고 있다.[20]

---

20) 그 밖에, 신탁재산의 독립성에 관한 조항으로서, 신탁재산의 수탁자의 상속재산에의 불귀속(제23조), 신탁재산의 수탁자의 파산재단에의 불귀속(제

위탁자로부터의 독립에 대하여 대법원 판결은 "신탁법상의 신탁
은 위탁자가 수탁자에게 특정의 재산권을 이전하거나 기타의 처분
을 하여 수탁자로 하여금 신탁 목적을 위하여 그 재산권을 관리·처
분하게 하는 것이므로(신탁법 제1조 제2항), 부동산의 신탁에 있어서
수탁자 앞으로 소유권이전등기를 마치게 되면 대내외적으로 소유권
이 수탁자에게 완전히 이전되고, 위탁자와의 내부관계에 있어서 소
유권이 위탁자에게 유보되어 있는 것은 아니라 할 것이며, 이와 같
이 신탁의 효력으로서 신탁재산의 소유권이 수탁자에게 이전되는
결과 수탁자는 대내외적으로 신탁재산에 대한 관리권을 갖는 것이
다."라고 판시하였다.[21] 그리고, 소유권이 위탁자로부터 완전히 분리,
이전됨에 따른 귀결로 위탁자로부터의 도산절연성도 인정되는바, 대
법원은 신탁의 수익자가 위탁자의 회사정리절차에서 채권신고기간
내에 자신의 수익채권을 신고하지 않은 사안에서 수익권은 위탁자
의 구 회사정리법상 회사정리절차에 따른 정리계획에 영향을 받지
않는다고 하였다.[22]

또한, 신탁재산은 수탁자로부터도 분리되는데, 수탁자는 신탁재
산의 명의를 이전받지만 신탁목적을 달성하기 위한 수탁자라는 자
격에서 취득한 것으로, 수탁자의 고유재산이나 다른 신탁재산과는
구별된다. 신탁재산은 수탁자 명의에 귀속되나 수탁자의 여타 재산
과는 분리되는 바, 이를 신탁재산의 수탁자로부터의 독립이라 한다.
이에 따라 신탁재산은 수탁자로부터의 도산절연성이 인정되는바, 신
탁법 제24조는 "신탁재산은 수탁자의 파산재단, 회생절차의 관리인

24조), 신탁재산의 상계금지(제25조), 신탁재산에 대한 혼동의 특칙(제26조),
신탁재산의 범위(제27조), 신탁재산의 첨부(제28조) 등이 있다.

21) 대법원 2002. 4. 12. 선고 2000다70460 판결; 대법원 2011. 2. 10. 선고 2010다
84246 판결.

22) 대법원 2001. 7. 13. 선고 2001다9267 판결; 대법원 2003. 5. 30. 선고 2003다
18685 판결.

이 관리 및 처분 권한을 갖고 있는 채무자의 재산이나 개인회생재단을 구성하지 아니한다"고 규정하여 이를 분명히 하고 있다. 대법원은 수탁자가 파산한 경우에 신탁재산은 수탁자의 고유재산이 된 것을 제외하고는 파산재단을 구성하지 않는다고 하였고,[23] 신탁사무의 처리상 발생한 채권의 채권자가 수탁자의 고유재산이 아닌 신탁재산에 대하여 강제집행하는 것은 수탁자가 파산한 경우에도 허용된다고 하였다.[24]

신탁의 도산절연성으로 일컬어지는 효과는 반드시 도산 상황에서만 생기는 것은 아니다. 위탁자나 수탁자가 도산하지 않는 때에도 신탁법 제22조 제1항 단서에 따라 제3자는 신탁 전의 권리에 기하거나 신탁사무의 처리로 발생한 권리의 경우에만 신탁재산에 강제집행을 할 수 있으므로, 그 반대효과로 이에 해당하지 않는 위탁자의 채권이나 수탁자의 개인적인 채권자들은 신탁재산에서 만족을 구할수 없게 된다. 이는 신탁재산을 오로지 신탁과 관련한 책임재산으로 삼는 효과를 부여하는 바, 신탁재산의 독립성은 신탁재산을 신탁을 위한 책임재산으로 분리시킨다.

이러한 신탁재산의 독립성 내지 자산분리기능은 회사에서와 같이 사업신탁에서도 매우 중요하다. 위탁자가 특정 자산을 일정한 사업만을 위하여 제공하고 그 위험을 그 자산으로 한정하기 위하여는 위탁자의 여타 재산으로부터 해당 사업자산을 분리시킬 필요가 있다. 회사가 위험이 큰 신규사업을 하려고 할 때 사업신탁을 통해 자산을 분리해내면, 이후 그 사업이 실패하더라도 그 영향이 다른 사업에는 미치지 않는다. 또한, 위탁자가 특정 사업자산을 가지고 자금조달을 하기 위해 이를 사업신탁 방식으로 분리해낼 수도 있다. 사업신탁과 거래하는 상대방의 입장에서도 신탁재산의 가치와 재무

---

23) 대법원 2010.6.24. 선고 2007다63997 판결.
24) 대법원 2014.10.21. 자 2014마1238 결정.

상태만 고려하면 되므로, 감시비용이 감소되어 효율적이다.

나. 신탁법상 자산분리기능의 수행 정도

조직격리의 점에서, 신탁재산은 수탁자 명의로 완전히 이전하여 위탁자로부터 분리된다. 그리고, 위탁자의 채권자는 신탁법 제22조 제1항에 따라 신탁 전 원인에 따른 채권이 아닌 한 신탁재산에 대하여 책임을 구할 수 없으므로, 기본적인 조직격리기능이 제공된다. 회사와 같이 독립된 법인격이 없이도 조직격리를 할 수 있게 되는 것이다.[25] 또한, 신탁법 제22조 제1항에 따라 수탁자로부터의 신탁재산의 독립성이 인정되는 결과, 신탁재산은 수탁자로부터도 분리된다. 이러한 점은 유한책임신탁뿐 아니라 수탁자의 무한책임이 그대로 인정되는 경우에도 그러하다. 사업신탁에서 수탁자가 무한책임을 지도록 하여 수탁자의 신용을 이용하는 경우, 신탁과 거래한 채권자는 수탁자의 고유재산에도 책임을 구할 수 있으나, 반대로 수탁자의 다른 채권자는 신탁법 제22조 제1항에 따라 신탁재산에 책임을 구할 수 없다. 결국, 사업신탁에서 유한책임신탁 또는 수탁자의 책임한정약정을 체결하지 않는 경우를 상정하면, 신탁재산은 조직격리기능을 누릴 수 있지만, 수탁자의 고유재산은 신탁에 발생된 위험이 전이되어 고유재산의 입장에서는 조직격리가 이루어지지 않는다.

신탁법은 제62조에서 신탁채권은 수익채권에 우선한다는 점을 명시하고 있으며, 이 조항은 강행규정으로 해석된다. 따라서, 신탁에서 우선의 원칙이 인정되고 있다. 또한, 청산방지도 인정되는데, 신탁법 제22조 제1항에 따라 수익자의 채권자는 신탁재산에 책임을 구할 수 없으며, 신탁법 제99조 제1, 4항에 의해 신탁종료를 위하여는 신탁행

---

25) 이중기(2014c), 517면; 이중기(2015b), 596면.

위로 달리 정하지 않는 한 위탁자와 수익자의 합의가 필요하고, 수익자에게 신탁에 대한 해지권이 부여되어 있지 않아 수익권의 임의환급을 구할 수 없다. 이처럼, 신탁법은 신탁 일반에 대하여 조직격리의 내용인 우선의 원칙과 청산방지를 인정한다. 다만, 우선의 원칙은 신탁법상 강행규정이어서 이를 달리 정할 수 없지만, 청산방지는 신탁행위로 정하여 수익권의 환급을 자유로이 하는 것이 가능하다. 주식회사에서는 상환주식이거나 일정한 요건을 갖춘 자기주식의 취득이 아닌 한, 주주에 대한 출자금의 임의환급이 강행적으로 금지되어 정관으로도 할 수 없는 것과 다르다.[26] 이러한 정도의 차이는 있지만, 신탁법에 따른 자산분리는 사업신탁이 기업조직으로 활용되는데 문제가 없는 수준의 장치로 볼 수 있으므로, 자산분리기능의 측면에서 신탁법상 사업신탁과 상법상의 주식회사를 구별할 실익은 크지 않다.[27]

또한, 신탁법상 신탁은 소유자격리도 하는데, 신탁의 거래상대방은 수탁자 명의의 재산에 책임을 구하고 수익자의 재산에는 책임을 묻지 않으므로, 신탁에 생긴 위험이 수익자에게 전이되지 않는다. 다만, 신탁법에서는 소유자 격리가 완벽히 실현되지 못할 수도 있는데, 유한책임신탁이나 수익증권발행신탁이 아닌 일반적인 신탁에서는 수익자가 수탁자에 대하여 비용보상책임을 질 수 있기 때문이다. 이 문제는 수익자의 유한책임에 관한 것으로, 다음 항목에서 자세히 살펴보기로 한다. 이상에서 본 바와 같이, 신탁법상 인정되는 신탁재산의 독립성에 의해 신탁이 조직격리 측면에서 상당 수준으로 기능하고 있으며, 신탁이 사업신탁으로 활용되기 위한 자산분리의 기초가 마련되어 있다고 평가할 수 있다.

---

26) 노혁준(2013), 644면.
27) Zhang(2017), p. 462은 미국의 신탁에 관하여 비슷한 평가를 하고 있다.

제3절 사업신탁의 유한책임구조

기업조직에서 유한책임의 문제는 중요한 쟁점 중 하나이다. 회사는 독립된 법인격을 가지는 결과 경영자가 회사를 위해 적법하게 한 행위의 법적 효과는 회사에 귀속되고, 경영자의 유한책임이 자연스럽게 인정된다. 이러한 이유에서, 회사에서 유한책임이라고 하면 주로 주주의 유한책임의 측면에서 이야기하는 것이 일반적이다. 그런데, 신탁은 독립된 법인격이 인정되지 않고, 수탁자의 명의로 신탁재산이 보유되고 신탁과 관련된 거래가 이루어지며, 수탁자는 무한책임을 지는 것이 원칙이다. 이것은 수탁자가 하나의 인격체이면서도 자기 자신을 위하여 행위하는 경우와 신탁을 위하여 행위하는 경우로 나누어지는 신탁의 특성에 따른 것이다.[1] 이에 따라, 사업신탁에서는 회사와 달리 수익자의 유한책임에 더하여 수탁자의 유한책임에 관한 논의가 함께 이루어질 필요가 있다.

1. 수탁자의 대외적 책임

가. 일반 신탁에서의 수탁자의 대외적 책임

(1) 영국과 미국의 신탁법리

(가) 일반 원칙

영국과 미국의 신탁법리는 수탁자가 신탁과 거래한 제3자에 대하여 고유재산으로 책임을 지는 것이 일반원칙이다.[2] 그리고, 수탁자

---

1) Hansmann & Krakkman(2000), p. 415; Morley(2016), p. 2154; 이중기(2007), 4-8면; 이중기(2014c), 513, 514, 525면 등.

는 고유재산으로 책임을 이행한 후 신탁재산으로부터 구상을 받도
록 한다. 이와 같이 하는 이유는 보통법의 시각에서 신탁재산이나
신탁 자체는 별도의 법인격을 가지지 않고, 보통법 법원이 인식할
수 있는 법적 주체는 신탁을 대표하는 자가 아닌 오로지 개인으로서
의 수탁자이기 때문이라고 한다. 다만, 보통법 법원은 수탁자의 책
임이 종국적인 것인지 아니면 신탁에 다시 이전될 수 있는지에 관하
여 신경쓰지 않고, 이러한 문제는 형평법 법원에 맡긴다. 형평법상
수탁자가 적법하게 신탁사무를 처리한 경우 그 최종적인 책임은 신
탁재산이 져야 하므로, 수탁자의 신탁재산에 대한 구상권(right of
indemnity)이 인정된다.[3]

(나) 수탁자의 책임한정약정

영국과 미국의 신탁법리상 수탁자는 신탁채권자에 대하여 고유
재산으로 무한책임을 지며, 다만 그것이 적절한 신탁사무의 처리였
던 경우에는 추후 신탁재산으로부터 구상을 받을 수 있는데, 신탁재
산이 부족하면 수탁자는 지출한 비용을 전액 전보받지 못할 위험이
있다. 이러한 위험은 수탁자에게 상당한 부담으로 작용하여, 실무에
서는 거래상대방과 사이에 수탁자의 신탁사무 처리로 발생된 이행
책임은 신탁재산으로만 지고 수탁자의 개인책임은 배제하는 것으로
약정하기도 한다.[4] 이러한 책임한정약정의 효력은 영미 신탁법리상
모두 유효한 것으로 해석하고 있다. 다만, 영국 법원은 계약상 정황
을 고려하여 당사자들 사이에 책임한정의 의사가 있었는지를 실제
따져 보는 좀더 엄격한 입장을 취하고 있음에 비해,[5] 미국 법원은 이

---

2) Scott, Fratcher & Ascher(2007), Vol. 4, p. 1870; Bogert, G. G. et al.(2008), p. 363.
3) Thomas & Hudson(2010), p. 613; Hayton, Matthews & Mitchell, C.(2010), p. 1063.
4) Cook(1924), pp. 738-739; Jones, Moret & Storey(1988), pp. 433-434; Morley(2016), p.
   2180; Kove & Bogert, G. G. & Bogert, G. T.(2012), p. 217.

를 보다 넓게 인정하는 쪽으로 입장이 변화되어 왔다. 과거 미국 법원은 책임한정약정이 효력을 가지기 위하여는 수탁자는 거래상대방과의 계약에 단순히 "수탁자로서(as trustee)"라고 표기하는 것만으로는 충분하지 않고, "개인적으로가 아니라 수탁자로서(as trustee and not personally)"라고 하거나 "다른 자격이 아니라 수탁자로서(as trustee and not otherwise)"와 같이 표시하여야 한다고 보았다. 이러한 문구를 넣음으로써 단순히 "수탁자로서(as trustee)"라고 한 경우와 비교하여 수탁자의 개인적 책임을 배제하려는 의사가 분명하다고 본 것이다.[6] 그런데, 이러한 해석론에 대하여는 "수탁자로서(as trustee)"라고만 한 경우에도 개인적 책임을 배제하려는 의사가 함축되어 있었다고 볼 수 있으므로 계약상 문구를 위와 같이 해석하는 것은 타당하지 않다는 지적이 있었다.[7] 미국 통일신탁법은 이러한 비판을 수용하여 제1010조 (a)항에서 "계약에서 달리 정하지 않는 한, 수탁자는 신탁사무를 처리할 때 신인의무자의 지위에서 적절하게 체결한 계약에 대하여 자신의 신인의무자의 지위를 계약에서 현명하였다면(disclosed), 개인적으로 책임을 지지 않는다"고 규정하였다.[8] 책임한정약정 방식에 의한 수탁자의 책임제한에서 한걸음 더 나아가, 수탁자는 제3자와의 계약에 신탁재산으로만 책임을 진다는 조항을 따로 두지 않고도 자신의 지위를 현명하는 것만으로도 그 책임을 신탁재산으로 제한할 수 있게 한 것이다.[9] 수탁자가 제3자에 대하여 무한책임을 지는 것에서 손쉽게 벗어날 수 있도록 큰 변화를 준 것으로 볼 수 있다.

5) 김태진(2009), 305-307면.
6) Bogert, G. T.(2001), pp. 453-454; Kove & Bogert, G. G. & Bogert, G. T.(2012), p. 217.
7) Bogert, G. T.(2001), p. 454.
8) 많은 주들은 이러한 통일신탁법의 입장을 주법으로 채택하였다(Bogert G. G., et al.(2008), p. 367).
9) 미국 통일신탁법 제1010조 (a)항의 comment.

(2) 우리 신탁법의 검토

(가) 무한책임의 원칙

우리 신탁법상 수탁자는 신탁사무 처리에 따른 신탁채권자에 대하여 신탁재산으로 책임을 질 뿐 아니라 고유재산으로도 책임을 져야 한다는 것이 원칙이다. 이러한 수탁자의 무한책임은 학설상 이견이 없으며,[10] 대법원에 의하여도 확인되었다. 대법원은 수탁자의 비용상환청구권에 관한 판결에서 "신탁재산에 관한 조세, 공과, 기타 신탁사무를 처리하기 위한 비용은 신탁재산의 명의자이자 관리자인 수탁자가 제3자에 대하여 부담하게 되는 바, 수탁자로서는 위와 같은 채무를 신탁재산으로 변제할 수도 있고, 자신의 고유재산에 속하는 금전으로 변제할 수도 있다"고 판시하였다.[11] 또한, 파산한 한국부동산신탁회사에 대한 소송에서 "수탁자가 파산한 경우에 신탁재산은 수탁자의 고유재산이 된 것을 제외하고는 파산재단을 구성하지 않는 것이지만(신탁법 제22조), 신탁사무의 처리상 발생한 채권을 가진 채권자는 파산선고 당시의 채권 전액에 관하여 파산재단에 대하여 파산채권자로서 권리를 행사할 수 있다."고 판시하였다.[12]

수탁자의 무한책임은, 법적으로 신탁재산은 그 자체로 인격을 가지는 것이 아니므로 수탁자와 거래한 상대방으로서는 수탁자 소유의 재산에 책임을 묻게 되며, 수탁자가 보유하는 신탁재산과 고유재산은 하나의 인격인 수탁자에게 귀속되기 때문이다. 그리고, 신탁이 전통적으로 수탁자의 신용이나 명성을 이용하는 제도라는 점에서 유래한다고 설명된다.[13] 그 밖에, 수탁자의 대외적 책임을 강화하여

---

10) 김봉철·왕석동(2013), 216면; 이중기(2007), 386면; 최동식(2007), 293면; 최수정
    (2016), 259면.
11) 대법원 2005. 12. 22. 선고 2003다55059 판결.
12) 대법원 2004. 10. 15. 선고 2004다31883 판결.

야 수익자가 수탁자의 신용을 이용함에 문제가 생기지 않고, 수익자
와 거래상대방 보호를 꾀할 수 있다는 점을 들기도 한다.[14]

(나) 수탁자의 책임한정약정

우리 신탁법에서도 신탁재산이 부족하거나, 신탁재산이 부족하여
수익자에게 보상청구를 하는데[15] 수익자도 자력이 부족하여 보상해
주지 못하게 되면, 수탁자는 지출한 비용을 전액 전보받지 못하게
될 위험이 있다. 이러한 위험은 수탁자에게 상당한 부담으로 작용하
여, 실무에서는 수탁자의 책임을 신탁재산으로 한정하는 특약이 이
용되어 오고 있다.[16] 이러한 책임한정약정의 효력은 학설상 유효한
것으로 보고 있다.[17]

그런데, 실무상 이용되어 온 책임한정약정은 몇 가지 문제점이
있는데, 우선 책임한정을 위하여 제3자와 사이에 개별적으로 약정을
체결하여야 하므로 몹시 번거롭다. 그리고, 책임한정의 내용이 건
별로 달라질 수 있으며, 상대적으로 분쟁이 많이 발생한다.[18] 또한,
민법상 공작물의 소유자 책임과 같이 수탁자가 신탁재산의 소유자
임을 이유로 생기는 책임의 경우 책임한정약정의 대상이 되지 못한
다고 보는 견해가 있는데,[19] 이에 의하면 이러한 책임은 책임한정약
정으로 배제하기 어렵다. 이러한 책임한정약정의 한계로 인해 실무
에서는 외국의 입법례를 참고하여 유한책임신탁제도를 도입하자는

---

13) 정순섭(2006), 20면; 최동식(2007), 293면.
14) 이중기(2007), 388면.
15) 신탁법 제46조 제4항.
16) 법무부(2010), 777면.
17) 김봉철·왕석동(2013), 217면; 김태진(2009), 315면; 이연갑(2009b), 294면; 이중
기(2007), 391면; 최동식(2007), 300-302면; 최수정(2016), 384면.
18) 법무부(2010), 777-778면.
19) 오영준(2010), 27면; 이중기(2007), 392면.

요구가 있었고, 개정 신탁법은 유한책임신탁이라는 새로운 유형의 신탁을 도입하였다.

나. 사업신탁의 유한책임구조

(1) 외국의 법제

(가) 미국

미국에서는 20세기 초반부터 사업신탁에서 일반 신탁법리상 수탁자의 무한책임을 제한하기 위하여 수탁자의 책임한정약정이 널리 사용되어 왔다.[20] 통일신탁법 제1010조 (a)항은 단순히 수탁자 자격을 명시하는 방법으로 수탁자의 책임한정약정 효력을 인정하는 것으로 발전되었다. 그러나, 책임한정약정은 상대방이 이를 거절할 수도 있고, 구두계약 등에서 합의가 명확히 이루어지지 않을 수도 있다. 이에 따른 수탁자의 무한책임 가능성은 사업신탁을 이용하는 데 불편함을 가져왔다.[21] 이에 통일제정법상신탁법은 제정법상 신탁에 대해 별도의 법인격을 인정하고, 나아가 명시적으로 수탁자의 유한책임을 인정하였다. 즉, 동법 제304조 (a)항은 제정법상 신탁의 모든 채무, 차입금, 책임은 오로지 신탁의 것으로 되고, 수익자, 수탁자 또는 그 대리인은 그에 대하여 개인적으로 책임을 부담하지 않는다고 규정한다.

(나) 캐나다

캐나다 소득신탁법은 수탁자의 책임을 제한하는 명문의 규정을

---

20) Cook(1924), p. 739; Jones, Moret & Storey(1988), pp. 433-434; Morley(2016), p. 2180.
21) Cook(1924), p. 739.

두고 있다. 동법 제37조 제2항은 수탁자가 체결한 계약이나 차입채무에 따른 수탁자의 책임은 신탁재산의 총 실현가능가치에서 총 책임액을 차감한 액수를 초과하지 못한다고 규정한다. 동법 제37조 제1항 (b)호는 개별 계약이나 증서에서 수탁자가 개인적으로 책임을 지기로 약정한 경우에는 그에 따르도록 하고 있다. 미국과 달리 캐나다는 사업신탁에 별도의 법인격을 부여하지 않기 때문에 일반 신탁에서와 같이 수탁자가 책임의 주체가 되기는 하나, 소득신탁법에 별도의 조문을 두어, 개별 계약이나 신탁증서에서 달리 정하지 않는한, 그 책임액을 신탁의 순자산액으로 제한함으로써 실질적으로 수탁자의 유한책임을 실현시키고 있다.

(다) 싱가포르

싱가포르의 사업신탁법은 미국과 캐나다와 달리, 수탁자의 유한책임에 관하여 별도의 조항을 두고 있지 않다. 싱가포르 사업신탁법은 사업신탁에 대하여 별도의 법인격을 부여하지 않아 일반적인 신탁과 법적 성격이 같고, 수탁자-경영자의 대외적 책임도 일반 신탁에서와 같이 무한책임으로 된다. 다만, 사업신탁법은 수탁자의 무한책임에 따른 위험이 다른 사업신탁에 전이되는 것을 막기 위하여 1 사업신탁 1 수탁자-경영자 주의를 취하여, 수탁자-경영자는 단일한 사업신탁을 위해 존재하며 그 사업신탁의 신탁사무 처리만을 목적으로 하도록 한다.[22]

(2) 우리 신탁법상 유한책임신탁제도

우리나라 신탁법은 사업신탁에 관하여 별도의 규율을 하고 있지 않으므로, 사업신탁의 수탁자는 원칙적으로 무한책임을 지게 된다.

---

22) 싱가포르 사업신탁법 제6조 제3항. MAS(2003), p. 12.

그런데, 사업신탁의 수탁자는 사업을 경영하면서 다액의 채무를 질수 있어 무한책임은 수탁자에게 큰 부담이 된다. 수탁자의 책임을 제한하기 위하여 책임한정약정을 이용할 수 있는데, 이 방식은 다수의 계약을 체결하고 각종 계약 외의 채무도 발생되는 사업신탁에서는 효과적이지 않다. 그러므로, 사업신탁에서는 효율적으로 수탁자의 책임을 제한할 필요가 생기는데, 신탁법의 유한책임신탁제도가 매우 유용한 방안이 된다.

(가) 도입배경과 효용

개정 신탁법에서 유한책임신탁 제도가 도입된 배경에는 다음의 점들이 있다.[23] 첫째, 수탁자에게 무한책임을 인정하는 전통적 신탁과 달리 오늘날 신탁에서는 수탁자의 신용보다는 신탁재산의 가치가 더 중요해지고 있다.

둘째, 수탁자가 신탁재산의 운용과 관련하여 과거에 비해 거액의 대외적 책임을 부담하는 경우가 증가하여 수탁자가 신탁의 인수를 꺼리게 되는 요인이 되는 등 수탁자의 무한책임을 한정할 필요가 있다.

셋째, 개정 신탁법으로 사업 자체의 신탁이 허용되었는데, 사업을 경영하는 데는 위험이 상존하므로 신탁재산을 초과하는 손실이 발생할 수도 있다. 이를 고려할 때, 사업신탁이 향후 활성화되기 위해서는 수탁자의 고유재산이 신탁재산과 함께 책임재산이 되는 구조보다는 책임재산의 범위를 신탁재산만으로 제한하는 유한책임신탁의 형태를 도입할 필요성이 있다.

넷째, 유한책임신탁을 이용하면 수탁자가 거래상대방과 개별적으로 책임한정약정을 체결하지 않더라도 일률적으로 수탁자의 책임이 제한되어 거래안전과 신속성의 면에서 유리하다. 또한, 당사자 간의

---

23) 김태진(2009), 298면; 김태진(2011), 143면; 오영준(2010), 25면.

특약에 의한 것과는 달리 유한책임신탁 제도는 채권자보호절차, 수익자에 대한 배당 등에 관한 규제 등이 있으므로 채권자 보호를 좀 더 두텁게 한다.[24]

한편, 유한책임신탁의 활용과 관련하여 우려를 표현하는 견해도 있다. 유한책임신탁은 기존의 신탁법리의 원칙에 대한 중요한 예외를 인정하는데, 현행 신탁법상 민사신탁과 상사신탁이 제도적으로 구분되고 있지 않아 유한책임신탁이 민사신탁에도 활용될 수 있다는 것이다. 민사신탁은 상사신탁과 비교하여 수탁자가 부담하게 되는 위험이 크지 않고 수익자 역시 투자자의 지위에 있지 않으므로, 유한책임을 부담하는 수탁자의 모험으로 신탁재산의 감소 및 이에 따른 수익자의 피해와 같은 부정적 영향이 발생할 가능성이 크다고 지적한다. 따라서, 유한책임신탁의 활용은 민사신탁과 상사신탁 간의 제도적 구별이 확실하게 이루어진 이후 상사신탁에 한정하도록 하는 방안이 필요하다고 주장한다.[25] 이 견해는 유한책임신탁제도 자체를 비판하기보다는 그것이 상사신탁 이외에 민사신탁에 적용되는 것을 우려하는 것으로, 상사신탁에서의 유용성을 부각시키고 있어 참고할 만하다.

유한책임신탁의 개념은 신탁법에서 이를 도입하기 전에도 이미 특정 유형의 신탁에서 인정되고 있었는데, 자본시장법상 투자신탁이 그러하다. 자본시장법 제80조 제2항은 투자신탁의 집합투자업자 및 그 투자신탁재산을 보관, 관리하는 신탁업자가 투자신탁재산의 운영을 위해 투자대상자산의 취득, 처분 거래를 한 경우, 그 투자신탁재산을 한도로 하여 그 이행책임을 부담한다고 규정하여, 수탁자의 제3자에 대한 책임을 신탁재산에 한정하는 유한책임으로 하고 있다. 그런데, 투자신탁에 한하여 유한책임신탁 개념을 인정할 특별한 이

---

24) 김태진(2009), 315면; 법무부(2012), 824-825면; 최수정(2007), 210면.
25) 김봉철·왕석동(2013), 233면.

유는 없으므로, 신탁법에서 유한책임신탁이 상사적 목적의 신탁에 일반적으로 적용될 수 있도록 길을 열어준 것은 환영할 만하다. 특히, 사업신탁에서 수탁자의 업무는 사업의 경영이어서 이에 따른 다양한 위험에 노출되어 있으며, 사업에 소요되는 자금조달을 위해 차입을 하거나 사채를 발행하는 것도 예정되어 있다는 점에서, 유한책임신탁제도의 활용이 매우 기대된다.[26]

(나) 주요 내용

신탁법상 유한책임신탁은 책임재산이 신탁재산으로 한정되는 효과가 있어, 주식회사의 책임구조와 상당히 유사해진다. 따라서, 주식회사에서의 자본충실 원칙과 같이 유한책임신탁에서도 재산을 충실히 하여 신탁채권자의 보호를 도모할 필요가 생긴다. 이러한 점을 고려하여 신탁법은 유한책임신탁에 관하여 상법상 주식회사에 적용되는 조항과 유사한 규정들을 마련하여, 신탁재산의 계산, 이익배당, 청산절차의 의무화를 정하였다.

① 유한책임신탁 등기, 명칭, 서면교부의무

유한책임신탁을 설립하기 위하여는 유한책임신탁의 목적과 명칭, 수탁자에 관한 사항, 신탁재산관리인에 관한 사항, 신탁사무처리지 등 일정한 사항을 등기하여야 하며, 유한책임신탁은 등기를 하여야만 효력이 발생된다.[27] 유한책임신탁과 거래하는 관련 당사자들이 이를 인식할 수 있게 하여 불측의 손해를 입지 않도록 하기 위함이다.[28] 또한, 거래안전을 위하여 유한책임신탁의 명칭에는 "유한책임

---

26) 오영준(2010), 25-26면. 그 밖에 유한책임신탁이 사업신탁에서 중요한 역할을 할 수 있다고 이야기하는 문헌으로는, 김태진(2009), 315면; 법무부(2012), 824-825면; 최수정(2007), 210면.
27) 신탁법 제114조 제1항, 제126조.

신탁"이라는 문자를 사용하도록 하고, 수탁자에게 거래상대방에게
유한책임신탁이라는 뜻을 명시하고 그 내용을 서면으로 교부할 의
무를 부과하고 있다. 수탁자가 이러한 의무를 위반한 경우, 거래상
대방은 거래를 한 날로부터 3개월 이내에 거래를 취소할 수 있다.[29]

② 회계서류 작성의무 등

신탁재산에 속하는 채무 및 변제자력을 산정하기 위하여 신탁재
산에 대한 적절한 평가를 실시할 필요가 있으므로, 다른 신탁에 비
하여 엄격하게 대차대조표, 손익계산서 등 회계서류 작성의무를 부
과하고 있다.[30] 그 밖에, 자본변동표, 신탁의 재산목록과 그 부속 명
세서, 수익증권발행신탁인 경우에는 수익증권기준가격 계산서를 작
성하도록 하고 있다. 그리고, 수익증권발행신탁인 유한책임신탁인
경우 주식회사에서와 같이 직전 사업연도 말의 신탁재산의 자산총
액 또는 부채규모를 기준으로 일정한 규모 이상인 신탁은 주식회사
의 외부감사에 관한 법률의 예에 따라 감사를 받도록 하였다.[31]

③ 수익자에 대한 급부제한

유한책임신탁에서 수탁자는 수익자에게 신탁재산에서 급부가 가
능한 한도를 초과하여 급부할 수 없도록 하고 있다. 수탁자가 수익
자에게 급부가 가능한 한도를 초과하여 급부한 경우 수탁자와 이를
받은 수익자는 연대하여 초과된 부분을 신탁재산에 전보할 책임을
진다.[32] 이는 신탁채권자 보호를 위하여 신탁재산을 충실하게 하기

---

28) 최수정(2016), 387면.
29) 신탁법 제115조 제1항, 제116조.
30) 상법상 물적 회사의 성격이 강한 주식회사와 유한책임회사 및 유한회사의
   경우에 이러한 회계장부 작성의무가 부과되어 있다(상법 제287의33조, 447
   조, 579조).
31) 신탁법 제117조, 동법 시행령 제14조 제1항.

위함으로,[33] 상법에서 회사의 자본충실과 회사채권자의 보호를 위해 배당가능이익에 관한 제한을 두고 있는 것과 같은 취지이다. 신탁법상 수익자에 대한 급부가 가능한 한도는 "급부를 할 날이 속하는 사업연도의 직전 사업연도 말일의 순자산액에서 신탁행위로 정한 유보액과 급부를 할 날이 속하는 사업연도에 이미 급부한 신탁재산의 가액(價額)을 공제한 금액"으로 되어 있다.[34] 이는 주식회사의 주주에 대하여 이익배당을 할 수 있는 요건으로서 배당가능이익이 있을 것을 요하고, 그 배당가능이익을 "회사의 대차대조표의 순자산액으로부터 자본금의 액, 해당 결산기까지 적립된 자본준비금과 이익준비금의 합계액 및 해당 결산기에 적립하여야 할 이익준비금의 액, 상법 시행령이 정하는 미실현이익을 공제한 액"으로 한 것[35]과 비슷하다. 즉, 주식회사와 사업신탁 모두 기본적으로 순자산액을 급부가능 한도를 산정하는 기초로 삼고 있다.[36] 그런데 그 범위에는 차이가 있는데, 주식회사의 경우에는 자본금과 법정준비금 및 미실현이익을 공제하도록 하여 좀더 엄격한 요건을 부과하고 있음에 비해, 유한책임신탁은 공제대상인 유보액을 신탁행위에서 정하도록 하여보다 유연하다. 또한, 주식회사의 주주에 대한 배당에 대하여는 중간배당 규제[37] 등 좀더 엄격한 제한이 있다.

④ 수탁자의 제3자에 대한 책임

유한책임신탁에서도 수탁자가 고유재산으로 제3자에게 책임을 부담하는 경우가 있다. 수탁자의 임무해태나 위법행위시에는 신탁

---

32) 신탁법 제120조 제1항, 제121조.
33) 법무부(2010) 807면; 최수정(2016), 395면.
34) 신탁법 제120조 제2항, 동법 시행령 제15조 제1항.
35) 상법 제462조 제1항.
36) 최수정(2016), 394면.
37) 상법 제462조의3.

계약 위반 내지 민법상 일반 불법행위책임이 발생되어 수탁자의 개인책임이 인정될 수 있기 때문이다. 주식회사의 이사가 임무해태 등 일정한 경우에 개인적인 책임을 지는 것과 비슷하다.[38] 신탁법 제118조 제1항은 이러한 경우로서, "1. 고의 또는 중대한 과실로 그 임무를 게을리 한 경우 2. 고의 또는 과실로 위법행위를 한 경우 3. 대차대조표 등 회계서류에 기재 또는 기록하여야 할 중요한 사항에 관한 사실과 다른 기재 또는 기록을 한 경우 4. 사실과 다른 등기 또는 공고를 한 경우"를 규정하고 있다. 제1호는 상법상 이사의 제3자에 대한 책임에 관한 상법 제401조 제1항과 동일하게 규정한 것이고, 제2호는 민법상 일반 불법행위책임을 상정한 것으로 볼 수 있다. 제3, 4호는 유한책임신탁에서 회계서류와 유한책임신탁 등기가 신탁의 거래상대방을 포함한 거래안전에 미치는 효과가 매우 크다는 점을 고려하여 이를 별도로 정한 것이다.[39] 이러한 행위는 제1호의 행위태양인 임무를 게을리 한 경우에 일응 해당되지만, 제1호에서 고의 또는 중과실을 주관적 요건으로 삼은 것과 달리 고의 또는 과실로 하여 경과실도 포함시키고, 수탁자가 주의를 게을리 하지 않았음을 증명하였을 때에 책임이 없는 것으로 함으로써,[40] 더 엄격한 책임을 부과하고 있다.

⑤ 청산절차

신탁법은 유한책임신탁의 종료시 청산절차를 거칠 것을 의무화하였다.[41] 유한책임신탁은 수탁자가 고유재산으로 책임을 지지 않으므로 신탁의 종료시 채권자를 보호할 필요가 크며, 신탁재산으로 이

---

38) 최수정(2016), 391면.
39) 최수정(2016), 392면.
40) 신탁법 제118조 제1항 단서.
41) 신탁법 제132조 제1항.

행하여야 할 대외적 채권관계를 명확히 할 것이 요구된다. 이에 따라 신탁이 종료한 때에 신탁채권자 등 이해관계인을 보호하고 관련된 법률관계를 명확히 하기 위하여 상법상 회사에 준하는 청산절차를 거치도록 한 것이다.[42)]

2. 수익자의 책임

가. 외국에서의 논의와 법제

(1) 영국과 미국 신탁법리상 일반원칙

영국과 미국의 일반적인 신탁에서 수익자는 수탁자에 대하여만 주장할 수 있는 형평법상의 소유권인 수익권을 가지는 것에 불과하고 신탁재산에 대한 보통법상의 권원은 수탁자가 가지기 때문에, 신탁의 직접 상대방인 제3자에 대하여는 수탁자만이 책임을 지며 수익자는 인적 책임을 부담하지 않는다고 본다. 미국의 제3차 신탁 리스테이트먼트는 수익자는 수탁자가 신탁사무의 처리에 의하여 발생한 채무에 대하여 개인적으로 책임을 지지 않는다고 하여 이 점을 분명히 하고 있다.[43)] 그리고, 수탁자의 수익자에 대한 비용보상청구권을 원칙적으로 인정하지 않으면서, 다만 수익자가 명확히 합의한 때에는 수익자가 개인적으로 수탁자에 대하여 보상책임을 진다고 한다.[44)]

---

42) 법무부(2012), 883면; 김봉철·왕석동(2013), 231면.
43) 제3차 신탁 리스테이트먼트는 § 103. 동조항은 다만, § 104에서 정하는 경우에는 수익자의 개인적 책임이 발생될 수 있다고 하고 있다. 이에는, 수익자가 신탁으로부터 차입을 한 경우, 수익자가 신탁의무 위반에 가담하여 신탁이 손해를 입은 경우, 계약법, 불법행위법 등 다른 법률에 의한 경우 등이 포함된다.
44) 제3차 신탁 리스테이트먼트 § 104(1)의 comment g(1).

(2) 사업신탁의 경우

(가) 미국

미국의 신탁법리상 수익자의 대외적 책임에 관한 원칙은 사업신탁에 그대로 적용되지는 않는다. 제2차 신탁 리스테이트먼트 § 275는 수익자는 수탁자가 신탁사무의 처리를 위해 체결한 계약에 대하여 개인적인 책임을 지지 않는다고 하면서, 동 조항의 주석에서 사업신탁의 경우 수익자의 책임이 어떠한가의 문제는 동 조항의 적용범위 밖에 있다고 하였다. 실제로 판례상 사업신탁에 관하여는 복잡한 논의가 진행되었다. 사업신탁에서는 수익자가 능동적인 성격을 가지므로, 신탁증서에 수탁자의 선임 및 해임권, 신탁사무에 대한 승인권 등 경영에 관여하는 권한이 부여될 수 있다. 이러한 수익자의 수탁자에 대한 지시권한과 신탁에 대한 지배력 여부에 따라 수익자의 대외적 책임이 발생될 여지가 판례상 인정되었다. 미국 법원은 사업신탁의 수익자 책임에 대하여 주별로 다른 입장을 취하였다. 매사추세츠 주의 Williams v. Inhabitants of Milton[45] 판결은 수익자가 수탁자에 대한 지시권한, 수탁자의 해임 및 교체에 관한 권한, 신탁의 변경 및 종료 권한 등을 가지고 신탁을 실질적으로 지배하는 경우 신탁채무에 대해 책임이 발생될 수 있다는 이른바 지배력 기준(control test)을 설시하였다.[46] 이 기준상 수익자의 책임범위가 달라질 수 있었기 때문에, 사업신탁에 투자하는 투자자는 추가책임이 발생될 여지가 생겼다. 이와 달리, 텍사스 주에서는 수익자의 지배권 유무와 상관없이 사업신탁을 파트너쉽으로 보아 수익자의 무한책임을 인정하였고, 캔사스 주와 워싱턴 주에서는 사업신탁을 정식 회사설립 절차를 거

---

45) 102 N.E. 355 (Mass. 1913).
46) 이 판결을 포함하여 매사추세츠 법원의 입장에 대하여는, Jones, Moret & Storey(1988), pp. 426-427, 439-440 및 Morley(2016), pp. 2177-2178 참조.

치지 않은 불완전한 회사로 보고 수익자에게 회사 불성립에 관한 구성원 책임을 인정하는 캔자스-워싱턴 법칙이 존재하였다.[47] 이처럼 사업신탁에서는 수익자의 책임에 관하여 법적 불명확성이 컸으며,[48] 실무에서는 신탁증서에 수익자의 대외적 책임을 제한하는 조항을 넣는 등 사업신탁을 이용하는 데 해결되어야 할 문제점이 되어 왔다.[49] 이를 해결하기 위하여, 미국의 통일제정법상신탁법은 제304조 (a)항에서 제정법상 신탁의 모든 채무, 차입금, 책임은 오로지 신탁의 것으로 되고, 수익자는 그에 대하여 개인적으로 책임을 부담하지 않는다고 규정하여 수익자의 유한책임을 기본 원칙으로 인정하였다.[50] 이로써, 신탁을 기업조직으로 이용하는 경우의 수익자의 책임범위에 관한 법적 불명확성이 완전히 해소되었다.

(나) 캐나다

캐나다 소득신탁법은 미국의 통일제정법상신탁법과 같이 수익자의 유한책임을 법으로 명시하고 있다. 동법 제8조는 소득신탁의 수익자의 책임은 신탁의 사무, 운용, 신탁재산 또는 수탁자나 수탁자의 운영자(administrator or manager)의 행위로부터 비롯되는 채무나 책임에 관하여 수익자가 가지는 소득신탁의 수익지분(interest in the units)으로 제한된다고 규정한다. 동법의 입법자료는 수익자의 유한책임을 명확히 한 것은 유한책임 여부와 관련한 불필요한 논쟁 및 거래

---

47) 미국 통일제정법상신탁법 제304조 (a)항의 comment. 이에 대한 자세한 내용은 Kove & Bogert, G. G. & Bogert, G. T.(2012), pp. 198-206과 Comments(1928), pp. 1112-1118 및 오성근(2008), 435-449면 참조.
48) Morley(2016), pp. 2179-2180.
49) Jones, Moret & Storey(1988), p. 441; Langbein(1997), p. 183 각주 110; Morley(2016) p. 2182.
50) 미국 통일제정법상신탁법 제304조 (a)항은 동법 제104조의 강행규정에는 포함되어 있지 않아 신탁증서로 달리 정할 수 있는 임의규정에 해당된다.

비용을 없애기 위함으로 설명하고 있으며,[51] 사업신탁의 수익자를 주주와 같이 취급한다는 동법의 기본 입법태도와 궤를 같이 한다.

(다) 싱가포르

싱가포르의 사업신탁법도 미국이나 캐나다와 같이 수익자의 유한책임을 법에서 명시하고 있다. 동법 제32조 제2항은 사업신탁의 수익자는 약정한 출자대금 이외에는 사업신탁의 채무에 관해 책임을 지거나 추가 출자를 할 의무가 없고, 이러한 수익자의 유한책임은 신탁증서로 달리 정할 수 없으며, 사업신탁의 청산 여부와 상관없이 인정된다고 규정한다. 수익자에 대하여 회사의 주주와 같이 유한책임을 인정함으로써 사업신탁의 수익자들을 보호하고 법적 명확성을 부여하기 위한 것이다.[52]

나. 우리 신탁법의 검토

(1) 일반 원칙

신탁법상 신탁재산은 수탁자의 명의로 되어 있고, 신탁사무로 인한 채권채무는 수탁자가 직접 취득하므로, 그에 따른 대외적 책임은 수탁자가 지는 것이 원칙이다. 그런데, 신탁법상 수익자는 일정한 경우에 수탁자에 대한 내부적 비용보상을 할 의무를 가지므로, 실질적으로 대외적 채권에 관해 책임이 발생된다. 신탁법 제46조에 의하여 수탁자는 비용보상청구권을 가지므로 내부적 구상으로 자신의 비용지출을 보상받는데, 이것은 기본적으로 신탁재산에 대한 것이나, 신탁재산이 수탁자에게 비용보상을 해 줄 자력이 충분하지 않은

---

51) UITA Working Group(2006), pp. 15-16.

52) MAS(2003), p. 17.

경우에는 수익자에 대하여도 보상청구를 할 수 있음이 인정된다. 수탁자가 신탁으로 인해 개인책임을 지는 경우, 신탁은 수익자의 이익을 위한 것이므로 이를 수탁자의 책임으로 귀속시키는 것은 타당하지 않고, 그 최종적 부담은 신탁재산과 수익자가 져야 한다는 것이다. 이는 민법상 위임의 수임인이 가지는 비용상환청구권[53]과 같은 취지이다.

그런데, 수익자의 비용보상책임은 수익자의 유한책임에 제한을 가져온다. 수익자가 일정한 대가를 지급하고 수익권을 취득한 후 신탁의 대외적 책임에 따른 비용을 보상하게 되면 결국 수익자로서는 투자금액을 초과하는 책임을 지는 결과가 되기 때문이다. 구 신탁법은 제42조에서 "수탁자는 수익자에게 신탁재산에 관하여 부담한 조세, 공과 기타의 비용과 이자 또는 신탁사무를 처리하기 위하여 과실없이 받은 손해의 보상을 청구하거나 상당한 담보를 제공하게 할 수 있다"고 하여, 수익자가 간접적인 무한책임을 지는 것으로 해석되고 있었다.[54] 개정 신탁법은 제46조 제4항에서 이를 일정범위로 제한하여 "수탁자는 신탁재산이 신탁사무의 처리에 관하여 필요한 비용을 충당하기에 부족하게 될 우려가 있을 때에는 수익자에게 그가 얻은 이익의 범위에서 그 비용을 청구하거나 그에 상당하는 담보의 제공을 요구할 수 있다."고 한다. 이에 따라 수탁자의 비용청구는 신탁재산으로부터 우선 받아야 하고, 신탁재산이 부족할 우려가 있는 때에 한하여 수익자에게 보상청구를 할 수 있되, 이 경우에도 수익자가 이익을 받은 범위 내로 한정되었다.[55]

---

53) 민법 제688조.
54) 최동식(2007), 278, 280-281면.
55) 2011년 신탁법 개정 당시 수탁자가 수익자를 위하여 신탁재산을 무상처분한 경우(증여적 신탁) 수익자는 대가의 지불 없이 신탁의 이익을 누리게 되므로 신탁사무를 위하여 발생한 비용에 대하여 상환청구를 하는 것은 부당하지 않으나, 투자신탁과 같이 수익자가 수익권 취득을 위하여 대가

(2) 사업신탁의 경우

개정 신탁법이 수익자는 수탁자의 비용보상청구에 대하여 보충적인 책임을 지며 그 책임범위도 무한적인 것이 아니고 이익을 얻은 범위 내로 제한한 것은 구법에 비하여 신탁재산이 사업신탁의 책임재산으로서 중심이 되는 물적 유한책임의 측면에서 진일보한 것이다.[56] 나아가, 신탁법 제46조 제6항에 의하여 신탁행위로 수익자의

를 지불한 경우에는 수익자에게 추가책임을 부담하려는 의사가 없으므로 비용에 대한 상환청구를 하는 것은 부당하다는 주장이 있었다. 그러나, 수익자는 신탁재산으로부터 이익을 취득하는 자로서 신탁재산과 관련하여 발생한 비용 등을 부담하는 것이 공평한 점, 신탁법은 투자신탁과 같은 금융신탁, 영업신탁 뿐만 아니라 일반 민사신탁도 규율하고 있고, 수탁자가 보수를 받지 않는 신탁을 원칙으로 하고 있는 점, 간접투자상품, 퇴직연금 등의 영업신탁의 경우 신탁행위로 수익자에 대한 비용상환청구권을 배제하면 되는 점 등을 고려하여, 개정법은 개정 전 신탁법과 마찬가지로 수익자에게도 비용상환청구권을 행사할 수 있도록 하되, 수익자 보호를 위하여 신탁재산으로부터 상환받을 수 없는 때의 보충적 권리로 규정하였다 (법무부(2012), 385면).

56) 일본 신탁법은 2006년 법개정으로 수익자의 동의가 있어야 수익자에게 비용상환청구를 할 수 있는 것으로 기본 원칙을 변경하였다. 토지신탁에서는 위탁자 자신이 수익자가 되는 경우가 많고, 신탁기간 종료시에는 신탁재산인 토지와 건물이 위탁자 겸 수익자에게 되돌아가도록 하기 때문에, 수익자가 간접적인 무한책임을 지는 것은 그리 불합리하지 않지만, 투자자가 금전을 출자하여 신탁재산으로 삼고, 이를 투자하여 자산을 운용한 후 최후에는 다시 금전으로 지급받는 형태의 신탁상품에서는 수익자라고 해도 단순한 투자자에 지나지 않는데, 무한책임을 부담하게 되면 투자상품으로서의 매력이 적어지므로, 투자상품의 설계시 수익자의 보상청구권을 미리 배제할 것이 필요하게 된다는 지적이 있었다(寺本昌広(2007), 175면; 新井誠(2014), 337면). 상사신탁을 예금형, 운용형, 전환형, 사업형으로 구분한 간다히데키(神田秀樹) 교수도 예금형, 운용형, 전환형 신탁의 수익자는 투자자 내지 예금자로 보아야 하는데, 이들로 하여금 수익권을 포기하지 않는 한 무한책임을 지도록 하는 것은 어렵고, 신탁을 통해 사업을 행하는 사업형의 경우에는 수탁자와 수익자 사이에 필요에 따라 정하도록

비용보상책임을 배제할 수도 있으므로, 사업신탁에서 신탁행위로 수익자는 수탁자에 대하여 비용보상책임을 지지 않는 것으로 하여 유한책임구조를 만들 수 있다. 그리고, 유한책임신탁을 이용하면 수탁자는 신탁재산만으로 책임을 지면 되므로 수익자에게 비용보상청구를 할 필요가 없고, 그 결과 수익자의 유한책임도 함께 실현된다. 또한, 수익증권발행신탁의 경우에는 수익자의 비용보상의무에 관한 신탁법 제46조 제4항의 적용이 배제되어, 수익자는 유한책임을 누리게된다. 수익증권의 소지자는 증권의 범위에서만 한정된 책임을 지는 것으로 기대할 것이므로, 수익증권발행신탁의 경우에는 원칙적으로 수익자의 비용보상의무는 인정하지 않기로 한 것이다.[57] 다만, 수익증권발행신탁인 때에도 신탁행위로 수익자가 비용보상의무를 지는 것으로 정하는 것은 가능하다.[58]

결국, 우리나라의 신탁법상 사업신탁에서도 당사자들의 선택으로 주식회사에서와 같이 유한책임을 구현하는 것이 충분히 가능하며, 사적 자치에 따라 신탁법상 원칙을 그대로 적용하여 수익자의 유한책임에 제한을 둘 수도 있다. 이러한 점은 상법상 주식회사의 경우에 주주의 유한책임은 정관의 규정이나 주주총회의 결의 혹은 제3자와의 약정에 의해 달리할 수 없는 강행적인 제도인 점[59]과는 다르다.

함이 자연스럽다고 주장하였다(神田秀樹(1998), 68면). 개정 신탁법에서는 이러한 의견을 받아들여 수익자가 수탁자에 대해 비용 등의 보상책임을 지지 않는 것을 원칙으로 하고, 수익자와 합의가 있는 때에는 수익자로부터 비용보상을 받을 수 있는 것으로 하였다(동법 제48조 제5항). 이러한 입법으로 수익자의 유한책임이 확보되었으며, 신탁이 사업의 집행의 주체 또는 도구가 되는 것이 보다 적절하게 되었다고 평가된다(田中和明(2007), 337면).

57) 법무부(2012), 658면.
58) 신탁법 제85조 제7항.
59) 이철송(2017), 220면.

3. 평가

사업신탁에서 수탁자의 주된 업무내용은 사업의 경영이고, 이를 위해 다양한 활동을 하게 되므로, 그 대외적 책임이 전통적인 신탁에 비하여 상당히 커지게 된다. 개정 신탁법이 신탁을 위한 사채발행을 허용하면서 이를 유한책임신탁의 경우로 한정한 것[60]은 사채발행시 수탁자의 책임이 과도하게 커지게 된다는 점을 고려한 때문이다.[61] 이처럼 사업신탁에서는 수탁자의 책임이 사업활동에 따른 각종 채무와 대규모 차입이나 사채발행 등에 관한 것이 되어 매우 큰 액수가 될 수 있다. 만약 수탁자가 고유재산으로 이러한 책임을 모두 이행하여야 한다면 수탁자에게 과중한 부담이 되어 신탁사무 처리시 적극적인 활동을 회피하고 소극적으로 행동할 수 있으며, 나아가 신탁의 인수를 꺼리게 될 가능성마저 있다. 그리고, 사업신탁에서 수탁자의 고유재산으로도 책임을 지도록 하는 전통적인 입장을 견지한다면, 신탁과 거래하는 당사자들은 신탁재산은 물론 수탁자의 고유재산에 관하여도 계속 감시할 필요가 생겨 비효율을 초래하게 될 것이라는 지적도 있다.[62] 따라서, 당사자의 의사가 수탁자의 고유재산까지 책임재산으로 삼겠다는 것이 아니라면, 사업신탁에서 채무의 이행은 신탁의 책임재산으로 분리된 신탁재산으로만 하도록 제한할 필요가 있다. 종래 이러한 목적을 달성하기 위하여 수탁자의 책임한정약정을 이용하였는데, 개정 신탁법에서 유한책임신탁제도가 도입되어 수탁자가 신탁재산만으로 채무를 이행할 수 있는 방안이 제도적으로 마련되었다. 향후 사업신탁을 하려는 경우 보다 간편하게 유한책임신탁제도를 이용하는 수요가 많을 것으로 예상된다.

---

60) 신탁법 제87조 제1항 제2호.
61) 법무부(2012), 667면.
62) 노혁준(2013), 646면; 최수정(2009), 494면.

유한책임신탁제도를 이용하면 수익자의 책임도 자연스럽게 유한책
임으로 되어, 사업신탁의 책임구조는 신탁재산을 책임재산으로 하는
물적 유한책임구조로 된다. 이처럼, 신탁법 하에서 사업신탁은 기업
조직으로 활용되기 위한 유한책임구조를 구현해낼 수 있으며, 회사
와 달리 당사자들의 선택으로 수탁자의 무한책임 또는 수익자의 비
용보상의무를 인정할 수도 있어 유연한 책임구조가 가능하다.

제4장 경영자로서의 수탁자의 의무

제1절 수탁자 의무의 엄격성과 사업신탁에서의 변화

전통적인 민사신탁에서 수탁자는 위탁자의 개인적 신임관계에 따라 신탁사무를 수행하고, 이를 위해 신탁재산의 명의를 이전받았다. 초기 신탁의 역사를 거슬러 올라가면 토지가 신탁재산으로서 하여 수탁자가 그 명의를 보유하고, 일정 기간 후 수익자에게 명의를 이전하도록 하는 것이 전형적인 모습이었다. 수탁자는 신탁재산의 명의를 가지고 있어 이를 남용할 우려가 있고, 위탁자와 수익자의 신뢰를 보호할 필요가 있다는 점 등을 근거로 하여 수탁자에게 충실의무와 같은 신인의무가 엄격히 인정되어 왔다.[1] 영국과 미국의 신탁법리에서 수탁자는 신탁사무를 처리할 때 신중한 사람(prudent man)으로서의 주의의무를 다하여야 한다는 것과 오로지 수익자의 이익을 위하여 신탁사무를 처리해야 한다는 충실의무를 양대 축으로 하고,[2] 공평의무, 분별관리의무, 장부 등 서류 작성, 보존 및 비치의무 등 이들 의무에서 파생된 각종 의무가 부과되고 있다.[3] 이처럼 수탁자의 주의의무와 충실의무가 엄격히 인정되고, 그 밖에 여러 의무들이 있기 때문에 수익자와 거래상대방은 수탁자의 권한남용의 우려를 줄이고 감시비용이 감소되는 등 그에 따른 이익을 누릴 수 있다고 보아 왔다.

이후 사회가 산업화됨에 따라 토지 이외에 금융자산이 중요한 신탁재산이 되었고, 수탁자의 권한도 토지를 단순히 소유하다가 수익자에게 명의를 이전하는 것에서 금융자산에 적극적으로 투자하여

---

1) Langbein(2004), pp. 53-54; Moffat, Bean & Dewar(2005), p. 801; Sitkoff(2013), pp. 430-431.

2) Thomas & Hudson(2010), p. 32; Langbein(1997), p. 182; Langbein(2004), p. 54.

3) 제2차 신탁 리스테이트먼트 § § 172-179; 제3차 신탁 리스테이트먼트 § § 82-84.

수익을 내는 것으로 확대되었다.[4] 수탁자의 역할이 과거와 같이 단
순한 재산보관에 그치지 않고 적극적인 재산관리로 옮겨감에 따라,
전문적인 수탁회사의 등장 등 실무도 달라지고, 수탁자의 권한과 의
무, 업무위탁 등에 관한 신탁법리에도 변화를 가져오게 되었다.[5] 오
늘날 신탁의 상사화와 현대화로 수탁자의 권한범위가 확대되고 신
탁사무의 내용도 변화되었는데, 특히 사업신탁에서 수탁자의 역할은
훨씬 다양하고 광범위해져 마치 회사의 이사와 같이 경영판단을 하
고 이윤창출을 위한 사업활동을 하게 된다. 이에 따라 사업신탁에서
수탁자의 권한과 의무에 관하여 종래의 신탁법리는 변화를 요구하
게 되었다.[6]

---

4) Langbein(2004), pp. 53-54; Langbein(2007), p. 1073; Moffat, Bean & Dewar(2005), pp. 42-45.
5) Langbein(2004), pp. 53-54; Sitkoff (2013), pp. 430-431.
6) Sitkoff(2005), p. 37은 미국에서 제정법상 신탁에 대해 전통적인 신탁에서 발전되어 온 신탁법리를 적용하는 부조화의 문제를 지적한다. 구체적으로 신탁법리의 엄격한 신인의무의 적용, 공동수탁자의 신탁사무 처리시 전원 일치의 요건, 영구불확정 금지의 원칙에 의한 기한 제한의 문제를 들고 있다; Miller(2011), p. 452도 사업신탁은 증여적인 신탁과 목적, 기능 등에서 거의 유사성이 없음에도 일반적인 신탁법리를 적용함으로써 불명확성을 가져왔다고 한다.

제2절 사업신탁의 수탁자의 의무

사업신탁에서 수탁자의 의무에 대한 새로운 접근은 수탁자의 핵심적인 의무인 주의의무, 충실의무에서 모두 나타난다. 또한, 수탁자의 자기집행의무에도 큰 변화가 생겼다. 본장에서는 특히 이 세 가지 측면이 전통적인 민사신탁과 다르게 사업신탁에서 변화되는 수탁자의 의무로 보고 이에 관하여 검토한다.

1. 주의의무

가. 사업신탁에서의 문제상황

사업신탁의 수탁자는 신탁의 목적에 맞게 적극적으로 경영활동을 하고 신탁의 이익에 부합하는 것으로 판단되는 경우에는 다소 위험을 감수하더라도 수익을 올리기 위한 행위를 할 필요가 있다.[1] 그런데, 사업신탁의 수탁자에 대하여 전통적인 신탁법리상 수탁자의 주의의무를 엄격히 적용하면 수탁자의 책임이 발생될 가능성이 일반 신탁에 비하여 커진다. 이러한 문제는 수탁자가 직접 사업을 수행하는 제1유형 및 제2유형의 사업신탁에서 보다 직접적으로 발생될 것이다. 이에 비해, 제3유형의 사업신탁의 수탁자는 기본적으로 사업회사를 지배하는 주주이면서 사업회사의 이사를 겸직하는 등의 방법으로 사업을 하는 실질을 가져오는데, 그와 관련하여 어떠한 주의의무를 부담하는지 검토할 필요가 있다. 이를 위해 일반적인 신탁에서의 수탁자의 주의의무와 회사의 이사의 주의의무를 살펴보고,

---

1) 神田秀樹(1998), 66면.

사업신탁에서의 수탁자의 주의의무에 대하여 검토하도록 한다.

나. 일반 신탁의 수탁자와 주식회사 이사의 주의의무

(1) 미국의 경우

(가) 일반 신탁의 수탁자의 주의의무

일반 신탁법리상 수탁자는 기본적으로 신탁목적에 따라 신탁재산을 생산적으로 보존하고 관리하며 그와 관련하여 필요한 사무를 처리할 의무를 가진다.[2] 이를 위해, 수탁자는 신탁재산을 그 명의 하에 두면서 신탁재산을 보존하고, 신탁재산의 보호를 위해 필요한 방어를 하며, 이를 여타 재산과 구분관리하고, 신탁재산에서 수입이 발생할 수 있도록 합리적으로 투자하고 이를 수령하여 수익자에게 지급할 것이 요구된다.[3] 미국의 신탁법리에서는 수탁자가 이러한 의무를 이행할 때 "통상의 주의를 가진 사람의 신중함과 능력으로써 행위하여야 한다(duty to use ordinary skill and prudence)"는 기준을 제시한다. 수탁자는 신탁사무를 처리할 때 통상의 능력과 주의를 가진 사람이 당해 신탁과 비슷한 목적과 성격을 가지는 사무를 행할 때 사용하였을 능력과 신중함을 행사하여야 한다는 의미이다.[4] 이처럼 미국의 신탁법리에서는 수탁자의 주의의무의 기준으로 이른바 신중한 사람(prudent man)의 원칙[5]이 적용되는데, 이 원칙은 제2차 신탁 리스

---

2) 제2차 신탁 리스테이트먼트 §§ 169, 176, 181; 제3차 신탁 리스테이트먼트 § 76.
3) 제3차 신탁 리스테이트먼트 §§ 82-84; Bogert G. G., et al.(2008) pp. 265-268, 273.
4) Bogert, G. T. (2001), p. 334.
5) 이 원칙은 1830년에 나온 매사추세츠 법원의 Harvard College v. Amory, 26 Mass. (9 Pick) 446 판결에서 기원을 찾는다.

테이트먼트 § 174에 명문화되어, 수탁자는 신탁사무를 처리하는 데
에는 통상의 신중한 사람이 자기의 재산을 처리와 동일한 주의와 능
력을 다하여야 할 의무를 수익자에게 부담하는 것으로 명시되었다.
그리고, 제3차 신탁 리스테이트먼트 § 77 에서는 수탁자는 신중한 사
람이 신탁의 목적, 조건 및 상황을 고려하여 하였을 것과 같이 신탁
사무를 처리할 의무가 있고, 신중할 의무는 합리적인 주의(care), 능
력(skill)과 조심(caution)을 행사할 것을 요구한다고 한다. 동 조항의
주석 (b)에 의하면, 이때 주의(care)란, 수탁자가 신탁사무를 계획하고
판단하여 집행하며 신탁의 상황을 감시할 때, 신탁의 목적과 수익자
의 이익에 적절한 주의를 기울이고, 합리적인 노력과 성실을 다하여
야 함을 말한다. 그리고, 수탁자는 통상의 지적 수준의 사람이 가지
는 능력(skill)을 사용하여야 하고, 그렇지 못함에 따라 발생되는 손해
에 대하여 책임을 져야 한다. 수탁자는 이를 위해 신중한 사람의 기
준에 따른 기본 의무를 합리적으로 이해할 수 있어야 한다. 또한, 수
탁자는 당해 신탁과 비슷한 목적과 자산을 운영하는 신중한 사람이
행하는 조심(caution)을 다하여야 할 의무를 진다. 이 조심의 의무는
수탁자로 하여금 모든 위험을 피할 것을 요구하는 것이 아니라, 특
정 신탁의 목적 및 상황, 수익자의 이익, 그리고 신탁사무의 처리를
위한 수탁자의 계획과 목적의 달성을 위해 합리적으로 적합한 수준
의 조심을 다하라는 것이다. 그리고, 제2차 및 제3차 신탁 리스테이
트먼트는 모두, 수탁자가 만일 자신이 특별한 능력이 있는 것으로
표시하여 신탁사무를 수임하였거나 실제로 통상의 사람에 비하여
더 높은 수준의 능력을 가지고 있다면, 그와 같은 수준의 주의의무
를 진다고 한다.[6]

　　미국 통일신탁법은 제801조에서 수탁자의 일반적인 의무로서, "수

---

6) 제2차 신탁 리스테이트먼트 § 174 및 제3차 신탁 리스테이트먼트 § 77 (3).

탁자는 선의로(in good faith) 신탁의 조건과 목적에 따라, 수익자의 이익을 위하여, 그리고 이 법에 따라 신탁사무를 처리하여야 한다"고 규정하고, 제804조에서 신중한 사무처리(Prudent Administration)라는 제목 하에 "수탁자는 신탁의 목적, 조건, 수익의 분배 요건, 기타 당해 신탁에 관한 모든 상황을 고려하여, 신중한 사람으로서 신탁사무를 처리하여야 한다. 이 기준을 충족시키기 위해, 수탁자는 합리적인 주의·능력·조심(reasonable care, skill, and caution)을 행사하여야 한다"고 규정하여, 제3차 신탁 리스테이트먼트의 기준을 반영하고 있다.

(나) 주식회사 이사의 주의의무

미국의 회사법상 이사의 주의의무는 여러 주법과 판례법을 통해 형성되어 왔다. 미국에서는 회사의 이사에 대하여 경영판단의 원칙을 인정하여 책임을 감경하고 있음이 특징적이다. 사업의 경영은 위험을 내재하고 있는데 이익을 추구하기 위해서는 위험을 감수하여야 하는 바, 이사의 사업판단의 사후적 심사에 따른 위험으로부터 이들을 보호하고, 혁신적이고 모험적인 사업활동이 억눌리는 것을 피할 필요가 있다는 점,[7] 법원은 회사 업무에 관하여 전문적인 판단을 하기 어렵다는 점, 주주의 대표소송 등 남소를 억제할 필요가 있다는 점 등을 이유로 인정되어 왔다. 구체적으로, 이 원칙은 회사의 이사가 선의로 한 경영판단에 대하여는 그것이 중과실이 아닌 한 사법적 판단으로부터 보호함으로써, 이사의 책임을 상당 부분 완화시키고 있다.[8]

---

7) ALI Principles(1994)의 § 4.01 comment d; Allen & Kraakman(2003), p. 241.
8) Reinier Kraakman et al.(2009), pp. 79-80과 Reinier Kraakman 외(2014), 137면. 미국에서 법원이 이사의 경영상 결정에 중과실이 있다는 이유로 개인적 책임을 인정한 사례는 드물고, 이들 사례는 회사의 합병이나 매각 또는 도산의 개시와 같은 비상한 상황에 관한 것이었다고 한다.

경영판단의 원칙은 본래 판례법으로 발전된 것인데,[9] 제정법에서
도 일련의 과정을 거쳐 이사의 책임과 의무의 기준으로 점차 받아들
여지게 되었다. 모범사업회사법은 1974년 개정시 제35조를 신설하여
처음으로 이사에 대하여 주의의무(duty of care)를 도입하여 신탁법리
의 수탁자의 주의의무 기준을 이사에 대하여도 적용하도록 하였다.
학계와 실무계는 이 조항과 이사의 경영판단의 원칙의 관계에 관하
여 의문을 제기하였다. 동 조항에 경영판단의 원칙을 반영하여야 한
다는 지적에도 불구하고, 동법의 개정시 이 조항을 § 8.30으로 조항
의 번호를 바꾼 것 이외에는 거의 고치지 않았다. 이후 1990년대 법
개정시 이사의 의무기준(§ 8.30)과 책임(§ 8.31)을 구분하는 입장을 취
함으로써 이사의 책임이 의무기준에 불구하고 일정하게 경감된다는
점에 관하여 분명히 하였다. 이에 따라 정관으로 이사의 책임을 중
과실로 제한하는 것이 가능하게 되었는데, 다만 동법은 여전히 경영
판단의 원칙을 책임기준으로 하는 것에 관한 명문의 규정을 두지는
않았다.[10]

이후, 2010년 개정 모범사업회사법은 이 문제에 대해 한 걸음 더
나아갔다. 의무기준에 관하여, § 8.30(a)는 종전의 모범사업회사법에
포함되어 있던 "통상의 신중한 사람(ordinarily prudent person)"이라는
기준을 삭제하고, "이사는 그 의무를 이행할 때 선의로 주의의무를
다하여야 하고, 회사의 최선의 이익이라고 합리적으로 믿는 방법으
로 행위하여야 한다"고 하고, § 8.30(b)는 "이사는 비슷한 위치에 있는
사람이 그와 유사한 상황에서 합리적으로 적절하다고 믿는 정도의
주의를 다하여 의무를 이행하여야 한다"고 하였다. 이 조항에 대한
주석은 이전 모범사업회사법의 § 8.30(a)에 규정되어 있던 "통상의 신
중한 사람(ordinarily prudent person)"이라는 문구는 이사의 업무수행에

---

9) Allen & Kraakman(2003), p. 248.
10) Rock & Wachter(2002), pp. 660-662.

대한 기본 지침으로서 위험에 대한 조심(caution)을 제시함으로써, 이
사의 중심적 의무는 위험 인수의 판단이라는 점에서 문제가 되어 왔
다고 그 삭제 이유를 밝히고 있다.[11] 그리고, 이사의 책임기준에 관
하여 § 8.31은 경영판단의 원칙을 명시하여, 동 원칙에 따라 § 8.30에
서 정하는 주의의무의 기준보다 더 낮은 책임기준을 인정하고 있다.
그런데, 이 개정 모범사업회사법이 미국의 주법상 회사법에 모두 반
영된 것은 아니며, 주에 따라서는 회사의 이사에 대하여 통상의 신
중한 사람의 기준이 여전히 적용되고 있다.[12] 그렇지만, 2010년 모범
사업회사법이 이사의 주의의무를 일반적인 신탁에서의 수탁자의 주
의의무와 비교하여 회사의 경영활동의 측면에서 적극적인 행위가
허용되도록 수정하는 등 일반적인 신탁의 수탁자와의 차별화를 계
속해나가고 있다는 점은 참고할 만하다.

　　한편, 1994년의 미국의 법률가협회(American Law Institute)의 회사지
배구조 분석 및 권고(Principles of Corporate Governance: Analysis and
Recommendations, "ALI 기준") § 4.01(a)는 개정 전 모범사업회사법에서
와 같이 "이사 또는 임원은 이사 또는 임원으로서의 기능을 수행할
때, 선의로, 회사의 최선이 된다고 합리적으로 믿은 방법으로, 그리
고 통상의 신중한 사람이 비슷한 지위와 상황에서 행사할 것으로 기
대되는 주의로서 할 의무를 진다"라고 하고, 현재까지 이 조항을 수
정하고 있지는 않다. 그렇지만, ALI 기준은 경영판단의 원칙을 명시
적으로 이사의 주의의무의 기준으로 삼고 있다. 동 기준 § 4.01(c)는
경영판단의 원칙의 의미에 관하여, (i) 이해관계가 없는(not interested)
이사가, (ii) 충분한 정보를 가지고(informed), (iii) 성실하게(in good

---

11) MBCA(2011), pp. 8-33.
12) 예컨대 뉴욕주의 사업회사법(Business Corporation Act)은 제717조는 이사의
　　주의의무에 관하여 "통상의 신중한 사람"이라는 문구를 여전히 포함하고
　　있다.

faith) 판단하여, (iv) 회사의 이익에 부합된다고 합리적으로 믿었다면
(rationally believed), 이사는 주의의무를 다한 것으로 하고 있다. 그리고,
§ 4.01(a)는 동 조항(c)의 경영판단의 원칙에 구속된다고 하여, 경영판
단의 원칙을 주의의무의 기준으로 하고 있다. 이는 이사가 가치가 있
지만 위험도 수반하는 사업판단을 하는 것을 과실기준에 따른 개인
적 책임 발생을 우려하여 피하는 것을 막기 위함으로 설명된다.[13]
　　이와 같이 미국의 회사법에서는 경영판단의 원칙을 이사의 책임
또는 의무 기준으로 사용함으로써, 회사의 이사의 주의의무의 실제적
인 수준은 일반적인 신탁의 수탁자에 비하여 낮은 것으로 하고 있다.

(2) 우리나라의 경우

(가) 신탁법상 수탁자의 주의의무

　　우리나라 신탁법은 제32조에서 수탁자의 주의의무에 관하여 "수
탁자는 선량한 관리자의 주의(注意)로 신탁사무를 처리하여야 한다."
는 기본 원칙을 정하고 있다. 다수의 학설과 판례[14]는 신탁법 제32조
에서 정하는 수탁자의 '선량한 관리자의 주의'를 민법 제681조의 수
임인의 주의의무로서 요구되는 것과 같은 의미로 보고 있다. 따라서,
수탁자의 선관주의의무는 민법상 수임인의 경우와 같이 수탁자의
개인적·구체적인 능력에 따른 것이 아니라 거래상 일반적으로 평균
인에게 요구되는 정도의 주의의무로, 그 자가 종사하는 직업, 그가
속한 사회적 지위 등에 따라 보통 일반적으로 요구되는 주의를 의미
한다고 한다.[15] 학설상 소수설로서 위임의 선관주의의무와 수탁자의
주의의무를 차별화하는 견해도 있는데, 신탁의 수탁자의 재량의 범

---

13) ALI Principles(1994)의 § 4.01의 comment d; Allen & Kraakman(2003), p. 241.
14) 대법원 2006. 6. 9. 선고 2004다24557 판결.
15) 최동식(2007), 181면; 최수정(2016), 301면; 광장신탁법연구회(2013), 168면.

위는 수임인의 그것에 비하여 더 넓다고 하면서, 이것은 그만큼 신
뢰의 정도가 높다는 것을 의미하므로 그 신뢰를 보호하기 위한 선관
주의의무의 정도나 내용도 수임인의 선관주의의무보다 더 고도의
것이라고 한다.[16] 또 다른 소수설로서, 신탁은 위임과 달리 수탁자에
게 소유권이 이전되는 점, 수익자와 수탁자 사이의 신뢰관계에 기반
하며 민법상 위임계약이 체결되지 않는 점 등 차이가 있으며, 신탁
법에 대한 영미법계의 영향을 고려할 때, 신탁을 단순히 대륙법계에
서의 위임과 동일하다고 보고 신탁의 특수성에 대한 고려 없이 민법
상 위임에서의 수임인의 선관주의의무와 동일하다고 하는 것은 곤
란하다고 비판하는 견해도 있다. 이 견해는, 수탁자의 주의의무는
신탁법 하에서 독자적으로 해석되어야 하며, 신탁목적에 따른 사무
처리 의무, 자격유지의무, 신탁재산의 보전의무, 투자에서의 주의의
무가 우리 신탁법상 수탁자의 주의의무의 주요 내용이라고 주장한
다.[17] 그 밖에, 수탁자가 수행하는 사무에는 위임사무 뿐 아니라 무
상임치에 불과한 것도 있으므로 수탁자의 주의의무를 민법상 수임
인의 선관주의의무와 동일시하는 다수설의 견해는 타당하지 않다고
하면서, 민법상 수임인의 선관주의의무부터 무상임치인의 주의의무
까지 포함하는 융통적인 것으로 되어야 한다는 견해도 있다.[18]

이러한 소수설의 주장들은 모두 민법상 위임과 차별화되는 신탁
의 특성을 고려한다는 점에서 시사하는 바가 있다. 그러나, 다수설
과 판례와 같이 위임의 수임인의 선관주의의무와 기본적으로 동일
하다고 하더라도, 이것은 일반적, 추상적인 기준으로서 개별적인 사
안에서 수탁자의 재량과 업무내용에 따라 판단하게 될 것이므로, 그
실제 해석에서 소수설과 크게 배치되는 것은 아닐 것이다.

16) 이연갑(2015), 28-29면.
17) 윤태영(2015), 533, 543-550면.
18) 이중기(2015a), 350, 368-371면.

(나) 상법상 이사의 주의의무

상법상 회사의 이사의 주의의무는 민법상 위임의 수임인의 선관주의의무에 관한 조항이 준용되는 바,[19] 이사는 회사와 위임관계에 있으므로 수임인으로서 민법상 선관주의의무를 부담한다고 보고 있다. 이는 고도의 인적 신뢰를 기초로 하는 매우 높은 주의의무로서, 이사는 회사경영의 주체라는 지위에 있기 때문에 요구되며, 이사는 직무를 수행할 때 법령을 준수해야 하는 소극적 의무를 짐은 물론 항상 회사에 최선의 이익이 되는 결과를 추구하여야 할 적극적 의무를 부담한다고 해석된다.[20]

우리나라에서도 미국의 경영판단의 원칙과 그 내용과 근거가 똑같은 것은 아니지만,[21] 판례에 의해 이사에 대해 유사한 내용의 경영판단의 원칙이 인정되고 있다. 상법 해석상 이사의 행위가 앞서 살펴본 경영판단의 원칙의 요건을 충족한다면, 위임의 본지에 따라 선량한 관리자의 주의를 충분히 다한 것이 되어 상법 제399조 제1항이 규정하는 임무해태에 해당하지 않는다고 볼 수 있다.[22] 그런데, 우리나라 법원이 인정하는 경영판단의 원칙은 미국에서의 경영판단의 원칙과 차이를 보인다. 우리나라에서는 법원이 이사의 경영활동의 책임기준으로서 상법상 원칙인 선량한 관리자의 주의의무를 적용하면서, 임무해태 여부에 관한 구체적인 판단을 할 때 고려요소를 정하는 의미를 가진다. 미국에서 경영판단의 원칙을 적용함으로써 이사가 절차적 적법성 등 일정한 기준을 충족하는 때에는 중과실이 인정되지 않는 한 실질에 대한 사법심사를 배제하고 책임을 묻지 않는

---

19) 상법 제382조 제2항.
20) 김병연(2009), 96면; 이철송(2017), 726면.
21) 미국의 경영판단의 원칙과 우리나라에서의 경영판단의 원칙을 비교한 문헌으로는, 최완진(2014), 91-106면.
22) 이철송(2017), 771-772면.

것과 달리, 책임기준 자체를 낮추는 것은 아니다.[23]

(다) 소결

상법상 이사의 주의의무 조항과 신탁법상 수탁자의 주의의무 조항은 모두 일반적, 추상적 기준으로서 민법상 수임인에 대한 "선량한 관리자의 주의"를 규정하고 있다는 점에서 근본적인 차이는 없다고 할 수 있다. 그런데, 신탁법상 수탁자의 주의의무에 관하여 이러한 추상적 의무기준에 따른 구체적인 의무 내용으로서는, 신탁의 목적을 위해 신탁사무를 처리할 의무, 신탁재산을 보전하고 생산적으로 관리할 의무, 투자의무 등이 언급되는데,[24] 이는 주로 민사신탁이나 금융거래에서의 수탁자와 같은 경우를 전제한 것이다. 수탁자가 회사의 이사와 같이 경영활동을 하는 사업신탁의 수탁자의 주의의무는 새로운 시각에서 검토될 필요가 있으며, 회사의 이사에 대한 경영판단의 원칙이 수탁자에게 적용될 수 있는지가 실제적으로 중요하다.

다. 사업신탁의 수탁자의 주의의무

(1) 외국의 법제

사업신탁에 관한 법률을 별도로 두고 있는 미국, 캐나다, 싱가포르의 경우, 수탁자의 주의의무에 관하여 모두 회사법상 이사의 주의의무에 관한 기준을 채택하고 있다. 일반 신탁법리상의 수탁자의 주의의무에 관한 기준 대신에 회사법상 이사에 대한 법조항을 그대로 이용하는 방식으로 사업신탁의 수탁자에 대한 의무조항을 두고 있다.

23) 송옥렬(2017), 1030면; 송종준(2017), 110-111면; 최완진(2014), 106면.
24) 최동식(2007), 188면; 최수정(2016), 308-309면.

(가) 미국

미국의 통일제정법상신탁법은 제정법상 신탁의 수탁자의 주의의
무에 대하여 회사의 이사의 기준을 채택하고 있다. 동법은 수탁자는
수탁자로서의 권한을 행사할 때, "선의로, 제정법상의 신탁에 최선의
이익이 된다고 합리적으로 믿는 방식으로 행위하여야 하고, 유사한
지위에 있는 자가 그와 비슷한 상황이었으면 적절하다고 합리적으
로 믿는 주의로서" 의무를 이행하여야 한다고 규정한다.[25] 이는 모범
사업회사법 § 8.30(a), (b)의 조항을 그대로 따른 것으로, 일반적인 신
탁법리에서 수탁자는 신중한 사람이 신탁의 목적, 조건 및 상황을
고려하여 하였을 것과 같이 신탁사무를 처리할 의무가 있고, 신중할
의무를 위하여 합리적인 주의(care), 능력(skill)과 조심(caution)을 행사
하여야 한다[26]고 하는 대신 통상의 신중한 사람의 기준에 관한 문구
를 삭제한 모범사업회사법상의 회사의 이사에 대한 주의의무 기준
을 채택하였다. 이러한 입법태도는 사업신탁의 수탁자를 회사의 이
사와 같이 취급하여 그 의무기준을 이사와 같이 한 것이다.

(나) 캐나다

캐나다 소득신탁법 또한 미국의 통일제정법상신탁법과 같이 회
사법상 이사에 관한 기준을 그대로 채택하였다. 동법 제34조는 수탁
자는 (a) 정직하고 선의로, 그리고 모든 수익자의 최선의 이익을 위
하여 행위하여야 하고, (b) 마찬가지의 상황이었다면 신중한 사람이
합리적으로 행사하였을 것인 주의, 성실 및 능력을 행사하여야 한다
고 규정하는데, 이것은 캐나다 사업회사법상 이사에 관한 조항[27]의
문구와 그대로 일치한다. 소득신탁법의 입법자료에 의하면, 수탁자

---

25) 미국 통일제정법상신탁법 제505조.
26) 제3차 신탁 리스테이트먼트 § 77 (1), (2).
27) 캐나다 사업회사법 제122조 제1항.

의 의무에 관하여 엄격한 신탁법리의 기준 대신 사업회사법상 회사
의 이사의 기준을 채택한 것은 사업신탁의 수탁자는 단순히 신탁재
산을 보전하고 위험을 피하면 되는 것이 아니라 기업 경영에 따른
위험을 지는 것이 예정되어 있으므로, 회사의 이사와 같이 취급하는
것이 적절하기 때문이라고 한다.[28]

(다) 싱가포르

싱가포르 사업신탁법은 수탁자-경영자의 주의의무에 관하여, 수탁
자-경영자는 언제나 정직하게(honestly) 그리고 합리적인 성실(reasonable
diligence)로서 동법과 신탁증서에 따른 의무를 수행하여야 한다고 규
정한다.[29] 이는 싱가포르 회사법의 이사의 의무에 관한 조항[30]과 동
일한 표현을 사용한 것이다. 동법의 입법자료는 사업신탁은 적극적
으로 사업을 경영한다는 점에서 소극적인 투자신탁과 다르고 회사
에 좀더 유사한 바, 회사의 경우 이사의 경영상 판단에 대해 직접적
인 규율을 하지 않고, 상장회사는 공시의무에 종속되는 반면 사업의
경영 자체는 규제되지 않는다는 이념을 기본으로 하는데, 사업신탁
법도 최대한 그와 같이 한다는 점을 밝히고 있다.[31]

(2) 제1, 2유형의 사업신탁

(가) 미국에서의 논의
① 일반적인 신탁의 경우

경영판단의 원칙은 수탁자의 엄격한 주의의무를 회사의 이사에
대하여 그대로 적용하는 것의 불합리성을 완화하기 위하여 발달된

---

28) UITA Working Group(2006), p. 33.
29) 싱가포르 사업신탁법 제10조 제1항.
30) 싱가포르 회사법 제157조 제1항.
31) MAS(2003), p. 4.

것인데,[32] 미국에서는 거꾸로 이를 일반적인 신탁의 수탁자에 대하여도 적용할 수 있을지에 대한 논의가 이루어지고 있다. 미국의 학자들은 일반적인 신탁의 수탁자에 대하여는 회사의 이사와 달리 경영판단의 원칙이 적용되지 않는다고 보고, 수탁자의 의무가 더 엄격하다고 하여 왔다.[33] 회사법과 신탁법리는 모두 이사와 수탁자에 대하여 통상의 신중한 사람이라면 행사할 정도의 주의로 자신의 의무를 이행할 것을 요구하여 왔는데, 이에 따라 이사와 수탁자는 자신의 업무수행에 의해 회사나 신탁에 손해가 발생한 경우 그 주의의무를 다하였음을 입증하여야 한다. 그런데, 이사에 대하여는 주의의무 위반책임이 실제로 추궁되는 것을 저지하기 위하여 경영판단의 원칙이 인정되었는 바, 이사가 일정한 요건을 구비하여 한 경영판단 행위에서는 일응 이사가 주의의무를 다한 것으로 추정되고, 이사에 대하여 책임을 추궁하는 자가 이사의 주의의무 위반을 입증하도록 하여 입증책임이 전환된다. 이에 비해 신탁의 수탁자에 대하여는 경영판단의 원칙을 적용하지 아니하여, 수탁자가 책임을 질 가능성이 보다 커진다. 그 결과, 신탁의 수탁자는 회사의 이사에 비해 더 엄격한 의무를 지게 된다.[34]

실제로도 미국 법원에 의한 책임인정은 신탁의 수탁자와 회사의 이사에 대하여 차이가 있어 왔다. 신탁의 수탁자는 의무위반에 따른 책임체계가 일관적이고, 주의의무 위반으로 인한 책임이 법원에 의하여 다수 인정되어 왔음에 비하여, 회사법상 이사에 대하여 수탁자의 주의의무가 계수되었다고는 하지만 법원에서 이사의 의무 위반에 따른 책임이 실제로 인정된 사례는 거의 없었다.[35] 이러한 점에

---

32) Rock & Wachter(2002), pp. 652, 663.
33) Sitkoff(2003), p. 111; Sitkoff(2004), p. 656; Leslie(2005), p. 96 ; Langbein(1997), p. 188, 각주 135.
34) Leslie(2005), pp. 95-96.

서 1985년의 델라웨어주의 Smith v. Van Gorkom[36] 판결은 이사의 주의
의무 위반에 따른 책임을 실제로 인정하였다는 점에서 학계와 실무
에 큰 충격을 주었다. 그러나 Smith v. Van Gorkom 판결의 여파는 오
래가지 못하였는데, 이 판결이 나오고 약 1년 반 후 1986년 6월 18일
에 델라웨어주는 법 개정을 통해 정관으로 이사의 고의적이지 않은
주의의무 위반에 따른 금전적 책임을 배제하는 것을 허용하였기 때
문이다.[37] 이후 1990년대 개정된 모범사업회사법은 이사의 주의의무
의 기준과 그 위반시 책임 기준을 구별하여, 의무기준에 대하여는
전통적인 수탁자의 기준을 유지하는 한편 책임 기준은 그보다 완화
하였다. 주의의무에서 그 의무와 책임의 기준을 달리하는 것은 신탁
법리에서는 이루어지지 않아 서로 다른 점이다.[38]

영국과 미국의 신탁법 학자들은 일반적인 신탁의 수탁자와 회사
의 이사의 주의의무에 다른 기준을 적용하는 근거로 다음의 점들을
들고 있다.

첫째, 수탁자와 이사 사이의 기능의 차이에서 이유를 찾는다.
Sealy, L. S. 교수는 다음과 같이 설명한다: 신탁의 수탁자는 신탁재산
을 보전하고 위탁자의 의사에 따라 이를 처분하는 것이 일반적인 역
할이다. 이를 위해, 수탁자는 신탁재산의 보호를 위해 주의를 기울
이고 불필요한 위험을 회피하는 것이 필요하게 된다. 신탁법리는 수
탁자가 이러한 활동을 함에 광범위한 재량을 허용하지 않고 제한을
가해 왔다. 법원은 이러한 기준에 따라 수탁자를 감독하여 왔는데,

---

35) Allen & Kraakman(2003), p. 240. 이러한 점 때문에 회사법에서는 충실의무는
    상대적으로 부각되었음에 비해 주의의무는 실무상 이사의 책임을 묻는 경
    우가 적어서 그다지 주목을 받지 못하고 있다는 견해도 있다(Velasco(2015),
    p. 648).
36) Smith v. Van Gorkom, 488 A.2d 858 (Del. 1985).
37) DEL. CODE ANN. Tit. 8, § 102(b)(7)(2000); Rock & Wachter(2002), pp. 657-659.
38) Rock & Wachter(2002), pp. 660-662.

이는 회사의 이사에 대하여는 이루어지지 않는 것이다. 이사의 행위
는 사업가로서의 판단에 관한 것으로서, 법원은 이러한 종류의 재량
에 대하여는 관여하지 않는다. 회사의 상업적 활동은 위험에 직면하
게 되고 투기적인 성격을 가지는데, 이사가 하는 일은 그러한 위험
을 회피하는 것이 아니라, 위험을 추구할 가치가 있는지 이를 어떻
게 적절히 추구할 것인지를 결정하는 것이다. 이러한 기능상 차이는
일반 신탁법리가 이사에 대하여 그대로 적용될 수 없도록 한다.[39]

둘째, 회사에서 주주는 분산투자를 통해 위험중립적 성향을 가질
수 있음에 비해, 경영진은 자신의 인적 자원이 회사에 집중되어 있
어 위험회피적인 태도를 보일 수 있다. 따라서, 경영판단의 원칙을
적용하여 이사가 위험회피적인 성향을 가지는 것을 완화시킬 수 있
고, 이는 결과적으로 주주의 이익이 될 수 있다. 이에 비해 신탁에서
는 수익자는 위험을 분산시키기 어려우므로 위험회피적인 성향을
가진다. 수탁자로 하여금 통상의 신중한 자로서 요구되는 주의와 능
력을 행사하여야 할 의무를 지움으로써, 수익자가 수탁자보다 더 위
험회피적이 되지 않도록 한다.[40]

셋째, 신탁의 수탁자는 회사의 이사에 비하여 시장규율을 덜 받
는다.[41] 신탁의 수익권은 회사의 주식과 달리 유통시장이 잘 형성되
어 있지 않기 때문에 시장에서 수탁자의 행동과 대리비용의 문제를
규율할 기회가 제한적이다. 따라서, 신탁의 수탁자에 대하여 더 엄
격한 의무를 부과하여 수탁자의 대리비용의 문제를 줄일 수 있다.[42]

넷째, 회사는 특히 주주가 분산되어 있는 공개회사의 경우 무임
승차 문제로 인해 주주가 소송으로 이사를 규율하는 것의 효율성이

39) Sealy(1967), p. 89.
40) Sitkoff(2003), pp. 110-112; Sitkoff(2004), p. 655.
41) Leslie(2005), pp. 82-83, 99; Sitkoff(2004), p. 645.
42) Sitkoff(2003), p. 107.

감소될 가능성이 있다. 이에 비해 신탁, 특히 민사신탁과 같이 수익자가 1인이거나 소수인 경우에는 무임승차 문제는 생기지 않고, 수익자의 소송에 의한 수탁자의 규율은 시장규율을 보완하거나 대체할 수 있다.[43]

② 사업신탁의 경우

수탁자의 주의의무에 관한 위와 같은 학자들의 엄격한 해석론은 일반적인 신탁에 관한 것으로서, 기업조직으로 이용되는 사업신탁을 전제로 한 것은 아님에 유의할 필요가 있다. 사업신탁이 아닌 일반신탁에서는, 특히 민사신탁의 경우 수탁자가 신탁사무를 처리할 때 신탁재산의 원본보전과 안정적인 수익실현을 위한 안전한 투자가 중시되어 왔다. 이러한 신탁에서는 수탁자가 위탁자의 의사에 따라 토지를 보존하다가 위탁자의 지시에 따라 명의를 이전하면 되었고, 신탁재산을 잘 보존하는 것이 무엇보다 중요하였다. 그러나, 현대의 사업신탁은 수탁자의 역할이 변화하여 적극적인 경영활동이 수반되고, 사업위험을 감수할 필요가 생긴다. 따라서, 종래의 신탁을 전제로 한 위 첫번째 논거는 사업신탁에서는 타당하지 않게 되었다.

두 번째 논거의 점에서는, 사업신탁의 수탁자는 회사의 이사와 같이 자신의 인적 자원이 사업신탁에 집중되므로 위험회피적인 태도를 보일 수 있다. 따라서, 사업신탁의 수탁자에게 경영판단의 원칙을 적용하여 위험회피적인 성향을 가지는 것을 완화시켜 적극적인 경영활동을 하도록 할 필요가 있으며, 그와 같이 하는 것이 신탁의 이익에 부합하게 된다. 이는 전통적인 민사신탁와는 다른 것으로서, 신탁재산의 보전을 위해 위험회피적으로 행위할 필요가 있는 민사신탁에서는 수탁자의 위험회피적 성향을 완화시킬 필요가 없고,

---

43) Sitkoff(2003), p. 117.

적극적인 위험인수를 하게 하는 것은 오히려 신탁의 이익에 반할 수도 있다. 한편, 사업신탁의 수익자는 투자자로서, 주주와 비슷한 위험성향을 가진다. 전통적인 민사신탁의 수익자가 곤궁한 위치에 있는 때가 많아 위험회피적인 성향을 띄었던 것과는 다르다.[44] 그 결과 현대의 사업신탁에서는 신탁에 대해 원본보전을 위한 안전한 투자를 강조하는 것이 당사자의 의사에 부합한다고 보기는 어렵다. 따라서, 전통적인 민사신탁의 수익자를 전제로 한 위 두 번째 논거 또한 적절하지 않다.

세 번째 논거에서 일반 신탁에서 시장규율제도의 미비와 이를 수탁자에 대한 엄격한 의무로 보완하여야 할 필요를 드는 것은 수익자가 1인이거나 소수인 민사신탁의 경우를 전제로 하는 것이다. 오늘날 사업신탁은 수익자가 다수인 경우가 많아, 수탁자에 대한 시장규율을 기대하기 어렵다는 논거도 늘 타당한 것은 아니다. 수익권은 유통시장이 없다는 주장은 수익증권의 발행을 통해 유통시장이 형성될 길이 열리게 되었으므로 재고의 여지가 있다. 만일 수익권에 고도의 유통성이 부여되면 수탁자에 대한 시장의 규율도 기대해볼 수 있을 것이다. 싱가포르, 홍콩, 캐나다에서는 실제 사업신탁의 수익증권이 상장되어 거래시장이 형성되어 있다. 특히 캐나다에서는 현금보유율이 높은 회사가 사업신탁을 통해 경영자의 대리문제를 해결하기 위해 사업신탁을 이용하였다. 회사가 잉여현금을 보유하게 되면 경영진은 이를 효율적으로 활용할 것이 요구되는데, 사업신탁에서는 안정적인 고배당을 하여 잉여현금은 대부분 배당금 등으로 지출된다. 이후 사업을 위해 추가비용이 필요하게 되면 투자자를 추가로 모집하게 되고, 이러한 추가모집 과정에서 시장규율이 이루어져 경영진의 비효율성과 대리인 비용의 문제를 상당 부분 해소시

---

44) Sitkoff(2004), p. 654는 민사신탁에서 수익자가 미망인이나 고아인 경우를 예로 들어 위험회피적이라고 한다.

킨다고 기대되었다.[45] 이와 달리, 수익증권이 상장되어 있음은 캐나
다와 마찬가지이지만, 싱가포르와 홍콩에서는 스폰서가 일정 비율
이상의 수익권을 보유하여 수탁자-경영자 해임에 대한 반대권한을
가짐으로써 시장규율이 효율적으로 이루어지지 못할 가능성이 있다.
수탁자-경영자가 경영성과를 충분히 보이지 못하여 다른 수익자들
이 수탁자-경영자를 교체하고자 하는 때에도, 스폰서가 이에 찬성하
지 않으면 수탁자-경영자를 해임할 수 없고, 그 결과 수탁자에 대한
적절한 규율이 이루어지지 않기 때문이다. 그러나, 이 문제는 사업
신탁의 수탁자에 대하여 시장규율 자체가 이루어질 수 없다고 하기
보다는 사업신탁의 지배구조 왜곡에 따라 시장규율이 제대로 작동
하지 않는 문제이므로, 일반 투자자에 의한 수탁자의 해임권한이 유
효하게 확보되도록 지배구조 왜곡 문제에 대처한다면 보완될 수 있
는 것이다. 다만, 우리나라와 같이 수익증권 시장이 활성화되어 있
지 않은 경우에는, 수탁자에 대한 시장규율의 측면에서 상당한 문제
점을 드러내게 된다.

  이상과 같이, 일반적인 신탁의 수탁자의 주의의무와 회사의 이사
의 주의의무의 기준을 달리 하는데 대한 종래의 학설은 일부 수긍할
점도 있지만, 사업신탁에서는 적절하지 않은 점도 존재한다. 사업신
탁은 신탁의 목적이 사업을 통한 적극적인 수익추구에 있고 이를 위
해 수탁자의 권한과 재량이 넓게 인정되는데, 수탁자가 경영활동을
할 때 책임발생을 우려하여 소극적으로 행동하게 된다면 신탁에 불
리할 수 있다. 따라서, 기본적으로 사업신탁의 수탁자의 주의의무는
회사의 이사와 같이 함으로써 수탁자의 적극적 활동을 장려할 필요
가 있다.[46]

---

45) Halpern & Norli(2006), p. 71; 캐나다 소득신탁법 제23조의 comment.
46) Warburton(2010), p. 105는 영국의 신탁형 및 회사형 펀드에 관한 실증적 검토
   를 통해 수탁자의 엄격한 신인의무는 실제로 수탁자의 기회주의적 행동을

실제로, 미국 통일제정법상신탁법에서 수탁자의 의무에 관하여 신탁법 학자들의 보수적인 견해에서 벗어나 수탁자의 주의의무를 회사의 이사와 같이 정하고 있음은 주목할 만하다. 동법의 서문은 증여적 신탁의 맥락에서 발전되어 온 수탁자의 신인의무와 달리 회사법상 이사의 신인의무는 상사적 수요에 맞추어 발전되었다고 하면서, 제정법상 신탁의 수탁자의 신인의무에 대하여 2005년 모범사업회사법의 § 8.30의 회사 이사의 신인의무를 모델로 삼고 있음을 밝히고 있다.[47] 동법에서는 수탁자에 대하여 회사의 이사와 같이 경영판단의 원칙을 적용하는지 여부에 대하여는 언급하고 있지는 않지만, 모범사업회사법상 이사의 신인의무를 모델로 삼은 취지에 의할 때 사업신탁의 수탁자에 대하여 경영판단의 원칙이 적용된다고 해석해 볼 수 있을 것이다.[48] 캐나다의 소득신탁법과 싱가포르의 사업신탁법에서도 수탁자의 주의의무에 관한 조항을 회사법의 이사의 주의의무에 관한 법조문과 동일하게 하고 있는데,[49] 사업신탁에서는 일반 신탁과 달리 수탁자에 대하여 경영판단의 원칙이 적용될 수 있는 가능성이 법상 열려 있는 셈이다.

(나) 우리나라의 경우

우리나라에서는 신탁의 수탁자에 대하여 경영판단의 원칙이 적용될 수 있을지에 대한 학자들의 논의는 거의 없다. 그런데, 판례에서는 경영판단의 원칙이 이사에 한하지 않고 신탁이 문제되는 사안에 대하여도 유사하게 적용하고 있어 눈길을 끈다. 대법원은 투자신

줄이는데 효과적이었지만, 반면 보수적으로 행동하게 하여 신탁형 펀드가 더 낮은 수준의 수익을 냈다고 분석한다. 그 밖에 Sterk(2003), p. 2112 참조.
47) USTEA with Prefatory Note and Comments(2015)의 제505조의 comment.
48) 오영표(2014), 74면, 최승재(2015), 293면, 工藤聰一(2007), 185면.
49) 캐나다 소득신탁법 제34조, 싱가포르 사업신탁법 제10조 제1항.

탁의 자산운용회사의 선관주의의무를 판단할 때 회사의 이사에 대하여 적용되는 경영판단의 원칙과 비슷한 내용을 설시하는 판결을 여러 차례 내려 왔다. 투자신탁은 일반적인 민사신탁이나 사업신탁과는 성격을 달리하지만, 법원이 경영판단의 원칙을 이사 이외에도 폭넓게 활용한다는 점에서 시사하는 바가 있다.

대법원 2004. 7. 11. 선고 2001다11802판결은 구 증권투자신탁업법에 따른 투자신탁회사가 투자신탁재산을 러시아 단기국채에 집중투자하였는데 러시아의 지불유예조치가 나와 투자자가 손실을 입은 사안에서 투자신탁회사는 선량한 관리자로서 신탁재산을 관리할 책임을 지고 수익자의 이익을 보호하여야 하는 의무를 진다고 하면서, "구체적으로 특정한 시점에서 투자 종목 및 비율을 어떻게 정하여야 하는지는 관계 법령과 투자신탁 약관의 내용, 신탁재산의 운용목표와 방법, 그 시점에서의 시장 상황 및 전망 등 제반 사정을 종합적으로 감안하여 판단하여야 할 것"이라고 한 후, "위탁회사가 가능한 범위 내에서 수집된 정보를 바탕으로 신탁재산의 최상의 이익에 합치된다는 믿음을 가지고 신중하게 신탁재산의 운용에 관한 지시를 하였다면 구 증권투자신탁업법 제17조 제1항 소정의 선량한 관리자로서의 책임을 다한 것이라 할 것이고, 설사 그 예측이 빗나가 신탁재산에 손실이 발생하였다고 하더라도 그것만으로는 투자신탁 운용단계에서의 선량한 관리자로서의 주의의무를 위반한 것이라고는 할 수 없다"고 판시하였다.

최근에도 대법원 2013. 11. 28. 선고 2011다96130 판결은, 신탁재산 대부분을 장외파생상품에 투자하는 펀드의 수익증권을 취득한 투자자들이 투자신탁의 자산운용회사를 상대로 자산운용회사가 투자설명서에 기재된 장외파생상품의 거래상대방을 투자자들의 동의 없이 임의로 변경하는 바람에 손해를 입었다며 채무불이행 또는 불법행위에 따른 손해배상을 구한 사안에서, "자산운용회사가 가능한 범위

내에서 수집된 정보를 바탕으로 간접투자재산의 최상의 이익에 합치된다는 믿음을 가지고 신중하게 간접투자재산의 운용에 관한 지시를 하였다면 위 법 규정에서 말하는 선량한 관리자로서의 책임을 다한 것이라고 할 것이고, 설사 그 예측이 빗나가 신탁재산에 손실이 발생하였다고 하더라도 그것만으로 간접투자재산 운용단계에서의 선량한 관리자로서의 주의의무를 위반한 것이라고 할 수 없다."고 판시하였다.[50]

대법원의 이러한 판시는 주식회사의 이사의 주의의무에 관한 경영판단의 원칙과 상당히 비슷한 내용을 투자신탁의 자산운용회사에게 적용한 것으로 볼 수 있다. 대법원이 주식회사의 이사에 대하여 경영판단의 법칙을 인정한 여러 판결[51] 가운데 대법원 2002. 6. 14. 선고 2001다52407 판결을 보면, "금융기관의 임원이 한 대출이 결과적으로 회수곤란 또는 회수불능으로 되었다고 하더라도 그것만으로 선

---

50) 이 사건에서 투자설명서에 장외파생상품의 거래상대방이 비엔피 파리바로 기재되어 있었는데, 펀드 판매금액이 280억원으로 비엔피 파리바가 제시한 200억원을 상회하여 비엔피 파리바가 장외파생거래를 할 수 없게 되자 자산운용회사는 별도의 투자자 동의절차 없이 거래상대방을 리먼브러더스로 변경하였다. 이후 리먼브러더스 파산으로 펀드는 대규모 손실을 입게 되었고, 투자자들은 자산운용회사에 대하여 선관주의의무 위반을 이유로 한 손해배상청구소송을 제기한 사안이다. 대법원은 이 사건 펀드를 판매할 당시 리먼브라더스는 자산규모가 미국 내 4위의 금융기관이고 세계적 신용평가기관으로부터 양호한 신용등급을 받는 등 신용도를 의심받은 상황이 아니었기 때문에, 자산운용회사로서는 리먼브라더스의 파산가능성을 예견하였거나 예견할 수 있었다고 보기 어렵다는 점 등을 이유로 선관주의의무 위반을 인정하지 않았다.

51) 대법원 2011. 10. 13. 선고 2009다80521 판결, 대법원 2011. 4. 14. 선고 2008다14633 판결, 대법원 2010. 1. 14. 선고 2007다35787 판결, 대법원 2008. 4. 10. 선고 2004다68519 판결, 대법원 2007. 11. 16. 선고 2005다58830판결, 대법원 2006. 11. 9. 선고 2004다41651 판결, 대법원 2006. 7. 6. 선고 2004다8272 판결, 대법원 2005. 10. 28. 선고 2003다69638판결, 대법원 2005. 7. 15. 선고 2004다34929 판결 등.

량한 관리자로서의 주의의무 내지 충실의무를 위반한 것이라고 단
정할 수 없고, 대출과 관련된 경영판단을 함에 있어서 통상의 합리
적인 금융기관 임원으로서 그 상황에서 합당한 정보를 가지고 적합
한 절차에 따라 회사의 최대이익을 위하여 신의성실에 따라 대출심
사를 한 것이라면 그 의사결정과정에 현저한 불합리가 없는 한 그
임원의 경영판단은 허용되는 재량의 범위 내의 것으로서 회사에 대
한 선량한 관리자의 주의의무 내지 충실의무를 다한 것으로 볼 것이
며, 금융기관의 임원이 위와 같은 선량한 관리자의 주의의무에 위반
하여 자신의 임무를 해태하였는지의 여부는 그 대출조건과 내용, 규
모, 변제계획, 담보의 유무와 내용, 채무자의 재산 및 경영상황, 성장
가능성 등 여러 가지 사항에 비추어 종합적으로 판정해야 한다"고
하여 그 판시내용이 자산운용회사에 대한 앞의 대법원 2004. 7. 11.
선고 2001다11802 판결, 대법원 2013.11.28. 선고 2011다96130 판결과 매
우 비슷하다. 다만, 자산운용회사에 대한 판결에서는 "신중하게"라는
표현을 사용하고 있음에 비해 이사의 경영판단에 관하여는 "신의성
실에 따라"라는 용어를 쓰고 있고, 이사의 경영판단에 관하여는 자
산운용회사와 달리 "적합한 절차에 따라"와 같이 절차적 적법성을
고려한다는 점에서 차이가 있다. 그러나, "신중한"과 "신의성실"은 우
리법 해석상 실제적 의미나 주의의무 정도에 큰 차이는 없는 것으로
보이며,[52] 절차적 적법성 요건은 법인인 자산운용회사가 투자행위에
내부적으로 일정한 절차를 따르도록 되어 있다면 마찬가지로 고려

---

52) 미국에서 신중한 사람의 원칙을 최초로 도입한 Harvard College v. Amory (1830)
   26 Mass (9 Pick) 446 판결에서는 신중한 사람의 원칙에 대한 설명으로서 "수
   탁자가 투자를 함에 요구되는 것은 그가 성실하게 건전한 재량을 행사하
   여야 한다는 것이 전부이다(All that can be required of a trustee to invest, is, that
   he shall conduct himself faithfully and exercise a sound discretion.)"라고 하여 "성
   실하게(faithfully)"를 언급하고 있다. 미국에서는 신중한 사람의 기준에 이와
   같이 성실할 것이라는 점을 넣는 것이 일반적이다.

대상이 될 것이다.[53] 따라서, 자산운용회사에 대한 위 대법원 판결은
우리 법원이 이사에 대하여 인정하는 경영판단의 원칙과 비슷한 내
용의 원칙을 적용한 것으로 볼 수 있다.[54] 판례상 경영판단의 원칙
이 이사에 국한하지 않고, 그와 비슷한 재량적 판단을 수행하는 수
임인이 선관주의의무를 다한 것인가를 판단할 때 구체적인 심사기
준을 제공하고 있다고 할 것이다.

　신탁법상 수탁자의 선관주의의무와 상법상 회사의 선관주의의무
는 모두 민법상 수임인의 선관주의의무와 기본 맥락을 같이하며, 회
사의 이사에 대한 경영판단의 원칙은 이러한 선관주의의무에서 도
출될 수 있음은 앞서 살펴본 바와 같다. 그렇다면, 상법상 이사에서
와 같이 사업신탁의 수탁자의 경우에도 신탁법 제32조에 따른 선관
주의의무에서 경영판단의 원칙을 도출하는 것도 가능하게 된다. 즉,
사업신탁의 수탁자가 그 경영활동을 수행할 때 통상의 수탁자로서
필요한 합당한 정보를 수집하고 적합한 절차에 따라 합리적으로 판
단하였다면 선량한 관리자의 주의의무를 다한 것으로 볼 수 있을 것
이다. 또한, 우리나라 법원이 인정하는 경영판단의 원칙은 미국에서
경과실 책임을 배제하는 것과 같이 고의, 과실에 의한 책임이라는
사법적 기본 책임구조에 변경을 가져오는 것이 아니고, 선량한 관리
자의 주의의무라는 추상적 주의의무에 대한 구체적 판단 기준을 제
시하는 것으로서 사업신탁의 수탁자의 주의의무를 보다 명확히 하

---

53) Watt(2003), p. 359. 미국 법원의 In re Morgan Guaranty Trust Co., Surrogate's
Court, New York County, 1977. 89 Misc. 2d 1088, 396 N.Y.S. 2d 781.에서는
Morgan Guranty 신탁회사가 신탁재산으로 여러 주식과 채권을 매입한 것이
신탁의무 위반에 해당되는지 여부가 문제되었다. 이 사건에서 신탁회사는
투자 리서치 부서의 신중한 검토, 분석 후 내부 위원회의 승인이 이루어진
것임을 보고서, 의사록 등 자료를 통해 입증하였고, 법원은 이러한 투자행
위는 신중하지 않은 것이라 볼 수 없다고 하였다.
54) 이숙연(2015), 62면.

게 된다.

실제적인 측면에서도, 이사에 대하여 경영판단의 원칙을 인정하는 것은 주식회사의 이사가 경영을 할 때 적극적으로 활동을 하여야 함에도 주의의무 위반에 따른 책임을 우려하여 소극적으로 행위할 가능성이 있기 때문이다. 이러한 점은 사업신탁의 수탁자도 마찬가지로서, 신탁의 목적을 달성하기 위하여 적극적으로 경영활동을 하여야 함에도 엄격한 주의의무에 따른 책임발생을 우려하여 자칫 소극적으로 행동하게 될 우려가 있는데, 이는 오히려 신탁과 수익자에 손해가 될 수 있다. 만약, 수탁자에게 일정한 책임기준을 설정해준다면 수탁자가 신탁을 위하여 개인적인 책임 발생의 위험으로부터 한층 자유롭게 되고, 적극적으로 활동할 수 있을 것이다. 물론, 우리나라 법원이 적용하는 경영판단의 원칙이 미국에서와 같이 경과실 책임을 배제한다든가 하여 책임의 정도에 중대한 차이를 가져오는 것은 아니지만, 수탁자의 입장에서는 사업을 경영할 때 자신의 책임에 관하여 유의미한 기준을 가질 수 있을 것이다. 이에 의하면, 사업신탁의 수탁자는 자칫 실패를 가져올 수도 있지만 성공을 거둘 수도 있는 사업기회를 선택할 때, 자신이 입수할 수 있는 정보를 가지고 적합한 절차에 따라 신탁의 최대이익을 위하여 경영판단을 한 것이라면 설사 그 사업상 예상이 빗나가 손해가 발생되더라도 주의의무 위반에 따른 책임이 발생되지 않을 것이라는 일정한 기준을 제공받게 된다. 위와 같은 기준은 사업신탁의 수탁자가 전통적인 수탁자에게 요구되는 신탁재산의 원본손실의 회피를 우선시할 의무를 의식하여 일정한 위험을 수반하지만 수익성이 있다고 판단되는 사업조차 피하고자 하는 유인을 상당히 완화할 수 있을 것이다.[55] 이러한

---

55) 최기원(2012), 605면은 경영판단의 법직은 이사가 일정한 기준에 따라 행동하면 주의의무의 위반을 문제삼지 않으므로 이사에게 도피처(safe harbor)를 제공한다고 한다.

점에서 사업신탁의 수탁자에 대하여는 이사와 같이 경영판단의 원칙을 적용하여야 할 것이다.[56]

(3) 제3유형의 사업신탁

(가) 미국의 일반 신탁법리의 논의

제3유형의 사업신탁의 수탁자는 사업회사의 주주로서 사업회사를 지배하면서 사업신탁이 사업을 영위하는 실질을 가져오도록 한다. 종래 일반적인 신탁에서도 수탁자가 회사의 주식을 보유하는 경우는 빈번하였는데, 신탁법리상 수탁자가 주주로서의 권한을 행사함에 어떠한 의무를 지는지가 문제되어 왔다. 이에 대해 미국에서는, 신탁행위에서 달리 정하지 않는 한 수탁자는 신탁이 보유하는 주식에 관하여 주주로서의 모든 권한을 행사할 수 있고, 이때 수탁자는 주의의무에 따라 합리적인 주의와 능력을 다하여야 할 것이 요구된다고 한다.[57] 제2차 신탁 리스테이트먼트 § 193은 수탁자가 회사의 주식을 보유하는 경우 의결권 행사에 관한 주의의무에 대하여 정하고 있는데, 동 조항은 수탁자는 신탁증서에서 달리 정하고 있지 않는 한, 신탁이 보유하는 주식 또는 증권의 의결권과 기타 권한을 적절히 행사하여야 한다고 한다. 그리고, 동 조항에 대한 주석은 수탁자는 신탁을 위하여 보유하는 주식의 의결권을 행사할 때 수익자의 이익을 도모하도록 주의를 다할 의무를 진다고 하고, 수탁자가 회사를 지배하거나 실질적으로 지배하게 되는 비율을 가지고 주식을 소유하는 때에는 의결권 행사에 관한 책임은 주식을 단지 적은 부분만 소유하는 경우에 비하여 더 무겁다고 한다.[58] 이러한 입장은 미국의

---

56) 神作裕之(2011), 54면.

57) Scott, Fratcher & Ascher(2007), Vol. 3, pp. 1327-1328.

58) 제2차 신탁 리스테이트먼트 § 193의 comment a.

통일신탁법에 그대로 반영되어, 동법 제802조 (g)항은 의결권 행사에 관하여 "수탁자는 회사의 주식 또는 이와 유사한 기업조직의 지분에 대하여 권한을 행사할 때, 수익자의 최선의 이익을 위하여 행위하여야 한다. 만약 신탁이 회사 또는 그와 유사한 기업조직의 유일한 소유자인 경우, 수탁자는 회사 또는 기업조직을 수익자의 최선의 이익을 위해 경영할 이사 또는 그 밖의 경영자들을 선임하여야 한다"고 규정한다. 동 조항의 주석은 이 조항은 신탁법리와 회사법이 중첩되는 영역이라고 설명하고 있다.

미국 법원은 수탁자의 의결권 행사에 관하여 다음과 같이 회사법상 고려를 하고 있다. 수탁자는 신탁사무의 처리를 할 때 합리적인 의문이 있는 경우에는 법원에 조언을 구할 수 있는데,[59] 이 경우 수탁자는 일반적으로 주주로서의 권한 행사에 재량을 가지며, 법원은 재량남용을 막기 위한 것이 아닌 한 그에 개입하지 않는 것을 기본 입장으로 한다. 이러한 사례로서 In Matter of Ebbets[60] 에서 수탁자는 야구장을 소유하는 회사의 50% 주식을 신탁을 위하여 가지고 있었는데, 수탁자는 회사가 야구장을 확장하기 위하여 저당권을 설정하는 것에 대한 승인을 위한 의결권 행사를 어떻게 하여야 할지에 대하여 법원에 대하여 지시해 줄 것을 요청하였다. 법원은 주식에 대한 의결권 행사는 수탁자의 권한 내에 있고, 그것을 어떻게 행사할 것인지는 경영판단에 관한 것으로서, 법원은 이에 대하여 조언할 수 없다고 하였다.[61] 이처럼, 법원은 수탁자의 의결권 행사에 관한 재량적 판단에 대하여 수탁자의 판단을 대체하지 않는다는 것을 기본 입장

---

59) 제3차 신탁 리스테이트먼트 § 71 및 comment a.
60) 248 N.Y.S. 179(Surr. Ct. 1931).
61) 이에 덧붙여, 저당권의 승인이 회사에게 이로운 것임 분명해 보이므로, 수탁자는 만약 그에 승인하지 않거나 반대하는 때에는 그에 관한 무거운 설명의무를 지게 될 것이라고 하였다.

으로 한다.[62]

다만, 수탁자의 의결권 행사에도 일정한 제한이 있는데, 수탁자의 재량권 남용에 대하여는 법원이 개입할 수 있으며, 수탁자가 부정직하거나 악의로(dishonestly or in bad faith)로 행위하는 것은 허용되지 않는다. 또한 수익자의 이익과 상충하는 이해관계를 가지는 등 부적절한 동기(improper motive)가 있었던 경우 또한 법원이 개입하게 된다.[63] 제3차 신탁 리스테이트먼트는 재량권 남용에 대하여 법원이 개입하는 것은 법원의 판단이 수탁자의 판단과 다르기 때문이 아니라 수탁자가 재량권을 행사함에 신중한 사람의 주의, 능력과 조심을 다하지 않은 의무위반이 있기 때문이라고 한다. 그리고, 수탁자의 재량남용이 있는 때에는 법원은 수탁자에게 의무위반에 따른 책임을 인정할 수 있다고 한다.[64] 이것은 수탁자의 일반적인 주의의무위반의 경우 재량권 남용이 인정될 수 있고 법원이 사법심사를 한다는 것으로서, 경영판단임을 이유로 일반적 주의의무의 기준이나 책임완화의 기준이 되지 않는다는 것을 의미한다. 미국 법원은 일반적인 신탁에서 수탁자가 주식의 의결권을 행사하는 것에 관하여 신탁법리와 함께 회사법적인 고려도 하고 있지만, 그 실제 의미는 회사의 이사에 대한 경영판단의 원칙과 달리하고 있다.[65]

(나) 주주로서의 주의의무

제3유형의 사업신탁에서의 수탁자의 주의의무는 미국 통일신탁법에서 신탁법리와 함께 회사법이 적용되는 영역으로 파악한 것과

---

62) Scott, Fratcher & Ascher(2007), Vol. 3, pp. 1340-1341.
63) Scott, Fratcher & Ascher(2007), Vol. 3, pp. 1352-1354.
64) 제3차 신탁 리스테이트먼트 § 87의 comment b, c.
65) Leslie(2005), p. 96는 법원은 수탁자의 주의의무위반에 대하여는 경영판단의 원칙과 유사한 법원칙을 발전시켜오지 않았다고 기술하고 있다.

같이 기본적으로 회사법상 주주의 역할을 기초로 하게 된다. 제3유형의 사업신탁에서는 수탁자가 사업회사의 주주의 지위에서 회사의 경영을 위해 적합한 자를 이사로 선임하고, 이사들의 경영활동이 적절히 수행되고 있는가를 평가하여 이사의 해임 여부를 판단하며, 주주로서 주주총회에 참석하여 의결권을 행사함으로써 회사의 중대한 사항에 관하여 결정을 하는 역할을 한다. 따라서, 제3유형의 사업신탁의 수탁자는 이러한 활동에서 수탁자로서 요구되는 주의의무를 다하여야 한다.

제3유형의 사업신탁의 수탁자는 직접 경영자가 되는 것은 아니지만, 경영자인 사업회사의 이사의 업무수행의 적절성을 검토하고 그에 따라 해임 여부를 결정하게 되는데, 이때 사업신탁의 수탁자는 일반적인 신탁의 수탁자와 달리 사업상 판단을 하게 된다. 당시 경제상황과 회사의 재무상태 등에 비추어 회사의 이사가 내린 사업상 결정이 적절한 것이었는지를 판단하여야 하는 것이다. 이때 수탁자는 사업회사의 이사로 하여금 그 경영판단에 따라 일정한 위험이 수반되는 것도 할 수 있도록 하여야 사업신탁의 이익이 부합될 수 있다. 수탁자에게 직접 경영판단의 원칙이 적용되지는 않더라도, 수탁자가 일반적인 신탁에서와 같이 보수적인 판단을 하는 것이 반드시 사업신탁의 이익에 부합하게 되는 것은 아니므로, 제3유형의 사업신탁의 수탁자의 주의의무는 회사의 이사와 같이 좀더 사업상 판단에 적합한 기준을 제시할 필요가 있다. 이러한 관점에서, 제3유형의 사업신탁이 대부분인 캐나다 및 싱가포르의 사업신탁법제가 수탁자의 주의의무에 관하여 엄격한 신탁법리의 기준 대신 회사법상 이사의 기준을 적용한 것은 수긍할 만하다. 우리 신탁법은 수탁자에 대하여 선량한 관리자의 주의의무라는 추상적 기준만을 제시하고 있는데, 구체적인 해석을 할 때 제3유형의 수탁자에 대하여 위와 같은 내용과 기준에 따른 주의의무를 적용할 필요가 있다.

(다) 사업회사의 이사를 겸임하는 경우

외국의 제3유형의 사업신탁의 사례에서는 수탁자가 사업회사의 이사를 겸임하는 경우가 종종 발견되는데, 수탁자가 그 주의의무를 다하여 사업회사의 이사의 경영활동을 평가하고 일정한 경우 이사를 해임하여야 하는 의무를 이행할 때, 자기 자신이 평가 대상이 된다는 문제가 생긴다. 수탁자는 실제로는 사업회사의 이사로서 위법행위를 하는 등 명백한 책임이 발생되지 않는 이상 단순한 경영상 과오나 업무능력 부족 등을 이유로 하여 자기 자신을 해임하지 않을 가능성이 클 것이다. 그러나, 이사에게 법적 책임이 인정되지 않는 때에도 회사에 손실이 발생되거나 업무능력에 문제가 있는 때에는 그를 해임하고 보다 뛰어난 경영진을 선임하는 것이 사업신탁의 이익에 부합할 수 있다. 따라서, 사업신탁의 수탁자가 자기 자신을 포함한 사업회사 이사에 대한 적절한 감독과 해임권한의 행사를 해태한 때에는 주의의무 위반을 인정하여야 할 것이다. 그런데, 현실적으로는 자기 자신에 대한 해임권한의 행사는 기대하기 어려울 것인데, 실제 제3유형의 사업신탁을 이용한 캐나다에서는 이러한 비판이 제기되기도 한다.[66] 이러한 점에서 제3유형의 사업신탁에서 수탁자가 사업회사의 이사가 되는 방식으로 기업구조를 만드는 때에는 수탁자의 주의의무의 측면에서 취약한 면을 가진다.

---

66) Gillen(2006), pp. 352-353는 이러한 지배구조의 경우, 수탁자의 이사는 사업회사의 이사의 경영활동의 적정성을 감독하여야 할 의무를 가지는데, 그 감독의 대상이 되는 자가 자기 자신이므로 수탁자로서의 적정한 감독활동을 기대하기 어렵다는 문제가 생길 수 있음을 지적한다. 사업신탁의 수익자가 수탁자의 해임권을 가지고, 수탁자에 대하여 신탁의무 위반에 따른 책임을 묻는 방안을 생각해볼 수 있지만, 수익자 중 다수가 일반투자자이면 그 실효성에 의문이 있을 수 있고, 기관투자자의 존재가 중요해진다고 한다.

2. 충실의무[67]

신탁에서 수탁자의 충실의무란 수탁자가 신탁사무를 수행할 때 수익자의 이익을 위하여야 한다는 것을 뜻한다. 영국과 미국에서 신탁법리상 충실의무는 "duty of loyalty"로 불리우며 수탁자의 가장 근본적 의무로 인정되어 왔다. 이는 다시 크게 이익충돌금지 원칙과 이익향수금지 원칙을 주요 내용으로 하는데, 영미 신탁법리상 전자는 "no conflict rule"로 후자는 "no profit rule"로 불리운다. 이들 원칙은 수탁자는 수익자에 대하여 완전한 충성(undivided loyalty)을 다하여야 한다는 의미의 충실의무의 구체적 발현으로서, 전자는 자신의 이익과 의무가 충돌할 수 있는 위치에 자신을 놓아서는 안된다는 것이고, 후자는 수탁자는 수탁자의 지위에서 이익을 취할 수 없다는 것이다.[68] 우리 신탁법도 충실의무를 정하고 있는 바, 제33조에서 "수탁자는 수익자의 이익을 위하여 신탁사무를 처리하여야 한다."고 하여 충실의무에 관한 일반 조항을 두고 있다. 그리고, 영미 신탁법리의 충실의무의 양대 원칙을 그대로 받아들여 신탁법 제34조와 제36조에서 각각 이익충돌금지 원칙과 이익향수금지 원칙을 규정하고 있다.

가. 이익충돌금지 원칙

(1) 사업신탁에서의 문제상황

이익충돌금지의 원칙은 충실의무의 대표적 법리로서 신탁법상 이를 매우 엄격히 보아왔다. 그런데, 사업신탁에서는 수탁자가 사업

---

67) 영미의 신인의무에서 말하는 duty of loyalty를 "충성의무"로 부르고 상법상 이사의 충실의무는 "충실의무"로 부르는 문헌도 있는데(천경훈(2017), 246면), 본서에서는 모두 충실의무라는 용어를 사용한다.
68) Conaglen(2011), p. 39; Virgo & Duties(2016), pp. 480, 491.

을 하면서 자기 자신이나 계열회사와 거래하는 경우가 종종 있다. 사업신탁에서 수탁자의 이익충돌행위는 수탁자가 직접 사업을 경영하는 제1, 2유형과 간접적으로 사업을 영위하는 제3유형에서 모두 문제될 수 있다. 우리나라의 토지신탁(제2유형)에서 부동산신탁회사가 거래비용의 절감을 위해 고유계정을 통해 신탁에 대출을 실시하기도 한다.[69] 싱가포르나 홍콩에서 스폰서의 기업구조 하에서 사업신탁(제3유형)이 사업을 영위하는 때에 계열회사와 자산관리계약 등 각종 서비스 계약을 체결하는 경우가 많다. 수탁자의 이익충돌행위는 전통적인 민사신탁에서도 문제되어 온 행위유형이지만, 사업신탁에서는 순수한 사익추구거래 외에 계열회사와의 거래나 부동산신탁에서의 자기차입 등과 같이 거래비용의 절감 등 업무의 효율성 내지 신탁의 이익을 위한 측면에서 거래를 하려는 수요가 있어 새로운 접근을 요한다. 이때, 사업신탁에서 수탁자에 대한 규율로서 충실의무가 핵심인데 이를 대체할 수 있는 견제수단이 존재하는지 여부가 중요하다.

(2) 외국에서의 논의와 법제

(가) 영국과 미국의 신탁법리상 일반원칙

영미 신탁법리에서는 수탁자의 이익충돌 내지 자기거래 행위에 대하여 전통적으로 매우 엄격하게 보아 왔다. 신탁에서 수탁자는 신탁재산의 명의를 보유하면서 그 관리, 운용, 처분에 관한 전적인 권한을 가지므로 수탁자가 권한을 유용하여 수익자의 이익에 반하는 행위를 할 위험이 크기 때문에, 엄격한 의무를 부과하여 이러한 수탁자의 유인을 통제하려는 것이다.[70] 그리고, 수익자의 보호를 도모

---

69) 김용진(2013), 71, 79면; 유재관(2010), 329면.

70) Langbein(2005), p. 934; Virgo & Duties(2016), p. 515; Bogert, G. T.(2001), p. 342에

하기 위하여, 수탁자의 행위가 신탁에 손해를 주었는지 여부와 상관
없이 이익충돌행위 유형에 해당되면 충실의무 위반으로 보아 왔
다.[71] 심지어 신탁재산과 거래하는 수탁자의 행위는 신탁에 이익을
가져온 경우라 하여도 충실의무 위반에 해당되며, 거래의 효력이 부
인된다.[72] 즉, 수탁자가 신탁재산과 한 거래는 사익과 신인의무 사이
의 충돌이 있는 것으로 간주되어, 다른 증거 없이 무효로 될 수 있다
는 이른바 "no further inquiry" 원칙을 적용하고, 수탁자가 선의였는지
또는 정당한 대가를 지급하였는지는 따지지 않는다.[73] 미국의 1816
년의 Davoue v. Fanning (N. Y. 1816)[74] 판결에서 Kent 판사는 이와 같이
하는 이유에 대해 "수탁자의 기만(fraud)이 있음에도 수익자는 이를
입증하지 못할 수 있다. 이러한 불확실성으로부터 (수익자를) 보호
하기 위하여 수익자는 실제 피해를 입증하지 않고도 이익충돌거래
를 무효로 할 수 있도록 허용하도록 한다"고 밝혔다. 이러한 법리에
따라 법원은 수탁자의 자기거래에 대하여 거래의 공정성 여부를 고
려하지 않으며, 명확한 수권이 없는 한 거래가 완전히 공정하였거나
신탁에 이익이 발생된 경우에도 수익자에 의해 무효로 될 수 있다.[75]
그 결과, 수탁자에 대하여 신인의무는 더 엄격하게 적용되며 신탁의

서 Bogert G. T.교수는 "인간은 다른 사람의 이익을 위하여 공평히 행위하
면서 동시에 자기 자신의 경제적 이익을 고려하는 것은 극히 어렵거나 가
능하지 않다. 이 경우에 인식을 하였든 아니든 간에 그 자신에게 이로운
선택을 하기 쉽다"고 하여 수탁자의 지위에서 자칫 자신의 이익을 도모하
기 쉽다는 인간의 본성을 지적한다.

71) Dukeminier & Sitkoff(2013), p. 591; Virgo & Duties(2016), p. 515.
72) 대표적으로, 영국 법원의 Boardman v. Phipps [1967] 2 A.C. 46 판결. 수탁자가
　　신탁과 거래하는 자기거래는 거래의 공정성 여부와 상관없이 수익자의 선
　　택으로 거래를 무효화할 수 있다(voidable)는 원칙을 이른바 자기거래 원칙
　　(self-dealing rule)이라고 부른다.
73) 미국 통일신탁법 제802조의 comment.
74) 2 Johns. Ch. 251.
75) Dukeminier & Sitkoff(2013), p. 591; Penner(2010), p. 429.

수탁자는 좀더 큰 책임에 노출되게 되므로,"no further inquiry" 원칙은 수탁자로 하여금 자기거래를 하지 않도록 하는 강한 유인을 제공하여 시장에 의한 규율의 미비를 대체한다고 평가되고 있다.[76)]

    수탁자의 이익충돌행위 내지 자기거래는 신탁행위나 수익자 전원의 동의 또는 법원의 허가와 같은 명확한 수권이 있다면 "no further inquiry" 원칙이 적용되지 않고 허용된다.[77)] 다만, 이때에도 절차적, 실체적 제한이 있다. 우선, 절차적 요건으로서, 위탁자나 수익자가 관련 거래에 대하여 충분하게 정보를 취득하고 숙지한 상태에서 동의(informed consent)를 하였을 것이 요구된다. 실체적 요건으로서, 수탁자는 객관적으로 공정하거나 신탁을 위한 최선의 이익을 위하여 선의로 거래를 할 것이 요구된다.[78)] 제3차 신탁 리스테이트먼트는 신탁행위, 수익자 전원의 동의 또는 법원의 명령에 의한 수권이 있는 때에는 예외적으로 수탁자의 이익충돌행위가 허용된다고 하면서, 이때에도 수탁자는 선의로, 신중하게 행위할 의무와 수익자의 이익을 위하여야 한다는 충실의무에서 면제되지 않는다고 한다. 따라서, 명확한 수권이 있더라도 수탁자가 악의로 또는 불공정하게 행위하면 수탁자의 의무에 위반하게 된다.[79)]

(나) 미국 회사법상 이사의 이익충돌행위

    미국에서 회사제도는 신탁에 그 뿌리를 두고 있어,[80)] 회사의 이사는 준수탁자로 취급되어 신탁의 수탁자에 대하여 발전되어 온 신인의무 법리가 적용되었다.[81)] 회사의 이사는 신탁의 수탁자처럼 다른

---

76) Sitkoff(2003), pp. 109-110; Warburton(2010), p. 105.
77) 미국 통일신탁법 제802조 (b)항; Dukeminier & Sitkoff(2013), p. 591.
78) Sitkoff (2013), p. 432.
79) 제3차 신탁 리스테이트먼트 § 78의 comment c 및 c(2).
80) Sitkoff(2004), p. 623; Watt(2003), p. 55.
81) Conaglen(2011), p. 15; Holland(2009), p. 683; Scott, Fratcher & Ascher(2007), Vol.

사람이 이해관계를 가지는 재산을 관리하는 신인관계에 있다는 점
에서 유사하다. 회사는 재산의 명의가 회사 자신이라는 점에서 신탁
과는 차이가 있지만, 그 재산에 대한 통제와 처분권한이 신인의무자
인 이사의 손에 달려 있다는 점은 신탁과 마찬가지이다. 따라서, 이
사가 회사의 재산을 다루는 것에 대하여 신탁법리의 원칙이 적용되
게 된다.[82]

신인의무자의 구체적인 상황에 따라 신인의무의 내용 또한 달라
지는 바,[83] 미국에서 회사의 이사에 대한 신인의무는 전통적인 신탁
의 수탁자에서의 신인의무와는 조금 다른 모습으로 변형되어 왔다.
이사의 충실의무는 초기에는 신탁법상 수탁자의 충실의무와 마찬가
지로 자기거래에 대한 단순한 금지의 형태를 취하다가, 일정한 경우
에는 이를 허용하는 좀더 유연한 기준을 인정하게 되었다. 즉, 20세
기 중반에 이르러 거래조건이 공정하다고 인정되는 이상 모든 중요
한 점에 대하여 알고 있는 이해관계 없는 이사의 과반수의 결의로
이사의 이해관계있는 거래는 허용되게 되었다.[84] 이러한 보통법상의
기준의 변화는 제정법인 회사법에 반영되어, 1967년 델라웨어주의
일반회사법(General Corporation Law)의 개정으로 마련된 제144조는 이
사의 자기거래가 단지 자기거래라는 이유만으로 무효이거나 무효로
될 수 있는 것은 아니라고 하여 신탁법리와 다르게 규정하였다. 이
사의 자기거래는 당연히 무효인 것은 아니고, 모든 중요한 정보를
인지하고 있는 이해관계 없는 이사의 과반수 결의 또는 주주에 의한
승인이 있고, 회사에 대하여 공정한 것이라면, 유효한 것으로 될 수
있게 되었다.[85] 이러한 기준은 유연한 원칙으로 이동하는 사회적인

1, p. 129.
82) Sealy(1967), pp. 86-87.
83) Alces(2009), p. 257; Conaglen(2011), p. 15.
84) Marsh(1966), pp. 36-57.
85) Rock & Wachter(2002), pp. 668-669.

흐름에 따른 것으로서, 이사의 자기거래가 회사에 줄 수 있는 잠재
적 이익에 대하여 법원이 인지하기 시작한 때문이라고 설명된다.[86]
이사의 자기거래가 실제로 회사에게 이익이 될 수 있는 예로, 회사
가 유동성이 낮고 가치평가가 어려운 자산에 관한 거래를 할 때나,
이사가 공급자나 공동 개발자 등인 경우를 들 수 있다.[87] 법원은 이
러한 내부자 거래에 대하여 이해관계 없는 이사회 결의라는 조직체
제에 의존함으로써 절차적인 통제에 집중하고 그 실질에 대한 검토
는 최소화하는 것이다.[88]

2010년 모범사업회사법 § 8.61(b)는 이사의 이익충돌거래는 (1) 동
법 § 8.62에 따라 이해관계 없는 이사들이 참석한 이사회 또는 그러
한 이사들의 위원회에 의해 승인되거나, 또는 (2) 동법 § 8.63에 따라
주주총회에서 승인되거나, (3) 거래가 회사에 대하여 공정한 것으로
판단된 경우에는, 이사는 당해 거래가 이사와 이해관계가 있음을 이
유로 주주 또는 회사의 소송으로 형평법상 구제나 손해배상, 그 밖
의 제재를 받지 않는다고 규정한다.[89]

이상과 같은 회사법상 이사의 충실의무의 완화는 경영의 효율성
을 도모하려는 노력으로 보이는데, 엄격한 충실의무에 따른 책임은

---

86) Clark(1986), pp. 161-166. Clark, R. C. 교수는 다만, 과거의 엄격한 기준에서 좀
   더 유연한 기준으로 변화된 것은 주로 판례상 문제된 사안들이 폐쇄회사
   에 관한 것임에 따른 것으로, 공개회사의 경우에는 이해관계있는 거래로
   부터 얻을 수 있는 이익이 미미하기 때문에 그러한 거래를 단순하게 금지
   하는 것이 타당하다고 주장한다.
87) Reinier Kraakman et al.(2009), p. 154와 Reinier Kraakman 외(2014), 249면은 외부
   인은 회사의 전망을 평가하기 어렵고 거래상대방에게 회사의 영업비밀이
   나 기밀정보를 제공할 필요가 생길 수 있음에 비해, 내부자는 회사를 잘
   알고 관련된 위험요소도 잘 알고 있어 회사를 못믿더워 하는 외부자보다
   더 유리한 거래조건을 제시할 수 있다고 한다.
88) Rock & Wachter(2002), pp. 670-671.
89) 1988년 모범사업회사법 개정으로 마련된 조문이다(김건식(1994), 265면).

경영상 유연성을 적게 함으로써 기회주의적 행동을 제한하는 반면 자유로운 경영판단을 저해하므로, 대리인 문제의 통제와 경영판단의 유연성 사이에 교환(tradeoff)이 이루어진다고 평가되기도 한다.[90] 그리고, 회사법상 이사의 신인의무 완화를 위한 시도에 대하여는 신인의무의 본질을 훼손시킨다는 비판론도 제기되고 있다.[91]

(다) 최근 미국 신탁법상 일반 원칙의 변화

충실의무의 완화 경향은 최근 미국의 신탁법리에서도 나타나고 있다. 전통적으로 충실의무에 따라 수탁자는 오로지 수익자의 이익을 위하여(solely in the interest of the beneficiary) 신탁사무를 처리해야 하고, 수탁자의 이익충돌행위는 그것이 신탁에 이익이 발생되는지 여부와 상관없이 금지된다고 보고 있다.[92] 이에 대해, 신인의무에 관한 대표적인 계약론자인 Langbein, J. H. 교수는 이익충돌거래라 하여도 수익자에게 이익이 되는 거래일 수 있는데 법원이 이에 대하여 심사할 기회도 없이 거래를 무효로 하는 것은 수익자의 이익에 오히려 반할 수 있다고 하면서, 수탁자가 수익자의 최선의 이익(best interest)을 위한 것으로 신중하게 판단한 후 거래를 하였음을 입증한다면 충실의무 위반으로 보아서는 안된다고 주장한다. 회사법상 이사의 자기거래에 대하여 이사가 공정한 거래임을 주장할 수 있게 하는 것과 같이 수탁자의 이익충돌거래에 대하여도 같은 기회를 주어야 한다고 하면서, 종래의 "전적인 이익의 원칙(sole interest rule)" 대신에 "최선의 이익의 원칙(best interest rule)"을 적용해야 한다고 한다.[93]

---

90) Warburton(2010), p. 102.
91) 대표적으로, Frankel(2014), pp. 249-252.
92) 제3차 신탁 리스테이트먼트 § 78 및 comment b; 미국 통일신탁법 제802조 (a)항.
93) Langbein(2005), pp. 980-982.

통일신탁법은 충실의무에 관한 전적인 이익의 원칙을 고수하는 데,[94] 법에 의한 예외를 일부 인정하여 변화된 모습을 보인다.[95] 통일신탁법은 신탁과 수탁자의 계열회사 사이의 거래를 곧바로 무효로 하지 않고 당해 거래가 이해관계에 따라 영향을 받는 것으로 추정하여,[96] 제3자와의 거래(arm's length)와 같이 공정한 조건에 의한 것임을 증명하여 거래를 유효하게 할 수 있게 한 것이다. 또한, 통일신탁법은 신탁재산으로 수탁자 자신 또는 그 모회사나 계열회사가 투자자문 등 서비스를 제공하는 투자기구에 투자할 수 있음을 원칙적으로 허용하였는데, 실제 거의 모든 주에서 수탁자의 이러한 투자행위가 제정법으로 허용되고 있다.[97] 통일신탁법 제802조 (f)항은 수탁자가 수탁자 자신 또는 그 계열회사가 운용 또는 투자자문을 하는 투자기구에 투자하는 경우, 그것이 신중한 투자자의 원칙에 따른 투자인 이상, 수탁자의 개인적인 이해관계와 수탁자로서의 이해관계의 상충에 의해 영향을 받는 것으로 추정되지 않는다고 하고 있다. 그리고, 동법 제802조 (h)항 (4)호는 수탁자가 자신이 운영하는 금융기관에 신탁재산인 현금을 예치하는 것은 공정한 거래인 한 금지되지 않는다고 규정한다.[98] 통일신탁법에서 이러한 예외가 인정됨에 따라 신탁회사가 할 수 있는 이익충돌거래가 상당히 허용되었다.[99] 이와 같이 신탁법리상 충실의무에서는 인정되지 않았던 법에 의한 예외

---

94) 미국 통일신탁법 제802조 (a)항.
95) Triantis(2004), pp. 1144-1145.
96) 미국 통일신탁법 제802조 (c)항.
97) 미국 통일신탁법 제802조 (f)항의 comment.
98) 제3차 신탁 리스테이트먼트 § 78의 comment c(6)은 수탁자가 운영 또는 지배하거나 계열관계에 있는 규제 금융기관에 신탁자금을 예치하는 것은 엄격한 자기거래 원칙에 의해 금지되지 않는다고 하고, 다만 이 경우 수탁자는 금액, 기간, 이자율을 포함한 다른 조건들이 수탁자의 주의의무 및 관련 법규에 부합함을 증명할 수 있어야 한다고 한다.
99) Leslie(2006), p. 2721.

가 허용되었다는 점에서 신탁법리의 변화가 나타나고 있다.[100]

제정법에 의해 수탁자의 충실의무에 관한 원칙을 변경하는 것에 대하여는 비판론도 제기된다. Leslie, M. B. 교수는 종래의 "no further inquiry" 원칙을 변경하여 수익자의 최선의 이익을 위한 것이었음을 증명함으로써 자기거래를 허용하게 되면, 수익자의 수탁자에 대한 감시비용을 심각하게 증가시킨다고 주장한다. 수탁자가 사전 승인을 받을 필요가 없기 때문에 수탁자는 수익자에게 이익충돌거래를 평가하기 위해 필요한 정보를 제공하지 않게 되고, 수익자는 법원에 수탁자의 이익충돌거래가 무효라는 소송을 제기하여 받아들여질 것인지를 판단하기 위해 필요한 정보를 스스로 수집해야 한다는 것이다. Leslie, M. B. 교수는 회사의 이사의 경우에는 시장에서 주가를 통한 평가가 이루어지고, 기관투자자가 존재하며, 일부 이사가 이익충돌거래를 하려고 하는 때에는 다른 이사가 이를 감시하는 등 보완책이 있지만, 신탁은 이러한 강력한 시장이 없고 기관투자자도 없기 때문에 수탁자에 대한 감시는 온전히 수익자에게 돌아간다고 한다. 따라서, 신탁의 수탁자에 대하여는 좀더 강력한 메시지를 전달할 수 있는 "no further inquiry" 원칙이 더 바람직하다고 주장한다.[101] Frankel, T. 교수도 신인의무를 계약적으로 파악하거나, 전적인 이익(sole interest) 대신에 최선의 이익(best interest)으로 대체하는 방법으로 신인의무를 약화시키려는 시도가 있다고 지적한다. 최선의 이익과 같은 개념을 통해 충실의무를 주의의무의 문제로 바꾸고 있다고 하면서, 이러한 시도는 신인의무의 본래적 의미를 훼손시키고 불확실성을 가져온다고 비판한다.[102]

요컨대, 수탁자의 충실의무는 신인의무의 핵심으로서, 미국 신탁

---

100) Halbach(2000), p. 1911.
101) Leslie(2006), pp. 2724-2726.
102) Frankel(2014), pp. 249-252.

법상 이것을 완화하는 것에 대하여는 이사에 비하여 큰 저항이 있어
왔다. 그렇지만, 현대의 신탁에서는 수탁자 역할의 변화와 함께 회
사 지배구조의 복잡화로 신탁에 대해 수탁자의 이익충돌이 발생될
여지가 커지게 되었다.[103] 실제로 수탁자에 의해 자기거래를 하려는
수요가 다양하게 발생되는데, 대표적으로 신탁업무를 하는 은행이
신탁재산을 자행에 예금하는 경우가 그러하며,[104] 계열회사가 운용
하는 뮤추얼 펀드에 대한 투자 등이 있다. 최근 통일신탁법에서 나
타난 수탁자의 이익충돌행위에 관한 입장의 변화는 이러한 실무상
요구를 반영한 것이다. 그렇지만, 신탁의 수탁자에 대하여는 회사의
이사와 비교하여 여전히 제한적으로만 허용되고 있다.

(라) 외국의 사업신탁 법제
① 미국

미국에서 사업신탁의 수탁자의 의무에 관하여 회사법적 모델을
도입하면서 변화를 꾀하고 있음은 주목할 만하다. Langbein, J. H. 교
수의 수탁자의 충실의무에 대한 최선의 이익의 원칙 주장은 통일제
정법상신탁법에서 수용되었다. 동법 제505조(a)항은 "수탁자는 수탁
자의 권한 행사시 선의로 그리고 제정법상 신탁의 최선의 이익이 될
것으로 합리적으로 믿는 방식으로 행동하여야 한다."고 규정한다.

또한, 동법은 수탁자의 자기거래는 거래가 공정하고 신탁에 이익
이 된 경우에도 수익자에 의하여 무효화될 수 있도록 하는 "no further
inquiry" 원칙을 폐기하고, 2005년 모범사업회사법 § 8.61(b)(3)와 같이
관련 당사자가 거래가 신탁에 대해 공정하였음을 보이지 않는 한 무

---

103) Moffat, Bean & Dewar(2005), p. 441.
104) Bogert G. G., et al.(2008), pp. 346-347은 은행인 신탁회사가 자신의 은행 부
　　　서에 자행예금을 하는 것에 대하여 많은 주에서 주법으로 수탁자가 관행
　　　적인 금액(customary amount)을 이자로 지급한다면 이를 허용한다고 한다.

효화될 수 있는 것으로 하였다.[105] 통일제정법상신탁법 제507조는 수
탁자 및 그와 일정한 관련이 있는 자 등 이해관계인이 제정법상 신탁
과 사이에 차입 또는 대출, 보증, 담보제공 등 거래를 한 경우 수탁자
등 이해관계인이 그 거래가 신탁에 대해 공정하였음을 보여주지 못
하면 제정법상 신탁은 이를 무효로 할 수 있도록(voidable)한다.

② 캐나다

캐나다 소득신탁법은 사업신탁의 수탁자의 충실의무에 대하여
사업회사법의 회사의 이사에 관한 조문을 그대로 이용하고 있다. 구
체적으로, 소득신탁법 제34조 (a)항은 "수탁자는 그 권한과 의무를 행
할 때 정직하고, 성실하게, 그리고 모든 수익권자들의 최선의 이익을
위하여 행동하여야 한다"는 이른바 최선의 이익의 원칙에 의한 의무
를 정한다. 그리고, 이익충돌행위에 관하여 사업회사법 제120조를 그
대로 좇아 법률에 의해 일정한 요건 하에 이를 허용하여, 수탁자가
중요한 이해관계를 완전히 공개하고,[106] 수익자에 대해 합리적이고
공정한 거래이며, 이해관계없는 이사들의 과반수 또는 2/3 이상의 수
익자에 의한 승인을 받은 때에는 거래가 효력이 없는 것으로 되지
않도록 한다.[107]

이처럼, 캐나다 사업신탁은 기본적으로 일반적인 신탁이지만, 수
탁자의 충실의무에 관한 신탁법리인 수익자의 전적인 이익을 추구할

---

105) 미국 통일제정법상신탁법 제507조의 comment.
106) 수탁자가 신탁과 거래하거나 계약을 체결할 때 자신이 그러한 거래나 계
    약의 당사자이거나, 당사자의 수탁자, 이사 또는 임원, 기타 이와 유사한
    지위에 있거나, 당사자에 대하여 중요한 이해관계를 가지는 경우에는 다
    른 수탁자들, 수탁자의 이사회 또는 위원회에 그 이해관계의 성격과 범위
    를 서면 또는 의사록에 기재하여 고지하여야 한다(캐나다 소득신탁법 제
    36조 제1항).
107) 캐나다 소득신탁법 제36조 제7항.

원칙 대신에 최선의 이익의 원칙을 인정한다. 그리고, 수탁자의 이익
충돌거래에 관하여는 일반 신탁법리가 아니라 거래의 공정성을 요건
으로 이사의 자기거래를 허용하는 회사법상 법리를 적용하고 있다.

③ 싱가포르

싱가포르 사업신탁법은 수탁자는 사업신탁의 모든 수익자들을
전체로서 그 최선의 이익을 위하여 행위하여야 한다고 규정하여,[108]
충실의무에 대하여 이른바 최선의 이익의 원칙을 인정하였다.

그리고, 수탁자-경영자가 회사임[109]을 고려하여, 수탁자-경영자의
이사에 대하여도 수탁자-경영자에 대한 충실의무와 동일한 의무가
적용됨을 명시하였다. 그리고, 사업신탁법상 수탁자-경영자의 이사
의 이러한 의무는 회사법에서 정한 이사의 의무보다 우선적으로 적
용되는 것으로 하고 있다.[110] 수탁자-경영자의 이사회가 자신의 주주
의 최대한의 이익을 추구할 의무와 수탁자-경영자로서 신탁의 최대
한의 이익을 추구할 의무가 상충될 우려가 있으므로, 이러한 때에는
신탁의 이익을 우선시하여야 함을 분명히 한 것이다.[111] 또한, 동법
은 수탁자-경영자의 이사가 사업신탁에 대하여 이해관계 있는 거래
를 하는 경우에 고지의무를 부과하고 있다.[112]

---

108) 싱가포르 사업신탁법 제10조 제2항 (a)호.
109) 싱가포르 사업신탁법 제6조 제1항에 의해 수탁자-경영자는 회사일 것이
요구된다.
110) 싱가포르 사업신탁법 제11조 제1, 3항.
111) MAS(2003), p. 11.
112) 수탁자-경영자의 이사는 사업신탁을 위하여 하는 거래에 관하여 직접 또
는 간접적으로 이해관계를 가지는 경우, 수탁자-경영자의 이사회에서 그
이해관계의 성격, 특성에 대하여 알리도록 한다. 이때, 수탁자-경영자의
이사가 중요한 이해관계가 있는 것이 아니라면, 신탁과 거래하는 회사의
구성원이거나 채권자라는 이유만으로 고지의무가 부과되지는 않는다고
규정한다. 그리고, 수탁자-경영자의 이사는 단지 (a) 수탁자-경영자에 대

(3) 우리 신탁법의 검토

신탁법은 제34조에서 "이익에 반하는 행위의 금지"라는 제목 하에 이익충돌에 해당하는 행위 유형과 그에 대한 예외를 정하고 있다. 개정 신탁법은 구법 하에서 이익충돌행위를 하기 위하여 법원의 허가를 요구하였던 것을 개정하여, 신탁행위나 수익자의 승인으로도 허용되도록 하여 이 조항을 임의규정화하였다.[113]

미국에서는 명시적인 수권이 없는 경우 거래의 공정성이나 신탁에 이익이 되는지 여부를 따지지 않고 무조건적으로 이를 무효로 하는 "no further inquiry" 원칙이 지나치게 경직적이라는 비판이 있었고, 최근 통일제정법상신탁법은 차입 또는 대출, 보증, 담보제공 등 일정한 거래에 대해서는 기존의 엄격한 원칙에서 벗어나 명확한 수권이 없는 경우에도 회사법 모델을 좇아 거래의 공정성을 요건으로 이익충돌행위가 유효로 될 수 있도록 하였다. 이에 비해, 우리 신탁법은 제34조 제2항에서 신탁행위로 허용된 경우, 수익자에게 그 행위에 관련된 사실을 고지하고 승인을 받은 경우 및 법원의 허가를 받은 경우에 한하여 수탁자의 이익충돌행위가 허용되고 있어, 개정 신탁

한 대출에 보증을 제공하거나, (b) 그가 이사로 재직하는 관계회사(related corporation)의 이익을 위하거나 그를 대신하여 거래가 이루어진다는 점 때문에 이해관계가 있는 것으로 간주되지 않는다고 규정한다(싱가포르 사업신탁법 제12조).

113) 구 신탁법 제31조는 법원의 허가를 받은 경우에만 예외적으로 이익에 반하는 행위가 가능하도록 규정하여 강행규정으로 해석되었는데, 수탁자인 은행이 신탁재산을 자신에게 예치하는 자행예금의 유효성이 문제되었고, 이익에 반하는 행위를 모두 불허하면 수익자에게 이익이 되는 행위도 원천적으로 금지되어 오히려 수익자에게 불리하다는 실무상, 이론상 비판이 제기되었다. 개정 신탁법은 이러한 비판을 받아들여 신탁행위로 정하거나 수익자의 개별적인 승인이 있는 경우에는 이익에 반하는 행위가 허용되도록 하여 임의규정화하였다(법무부(2012), 280면).

법 하에서도 여전히 명시적 수권을 요한다.

　그런데, 우리나라에서도 실무에서 사업신탁의 수탁자가 일정한 유형의 거래를 자기거래 방식으로 하는 경우가 존재한다. 토지신탁에서 신탁회사가 개발사업을 위한 자금조달 방식으로서 고유계정에서 신탁을 위해 대출을 하고, 외부차입을 받은 경우에도 우선 고유계정으로 대여금을 수취한 후 이를 신탁을 위해 대여하는 형식을 취하는 것이 그 중 하나이다. 과거 자본시장법 시행 이전 신탁업법규에서는 부동산신탁회사가 금융감독원장의 허가를 받아 고유계정에서 신탁계정으로 대출을 하는 것을 허용하였다.[114] 자본시장법은 이 조항을 그대로 두어 명시적으로 부동산신탁회사가 고유계정에서 신탁계정으로 대출하는 것을 허용하고 있다.[115] 이를 신탁계정대여금이라 하며, 수탁자가 고유재산으로부터 신탁재산으로 자금을 대여받고 추후 이를 대여금 또는 비용으로서 신탁재산으로부터 지급받는다.[116] 그런데, 이러한 차입거래는 신탁법에서 수탁자가 신탁재산과 고유재산 간 거래하는 것을 금지하는 것과 관련하여 법적 효과가 문제되어 왔다. 구 신탁법 하의 판례인 대법원 2009. 1. 30. 선고 2006다62461 판결이 이 문제를 다루었다. 이 사건에서 수탁자는 신탁사업에 필요한 자금을 각 사업별로 조달하지 않고 신탁사업 전체를 기준으로 소요 예상자금을 미리 차입하여 고유계정에 보관하고 있다가 자금을 필요로 하는 개별 신탁사업의 신탁계정으로 대여하면서, 차입금리에 연 1.5% 내지 5%의 금리를 가산하였다. 구 신탁법에서는 개

---

114) 구 신탁업감독규정 제13조의2 제4항 단서.
115) 자본시장법 제105조 제2항.
116) 김용진(2013), 71, 79면. 금융투자업규정 별표 3. 부동산신탁업자의 회계처리기준 제1조는 "부동산 신탁업자 명의로 차입하는 자금은 신탁사업을 위한 것이라 하더라도 고유계정의 차입금으로 계리한다."고 하고 있다. 이에 따라 부동산신탁회사는 일단 고유계정으로 차입금을 처리한 후 고유계정에서 신탁계정으로 대출하는 형식을 취한다.

정 신탁법과는 달리 신탁재산과 고유재산 사이의 거래는 법원의 허가를 받지 않고는 할 수 없었고,[117] 이에 위반한 행위는 무효로 보는 것이 통설이었다.[118] 위 판결도 이러한 입장을 취하여 신탁회사의 이자부 소비대차거래는 무효이고, 신탁회사가 행한 신탁재산과 고유재산 간의 거래가 수익자에게 이익이 된다는 사정만으로는 거래가 유효하다고 볼 수는 없다고 하였다. 다만, 피고인 수탁자가 신탁사무의 처리를 위하여 외부 금융기관 등으로부터 차입하여 채무를 부담하고 차입금으로 신탁사무를 처리하였음을 근거로 하여 비용보상청구권을 주장하는 것으로 선해할 수 있다고 하면서, 그 비용보상청구권의 범위를 산정할 때 수탁자가 신탁계정에 대여하면서 가산한 이자는 제외하여야 한다고 판시하였다.[119] 현재 실무에서는 여전히 부

---

117) 구 신탁법 제31조 제1항.

118) 이중기(2007), 289면; 최동식(2007), 216면; 광장신탁법연구회(2013), 182면; 최수정(2016), 335면.

119) 원심인 서울고등법원 2006. 8. 16. 선고 2005나58269판결에서는, 피고 한국토지신탁이 이러한 방식을 취한 이유는 ① 수탁자가 높은 대외신용도를 바탕으로 유리한 조건으로 자금을 조달할 수 있고, ② 특정 신탁사업에서 자금을 필요로 하는 시점에 즉시 자금집행이 가능하며, ③ 신탁계정에서 고유계정으로 자금을 상환하는 경우 중도상환수수료를 부담하지 않고, ④ 자금차입에 수반되는 비용을 최소화할 수 있다고 주장하여 받아들여졌다. 그리고, 금융감독위원회가 제정한 '신탁겸영은행 및 부동산신탁회사 회계처리기준' 중 2. 부동산신탁회사 회계처리기준 제5조는 '신탁회사 명의로 차입하는 자금은 신탁사업을 위한 것이라 하더라도 고유계정의 차입금으로 계리한다.'고 하고, 제6조는 '고유계정이 신탁계정에 자금을 대여한 경우 잔여 만기에 따라 1년 기준으로 단기신탁계정대 또는 장기신탁계정대에 계상한다.'고 규정하고 있어 피고와 같은 신탁회사가 고유계정으로 자금을 차입한 후 개별 신탁사업의 신탁계정으로 재대여하는 형식의 자금조달방법을 인정하고 있음을 고려하였다. 그리고, 피고가 고유계정에서 신탁계정으로 자금을 대여할 때 1.5% 내지 5%의 금리를 가산한 것은 ① 고유계정에서 일시 자금을 보관하는 동안 발생하는 예금이자에 부과되는 교육세, 농어촌특별세, ② 자금을 피고의 고유계정으로 보관

동산신탁회사들은 신탁계정대여에 따른 이자수익을 올리고 있는데,[120] 개정 신탁법에서는 수탁자의 이익충돌행위에 대하여 법원의 허가 이외에 신탁행위, 수익자의 승인도 예외사유로 인정하였으므로, 신탁행위로 허용하였거나 수익자의 승인이 있다면 신탁회사가 고유계정에서 하는 대출거래는 유효하게 될 것이다. 그런데, 미리 신탁행위에서 발생가능한 자기거래행위를 명시하는 것이 언제나 가능하지는 않으며, 미처 예상치 못한 경우가 생길 수도 있다. 그 경우에 수익자의 승인을 받거나 법원의 허가가 필요하게 되는데, 수익자가 다수인 때에는 승인을 받는 것이 쉽지 않고, 수익자 승인이나 법원의 허가절차는 수탁자의 사업경영의 신속성에 저해를 가져온다. 따라서, 입법론으로서 우리 신탁법에서도 사업신탁의 경우에 수탁자의 이익충돌행위에 대하여 신탁행위, 수익자의 승인 또는 법원의 허가 이외에, 거래의 공정성을 요건으로 한 예외를 인정할 필요가 있다.

그러나, 사업신탁은 수탁자의 재량이 상당히 인정되는 반면 내부적인 감시 및 활성화된 증권시장에서의 시장규율과 같은 견제수단이 충분하지 않으므로, 회사의 이사와 비교하여 충실의무의 완화는 조심스럽게 접근할 필요가 있다. 따라서, 수탁자가 이익충돌행위를 통해 수익자의 이익보다 사적 이익을 우선시 할 위험을 최소화하기

하고 있다가 신탁계정으로 대여하는 기간 사이에 대출금리와 예금금리의 차이로 인하여 발생하는 손실, ③ 피고가 자금을 차입할 때 수반되는 각종 비용(회사채·기업어음 발행비용 등), ④ 리스크 프리미엄(risk premium ; 차입금 회수가 불가능한 신탁사업이 있을 경우를 대비하여 이를 상쇄하기 위하여 가산하는 금리) 등이 감안되었기 때문이라는 주장을 받아들이고, 피고가 고유계정에서 신탁계정으로 자금을 재대여하고 일부 금리를 가산한 것이 이익충돌행위금지에 관한 구 신탁법 제31조에 반하여 무효라고 할 수 없다고 판단하였다.

120) 금융감독원 보도자료, "2017년 상반기(1~6월) 부동산신탁회사 영업실적", 2017. 9. 14., 2면(부동산신탁회사들의 신탁계정대이자수익이 전년대비 약 252억원 증가하였다고 한다).

위하여, 이러한 위험이 상대적으로 적으면서도 사업신탁의 이익에 부합할 수 있는 특정 유형의 거래에 한하여 완화하는 방안을 고려해 볼 수 있을 것이다. 구체적으로, 미국의 통일제정법상신탁법의 입법례와 같이 수탁자의 고유계정 및 그 이해관계인이 사업신탁과 하는 대출, 보증, 담보제공 등 일정한 거래의 경우에는 그 거래가 공정한 것이었음을 입증할 것을 조건으로 하여 유효로 인정하는 것이 가능할 것이다.[121] 이러한 거래는 실제로 사업신탁에서 부동산신탁회사나 은행과 같은 수탁자가 신탁의 자금조달이나 자금예치를 효율적으로 하기 위하여 할 수 있는 거래들이다. 수탁자는 사업신탁의 재무상태 등을 잘 파악하고 있으므로, 이러한 거래를 수탁자와 하게 되면 제3자와 하는 경우와 비교하여 거래비용을 줄일 수 있어 사업신탁의 입장에서 더 유리한 조건이 제시될 수도 있다.[122] 또한, 그와 유사한 거래가 시장에서 빈번히 이루어지므로 통상적인 거래조건을 파악하기가 어렵지 않아 거래의 공정성과 관련한 분쟁의 소지도 크지 않을 것이다. 따라서, 법개정을 통해 이러한 거래 유형을 명시하고 그에 대하여 신탁행위나 수익자의 승인을 요하는 대신에 공정한 거래일 것을 요건으로 하는 예외를 인정할 필요가 있다.

나. 이익향수금지 원칙

충실의무의 또 다른 중요한 원칙인 수탁자의 이익향수금지는 수탁자는 수권받지 않고 신탁으로부터 이익을 취할 수 없다는 것이다.[123] 이 원칙에 관한 영국의 Bray v Ford[124] 판결은 "이 원칙은 신인

---

121) 미국 통일제정법상신탁법 제507조 (b)항.
122) 안성포(2009), 105면 각주 30; 이중기(2014c), 532면.
123) Penner(2010), p. 423.
124) [1896] AC 44.

관계의 지위에 있는 사람은 분명하게 정해져 있지 않은 한 이익을 받을 권한이 없다는 형평법원의 경직적인(inflexible) 원칙이다. 그는 자신을 자신의 이익과 의무가 상충되는 위치에 놓아서는 안된다. 이 원칙은 도덕원칙에 기초를 둔 것이 아니라, 인간의 본성은 그러한 상황에서 의무보다 이익에 흔들려 자신이 보호하여야 할 의무가 있는 사람에게 해를 끼칠 위험이 있음을 고려한 것이다"고 설시하였다. 이 원칙은 수탁자의 이익향수를 금지함으로써 수탁자가 신탁재산으로 자신의 이익을 추구할 수 없도록 하여 오로지 신탁과 수익자의 이익을 위하여만 행위하도록 하기 위함이다. 다만, 이익향수금지원칙의 경우에도 명시적인 수권이 있는 때에는 이익의 취득이 가능하다. 즉, 동 원칙은 수권되지 않은 이익의 취득을 금지하며, 신탁증서나 수익자 전원의 동의 또는 법원의 승인과 같은 적법한 수권이 있는 때에는 이익의 취득이 가능하다.[125]

(1) 사업신탁에서의 문제상황

수탁자의 이익의 향수는 크게 신탁으로부터 이익을 취득하는 것과 제3자로부터 이익을 취득하는 것으로 나누어 볼 수 있는데, 사업신탁에서는 이들 방식이 모두 생길 수 있다. 사업신탁에서 문제되는 상황으로는 다음과 같은 경우가 있다.

첫째, 수탁자가 신탁의 정보나 기회를 이용하여 자신 또는 제3자로 하여금 이익을 취득하게 하는 경우이다. 예컨대, 토지신탁의 수탁자가 개발정보를 이용하여 스스로 또는 지인으로 하여금 개발지 주변의 토지를 매입하게 하는 것이다.

둘째, 수탁자가 사업을 하는 과정에서 신탁의 거래상대방으로부터

---

125) Penner(2010), p. 423; Virgo & Duties(2016), pp. 520-521.

부수적인 이익을 취득하는 경우이다. 예컨대, 수탁자가 사업을 위해 거래를 하면서 특정 업체로부터 커미션을 받는 것을 들 수 있다.

이러한 것들은 일반적인 신탁에서도 문제되어 오던 것으로, 사업신탁의 문제상황은 전통적인 민사신탁의 경우와 크게 다르지 않다. 사업신탁에서는 수탁자가 사업을 하면서 다양한 정보와 기회에 접하게 되므로 이러한 문제가 일어날 가능성이 상존하는데, 제1유형과 제2유형은 물론 제3유형의 경우에도 수탁자가 신탁에 관한 정보와 기회에 손쉽게 접근할 수 있다는 점에서 마찬가지로 문제된다.

(2) 외국에서의 논의와 법제

(가) 영국과 미국의 신탁법리

사업신탁에 관하여 미국의 통일제정법상신탁법은 앞서의 문제상황에 대하여 별도로 정하고 있지는 않다. 일반 신탁에서 발생되던 문제들과 차별화되는 것으로 인식되지 않은 때문으로 생각된다. 통일제정법상신탁법은 동법과 배치되지 않는다면 일반 신탁법리의 적용을 인정하므로,[126] 일반 신탁법리와 통일신탁법에 따라 해석하게 될 것이다.

①정보이용금지

영국과 미국의 신탁법리상 수탁자는 신인의무자로서 그 지위에서 취득한 정보 또는 기회를 이용하여 이익을 얻는 것은 이익향수금지 원칙에 의하여 금지된다.[127] 사업신탁에 관한 것은 아니나, 이익

---

126) 미국 통일제정법상신탁법 제105조.
127) Watt(2003), p. 348; 한편, 이러한 문제를 이익충돌금지 원칙의 문제로 보기도 한다. Thomas & Hudson(2010), p. 321은 수탁자가 자신이 사원인 회사에 신탁의 기회를 제공하거나, 신탁과 영업상 경쟁을 하는 것은 이익충돌금

향수금지 원칙에 관한 영국의 대표적 판결이라 할 수 있는 Boardman v. Phipps[128] 에서는 신인의무자의 정보이용을 충실의무 위반으로 보았다. 이 사건에서 신탁은 회사의 주식을 소유하고 있었고, 신탁의 법률대리인(solicitor)이였던 Boardman은 업무를 수행하는 과정에서 주식이 저평가되었음과 회사가 구조조정을 위하여 추가로 주식을 발행한다는 사실을 알게 되었다. Boardman은 신탁의 수익자들이 추가 주식 매입을 거절하자, 개인적 지위에서 회사의 주식을 매입하여 구조조정을 진행할 수 있게 하고, 이후 회사로부터 배당금을 지급받았다. Boardman의 이러한 주식의 추가매입은 회사가 구조조정에 성공하는데 도움을 주어 결과적으로 신탁에도 주식배당금이 지급되도록 함으로써 이익을 가져왔다. 이에 불구하고, 영국 귀족원(House of Lord)은 5명의 판사 중 3명의 다수의견으로 Boardman의 주식매입 행위에 따른 이익취득은 이익향수금지 원칙에 위반한 것으로 보았다. 판사들 사이에 구체적인 근거에서는 차이를 보였지만, 신인의무자로서 행위하면서 취득한 정보를 이용함으로써 신인의무자로서의 지위에서 이익을 취하는 것은 신탁에 대한 의무에 위반한 것임을 인정한 것이다.[129]

지 원칙(conflict rule)에 따라 금지된다고 기술하고 있다.

128) [1967] 2 AC 46.

129) 신탁의무 위반의 근거에 대하여는 판사들 사이에 의견이 나뉘었는데, 다수의견을 낸 3명의 판사 중 2명은 피고가 신탁의 기밀정보를 유용하였고, 이러한 정보는 신탁의 재산으로 볼 수 있으므로, 피고들은 신탁재산을 취하여 이익을 얻은 것이라고 보았다. 이와 달리, 다수의견을 낸 다른 판사 한 명은 기밀정보는 재산의 특징을 가지지 못하지만, 피고와 신탁 사이에 이익충돌이 있었음을 이유로 충실의무 위반을 인정하였다. Watt(2003), p. 348도 이 판결을 수탁자의 이익향수금지에 따른 정보이용금지에 관한 것으로 들고 있다.

②신탁과 경쟁금지의무

영국과 미국의 신탁법리는 일반적으로 수탁자는 신탁과 경쟁하여서는 안되는 의무를 가진다고 본다.[130] 사업을 신탁받은 수탁자는 그의 시간과 능력을 신탁목적인 사업의 성공에 전념시킬 의무를 진다. 만약 수탁자가 개인적으로 경쟁사업을 하는 것이 허용된다면 신탁의 사업을 게을리하고 개인 사업에 유리한 행위를 할 수 있으며, 신탁사업 운영중 얻은 정보와 경험을 개인적으로 사용할 수도 있다. 영미의 신탁법리는 이와 같이 수탁자가 개인적 이익과 신탁의 이익이 상충되는 위치에 있는 것을 막기 위해, 수익자로 하여금 수탁자가 경쟁사업을 하여 받은 이익을 신탁으로 가져오는 것을 허용한다. 다만, 일정한 범위에서 수탁자는 신탁을 위해 사업을 하면서 개인적으로 사업을 하는 것이 허용되는데, 신탁에 대해 비경쟁적인 사업인 경우가 그러하다. 그리고, 신탁이 경쟁사업을 인수할 기회가 있었지만 이를 거절한 때에는 수탁자는 개인적으로 그 사업을 인수하더라도 충실의무 위반으로 인정되지는 않는다.[131]

이처럼, 원칙적으로 신탁이 사업을 소유하는 경우 신탁의 사업을 경영하는 수탁자는 그와 유사한 사업을 개인적 지위에서 하여서는 안되는 의무를 진다.[132] 이에 관한 영국의 In re Thomson[133]에서 위탁자는 요트 중개 사업을 수탁자에게 신탁하여 사업을 경영하게 하였다. 수개월 후, 사업부지의 리스가 만료되자 수탁자들은 사업을 다른 곳으로 옮겼는데, 수탁자 중 한명이 만료된 사업부지를 개인적으로 임차하여 비슷한 요트 중개 사업을 시작하려고 했다. 이를 알게

---

130) Scott, Fratcher & Ascher(2007), Vol. 3, p. 1126; Virgo & Duties(2016), p. 513.
131) Bogert, G. G. & Bogert, G. T. (1993), pp. 379 - 381.
132) 제2차 신탁 리스테이트먼트 § 170 comment p; Scott, Fratcher & Ascher(2007), Vol. 3, p. 1126; Notes(1950), pp. 78-79.
133) [1930] 1 Ch. 203.

된 수익자는 수탁자에게 임차 부지를 신탁을 위해 보유할 것을 요구
하면서, 수탁자가 경쟁사업을 하지 못하도록 금지하는 소송을 법원
에 제기하여 승소하였다. 이 판결에서 법원은 요트 중개업이 상당히
경쟁적인 성격을 가진다는 점에 주목하고, 수탁자가 사임한 후에 그
사업을 하는 것도 허용하지 않았다. 미국 법원은 영국 법원의 이러
한 상당한 경쟁성(substantial competition)의 기준을 받아들였고,[134] 제2
차 신탁 리스테이트먼트에서 수탁자는 수익자의 이익과 상당한 경
쟁관계를 가지게 되면 수익자에 대한 의무를 위반하게 된다고 하여
그러한 취지를 밝히고 있다.[135] 다만 미국의 일부 판결에서는 수탁자
가 사임한 후 사업을 하는 것은 허용된다는 입장을 취하여 사임 후
에도 이를 허용하지 않는 영국 법원보다는 다소 자유를 인정하였
다.[136] 일리노이주 항소법원의 Sauvage v. Gallaway[137]은 이러한 입장

---

134) Grynberg v. Watt, 717 F.2d 1316 (1983)은 "수탁자는 수익자의 이익과 상당한
　　경쟁에 들어가면 수익자에 대한 의무에 위반한다. 이 원칙은 신탁이 사
　　업을 수행하고 수탁자가 그와 경쟁하는 사업을 하는 상황에 적용된다.
　　경쟁은 만약 그것이 상당하면 금지된다"고 설시하였다.

135) 제2차 신탁 리스테이트먼트 § 170 comment p.

136) Notes(1950), p. 81. 같은 면 각주 15는 일리노이주 판결인 Sauvage v.
　　Gallaway, 329 Ill. App. 38, 66 N.E.2d 740 (4th Dist. 1946)이 이에 해당한다고
　　한다.

137) 329 Ill. App. 38, 66 N.E.2d 740 (4th Dist. 1946). 이 사건에서 William M. Sauvage
　　는 W. M. Sauvage Advertising System이라는 이름으로 야외광고판 사업을 하
　　다가, 유언으로 이 사업을 10년간 수탁자에게 신탁하였다. 수탁자인 M. C.
　　Gallaway와 아들 등 수익자들과 사이에 광고사업 운영에 관하여 다툼이
　　있었고, 수탁자는 법원에 사임의 의사표시를 했으나, 법원은 받아들이지
　　않았다. 약 1년 후 M. C. Gallaway는 M. C. Gallaway라는 이름으로 야외광고
　　판 사업을 시작하였다. 수익자들은 M. C. Gallaway가 수탁자로서 사업을
　　운영하면서 알게된 고객 등 정보를 이용하여 경쟁적인 사업을 시작하였
　　음을 주장하여 영업금지 가처분 소송을 제기했다. 일리노이주 항소법원
　　은 M. C. Gallaway가 법원에 의해 수탁자의 지위에서 사임되지 않았고, 따
　　라서 수탁자의 의무로부터 벗어나지 못했다고 하면서, 수탁자로서의 지

에 따른 판결이다.

　　미국에서 이러한 경쟁금지 원칙은 수탁자가 개인적으로 경쟁업체의 주식을 소유하는 것에까지 확대되었는데, 만일 수탁자가 폐쇄회사의 지배적인 주주가 되면 마치 수탁자가 회사를 운영하는 것과 같은 결과가 되기 때문이다. 그리고, 수탁자가 신탁과 경쟁하여 사업을 하는 회사의 주식을 소유하게 되면 신탁의 이익을 추구하기보다 자신이 개인적으로 소유하는 주식의 가치를 높이기 위한 결정을 할 위험이 있다는 점을 우려하였다. 다만, 미국 법원은 이 원칙을 수탁자가 경쟁 회사의 지배적인 주식비율을 소유하는 경우에 한하여 적용하였다.[138]

　　미국에서는 이처럼 판례를 통해 수탁자의 경쟁금지 법리가 발전되어 왔고, 제2차 신탁 리스테이트먼트에도 판례의 입장이 기재되었다. 나아가, 통일신탁법은 수탁자의 기회유용금지에 관한 명문의 규정을 마련하였는 바, 동법 제802조 (e)항은 수탁자가 개인적 지위에서 하는 거래가 신탁에 속하는 기회에 관한 것이라면, 수탁자의 개인적인 이익과 수탁자로서의 이해관계가 상충한다고 규정한다. 동 조항의 주석은 수탁자가 신탁과 직접적인 경쟁관계에 있는 사업을 하거나, 신탁이 취득하여야 했을 투자를 하는 경우, 수익자는 이를 무효로 할 수 있다고 한다. 그리고, 이 조항은 회사법상 이사에 대한 기회유용금지의 원칙과 같은 것으로서, 이사에 대한 기회유용금지 원칙에 관하여는 ALI 기준 § 5.05[139]를 참고하도록 하고 있다. 미국의

────────────

위에서 벗어날때까지 신탁에 속하는 사업과 경쟁할 수 없다고 하여 수익자들의 청구를 인정하였다.

138) Notes(1950), pp. 83-84(각주 30은, 다만 지분비율이 과반수 미만인 경우에도 지배적인 지분 보유를 인정한 판례도 있다고 한다).

139) 이에 관한 상세한 설명과 분석은, 천경훈(2012), 61-64면 및 이윤석(2010), 88-89면. 본문의 § 5.05의 내용은 천경훈(2012), 61-62면을 주로 참고하였는데, 실제 § 5.05는 좀더 자세하다.

각 주 및 연방법원은 백여년 동안 수많은 판결을 통해 회사기회유용에 관한 법리에 대한 다양한 해석을 제시하였는데, 모범사업회사법과 함께 ALI 기준이 이에 대한 통일적 기준을 제시하고 있다.[140] ALI 기준 § 5.05의 핵심인 (a)항은 이사 또는 상급집행임원(senior executives)은 회사기회를 회사에 먼저 제공하고, 자신의 이해관계 상충과 회사기회에 관하여 동조에 따라 회사에 알렸음에도 회사가 이 기회의 이용을 거절한 경우가 아니면 이를 개인적으로 이용할 수 없다고 한다. 그리고, § 5.05(e)는 이사 또는 상급집행임원이 회사기회와 자신의 상충되는 이해관계를 회사에 알리지 않았더라도, (i) 그러한 미보고가 그 기회가 회사기회에 해당하지 않는다는 선의의 믿음에서 비롯되었고 (ii) 그에 관해 소송이 제기된 후 합리적인 시간 내에 회사에 그 기회를 제공했는데 회사가 소정의 공정한 절차에 따라 이를 거절한 경우에는 여전히 면책된다고 한다.

한편, 통일제정법상신탁법은 수탁자의 기회이용 및 경쟁금지의무에 관하여 별도의 조항을 두지 않고 있어, 일반 신탁법리와 통일신탁법이 적용되게 된다. 결국, 사업신탁에서 수탁자의 기회이용 및 경쟁금지의무는 일반 신탁법리에 따르게 된다. 미국의 판례에서 나타나는 수탁자의 사업 영위는 위탁자의 유언, 증여 등을 위한 것이지만, 사업신탁의 문제상황이 전통적인 신탁의 경우와 별반 다르지 않다는 점에서 전통적인 신탁에서 발전되어 온 경쟁금지의 법리를 오늘날 사업신탁에 적용하여도 큰 무리는 없을 것이다. 그리고, 통일신탁법에 따라 회사법상 이사의 기회유용금지의 법리도 함께 고려될 것이다.

③부수적인 이익 수령

영국과 미국 신탁법리에서는 수탁자는 수권을 받지 않고는 아무

---

140) 천경훈(2012), 43-44면.

런 이익을 받지 않는 것이 원칙이다. 수탁자가 신탁사무를 처리할 때 제3자로부터 받는 모든 것은 신탁에 귀속된다고 보기 때문이다.[141] 따라서, 수탁자가 사무처리시 제3자로부터 받은 수수료는 신탁에 귀속된다. 수탁자가 신탁사무를 하면서 제3자로부터 뇌물을 받거나, 몰래 수수료를 챙기는 행위와 같은 비밀 이익(secret profits)을 취하는 것도 금지된다.[142]

사업신탁에 관한 것은 아니지만, 이에 관한 영국의 전형적인 사례로서 Williams v. Barton[143] 판결에서는 수탁자가 다른 공동수탁자에게 증권회사를 추천하여 거래를 하도록 한 후 증권회사로부터 받은 커미션은 수익자를 위해 신탁에 귀속된다고 하였다.[144] 미국 법원도 같은 입장을 취하는데, 대표적으로 White v. Sherman[145] 판결이 있다. 이 사건에서 수탁자는 신탁재산인 부동산에 대해 화재보험 등 필요한 보험에 가입할 권한이 있었다. 수탁자는 커미션을 받기 위해 보험업자 협회에 가입하고, 보험료의 약 7.5%에 상당하는 커미션을 받았는데, 수익자들에게는 이러한 사실을 숨겼다. 법원은 이 행위는 수탁자는 어떠한 개인적 이익도 취해서는 안된다는 것에 위반한 것으로서, 수탁자가 받은 커미션은 수익자를 위해 귀속되어야 한다고 판시하였다. 법원은 수탁자는 어떠한 이익이든 이를 취하는 것이 허용되지 않으며, 신탁의 이익을 해할 수 있는 위치에 자신을 놓아서는 안된다고 하면서, 보험가입시 커미션을 받는 것을 허용하면 수탁자는 실제 신탁재산이 필요로 하는 것 이상으로 보험에 가입하려는 유혹을 받을 수 있다고 하였다. 제2차 신탁 리스테이트먼트의 주석

---

141) Thomas & Hudson(2010), p. 321.
142) 제2차 신탁 리스테이트먼트 § 170 comment o; Penner(2010), p. 426; Virgo & Duties(2016), pp. 521, 534-535.
143) [1927] 2 Ch 9.
144) Penner(2010), p. 424.
145) 48 N.E.128 (Ill. 1897).

은 이 사례를 들면서 수탁자는 신탁사무의 수행과 관련하여 제3자로
부터 보너스 또는 커미션을 받는 것은 수익자에 대한 충실의무의 위
반이라고 한다.[146]

사업신탁의 수탁자는 사업을 하면서 이익을 취할 기회에 손쉽게
접할 수 있다. 예컨대, 토지신탁에서 건설업자를 선정하면서 커미션
을 받거나, 제조사업에서 원재료 구입을 위해 계약을 체결하면서 특
정 업체로부터 대가를 받는 경우가 있을 수 있다. 별도로 수권받은
것이 아니라면 사업신탁의 수탁자에게 이러한 이익취득을 허용할
합리적인 이유가 없으며, 기존의 이익향수금지의 원칙은 변용없이
그대로 적용하여야 할 것이다.

(나) 캐나다

캐나다 소득신탁법은 캐나다 사업회사법의 규정 내용을 거의 그
대로 좇고 있으며, 최선의 이익을 추구하여야 한다는 일반적인 충실
의무와 이익충돌거래에 관한 조항 외에 별도로 이익향수금지 조항
을 두고 있지는 않다. 그 결과, 사업신탁에서 문제되는 행위 유형들
은 앞서 살펴본 일반 신탁법리에 따라 해결되게 된다. 만약 그것이
이익충돌행위 유형에도 해당되는 때에는[147] 이해관계의 공개, 공정
성 요건 및 승인요건을 구비할 것이 요구되게 된다.

(다) 싱가포르

싱가포르 사업신탁법은 제10조 제3항에 수탁자의 정보이용과 기
회유용 금지에 관한 명문의 조항을 두어 수탁자·경영자는 그 지위에
서 얻은 정보를 직접 또는 간접적으로 그 자신 또는 다른 사람의 이

---

146) 제2차 신탁 리스테이트먼트 § 170 comment o.
147) 신탁의 사업과의 경쟁금지의무는 이익충돌금지 원칙의 하나로 보기도 한
  다. 예컨대, Thomas & Hudson(2010), p. 321.

익이 되도록 부적절하게 사용하여서는 안된다고 하여, 신탁법리를 구체화하여 규정하고 있다.

싱가포르의 사업신탁에서는 수탁자-경영자가 그룹 내 다른 계열회사와 계약을 체결하여 일정한 업무를 위탁하거나 서비스를 제공받고 그에 대한 대가를 지급하는 경우가 빈번하다. 그런데, 사업신탁법에는 이러한 문제에 관한 별도의 조문을 두고 있지는 않고, 일반적인 이해관계있는 거래로 취급하고 있다. 일반적인 신탁법리에 따라 사업신탁의 수탁자는 이러한 계열회사와의 거래에 대하여 명확한 수권을 받아야 하고, 동법 제10조 제2항의 충실의무에 관한 일반조항에 따라 수익자들의 이익을 최대화할 의무에 구속된다.

(3) 우리 신탁법의 검토

신탁법 제36조는 "수탁자는 누구의 명의로도 신탁의 이익을 누리지 못한다"고 하여 이익향수금지 원칙을 명시하고 있다. 이 조항으로부터 사업신탁의 수탁자의 정보이용 및 경쟁금지의무, 부수적인 이익수령 금지를 도출할 수 있다.

(가) 정보이용 및 경쟁 금지

학설상 수탁자가 신탁의 정보를 이용하거나 신탁이 행하는 사업과 경쟁사업을 함으로써 이익을 취득하는 것은 이익향수금지 원칙상 허용되지 않는다고 본다.[148] 그리고, 이익충돌금지에 관한 신탁법 제34조와 이익향수금지에 관한 제36조는 서로 배타적인 관계에 있는 것은 아니므로, 구체적인 행위가 이들 조항에 각각 해당되는지, 당해 행위로 인하여 수탁자 또는 제3자가 이익을 취득하였는지 여부에 따

---

148) 최수정(2016), 326면.

라 이 두 조항은 중첩적으로 적용될 수 있을 것이다. 신탁의 정보이용 및 경쟁 금지에 관하여는 우리 신탁법상 별도의 개별 조문이 없는데, 이익충돌행위에 관한 포괄적 규정인 신탁법 제34조 제1항 제5호의 "그 밖의 수익자의 이익에 반하는 행위"를 근거로 정보이용행위 및 경쟁 금지를 도출하는 것이 가능하다.[149] 그런데, 위 조항은 "그 밖에 수익자의 이익에 반하는 행위"라고 하여 포괄적으로 규정되고 있어, 구체적인 사안에 따라서는 수탁자의 정보이용이나 경쟁행위가 수익자의 이익에 반하는지 여부에 대하여 다툼의 소지가 있을 수 있다. 따라서, 현행법 하에서는 가급적 수익자의 이익에 부합되도록 수탁자의 정보이용이나 경쟁행위는 수익자의 이익에 반하는 행위에 해당되는 것으로 해석하고, 만약 수탁자가 수익자의 이익에 반하지 않음을 입증하는 경우에 한하여 문제가 없는 것으로 보아야 할 것이다.

상법상 주식회사의 이사에 대하여는 이사의 이익충돌행위 금지에 관한 일반 조항으로서 제398조를 두고, 별도로 이익향수금지 조항은 두지 않고 개별조항으로서 제397조에서 경업금지, 제397조의2에서 회사의 기회 및 자산 유용금지 조항을 두고 있다. 회사의 이사에게 가장 문제되는 행위유형을 특정하여 그에 대한 상세한 규율을 하고 있는 것이다. 이들 조항은 문제가 되는 행위의 요건을 구체적으로 정하는 한편, 경업금지와 관련하여서는 회사의 개입권을 인정하고, 기회이용행위에서는 이로 인해 이사 또는 제3자가 얻은 이익을 손해로 추정하는 조항을 두고 있다.[150] 신탁법은 이와 달리 제34조 제1항 제5호의 "그 밖의 수익자의 이익에 반하는 행위"라는 포괄조항으로 이러한 행위 유형을 처리하고 있는데, 수익자에게 유리하게 해석한다 하여도 여전히 개별 상황에서 해석상 불명확성은 생길

---

149) 법무부(2012), 279면; 최수정(2015), 352면; 최수정(2016), 326면.
150) 안성포(2016), 369, 371면.

수 있다. 예컨대, 학설상 수탁자의 이익향수금지 위반시에도 해석론으로서 개입권을 인정해야 한다는 견해가 주장되기도 하는데,[151] 신탁법에 이에 관한 명문의 규정이 없으므로 논란의 여지가 있다. 상법이 이사의 경업금지행위에 대하여 개입권을 인정하는 취지는 손해배상만으로는 회사의 보호에 충분하지 못하고 또 회사의 거래처 등을 유지시킬 필요가 있기 때문이다.[152] 사업신탁에서도 이러한 점은 마찬가지이므로, 입법으로 명문의 규정을 두어 개입권을 인정할 필요가 있다. 2006년 일본 개정 신탁법은 이러한 취지에서 제32조로 수탁자의 경업금지조항을 신설하고 동조 제4항에 상법상 개입권과 유사한 조문을 마련한 바 있다.[153] 미국의 통일신탁법, 싱가포르 사업신탁법[154] 등 최근 외국에서는 이러한 행위 유형을 별도로 규정하는 추세이다.

(나) 부수적인 이익 수령

우리 신탁법상으로도 수탁자가 적법한 보수 이외에 부수적인 이익을 수령하는 것은 신탁법 제36조에 의해 금지된다. 따라서, 수탁자가 신탁을 위한 사무처리를 하면서 제3자로부터 커미션을 받는 것은 허용되지 않는다.[155] 또한, 수탁자가 신탁사무를 하면서 제3자로부터

---

151) 이중기(2007), 562면.
152) 정동윤(2001), 436면; 최기원(2012), 670-671면.
153) 일본에서도 2006년 신탁법 개정으로 제32조 제1항에서 "수탁자는 수탁자로서 가지는 권한에 기초하여 신탁사무의 처리로서 할 수 있는 행위에 있어서, 이것을 하지 않는 것이 수익자의 이익에 반하는 것에 관해서는, 이것을 고유재산 또는 수탁자의 이해관계인의 계산으로 하면 안된다"고 규정하여 경합행위를 원칙적으로 금지한다. 이러한 조항을 둔 취지는 경합행위는 이익충돌행위의 한 유형이지만, 그 효과가 다르다는 등의 이유로 이익충돌행위와는 별개의 규율을 하기 위함으로 설명된다(新井誠, (2014), 275면 각주 45).
154) 미국 통일신탁법 제802조 (e)항; 싱가포르 사업신탁법 제10조 제3항.

뇌물을 받거나, 몰래 수수료를 챙기는 행위와 같은 비밀 이익을 취하는 것도 엄격히 금지된다.

⑷ 평가

이익향수금지의 원칙의 경우 사업신탁의 문제상황이 일반적인 신탁과 크게 다르지 않다는 점에서 종래의 신탁법상 논의를 그대로 적용하는 것이 타당하다고 본다. 상법상 주식회사의 이사의 경우에도, 수탁자에서 발전되어 온 이익향수금지의 원칙을 기본으로 하면서, 경업행위, 기회유용행위 등의 개별 행위 유형에 대하여 세부적인 입법을 하고 있다.[156] 이사의 의무위반시 책임 또한 수탁자의 이익토출책임(disgorgement of profit)을 기본으로 하여, 수탁자에 대한 규율과 궤를 같이 하고 있다. 사업신탁의 수탁자에 대하여도 신탁법상 이익향수금지 원칙과 이익충돌금지 원칙을 적용하여 신탁의 기회를 이용하는 행위와 신탁이 영위하는 사업과 경쟁하는 행위, 그 밖에 부수이익을 취하는 행위 등을 규율할 수 있다. 향후 입법론으로서 회사의 이사와 같이 좀더 상세한 규정을 마련하는 것이 바람직할 것이다.

3. 자기집행의무와 신탁사무의 위임

전통적으로 신탁법리에서는 수탁자는 스스로 신탁사무를 이행하여야 한다는 자기집행의무가 인정되어 왔다. 그러나, 현대의 신탁에서는 수탁자가 수행할 업무가 다양하고 복잡해짐에 따라 각국에서는 신탁법상 수탁자의 자기집행의 원칙에 변경이 필요하다는 논의가 많이 이루어지고 있으며, 신탁사무의 위임을 좀더 용이하게 하기 위한 입법이 활발하다.

---

155) 최수정(2016), 325면.
156) 천경훈(2017), 260면.

가. 사업신탁에서의 문제상황

현대 사회가 복잡화, 전문화됨에 따라 하나의 수탁자가 모든 신탁업무를 직접 처리하는 것은 가능하지 않거나 효율적이지 않게 되었다. 이러한 현상은 사업신탁에서 더욱 두드러지는데, 수탁자는 사업을 하면서 제3자를 이용할 필요가 많이 생긴다. 예컨대 물품배송을 위해 운송업자를 이용하거나, 광고업무를 광고대행사에게 위탁하는 등 제3자를 이용할 필요는 무궁무진하다.

실제 일본의 태양광 전력사업의 사업신탁(제2유형)에서 수탁자는 전력사업을 위해 제3의 운영관리사업자 등과 태양광발전설비의 발주 및 보관에 관한 계약을 체결하여 설비 및 시설의 시공과 운영, 정비 등 관련 업무를 하도록 한다.[157] 우리나라의 토지신탁(제2유형)에서도 토지개발 또는 도시개발사업에서 건축물의 증개축 공사를 위해 시공사를 선정하고 그에게 건설업무를 위탁하는 등 수탁자의 제3자에 대한 업무위탁은 필수적이다. 싱가포르 사업신탁인 Hutchison Port Holdings Trust(제3유형)는 수탁자·경영자가 스폰서와 지원서비스 계약(Support Services Agreement)을 체결하여 스폰서가 사무실 공간, 전기, 정보센터 및 전산 등 설비와 회계 등 사무 서비스를 제공하고, IT 서비스 계약도 체결한다.[158] 캐나다 사업신탁인 Swiss Water Decaffeinated Coffee Income Fund(제3유형)도 수탁자가 자신이 소유하는 사업회사와 사무계약(Administration Agreement)을 체결하여 사업회사로부터 증권법규상 공시의무 이행, 투자자 관련 서비스 제공, 수익자에 대한 재무와 세무 등 관련 정보 제공, 수익자총회 소집 및 개최, 수익자에 대한 배당 실시, 기타 수탁자가 요청하는 사무 등에 관하여 보조를

---

157) 라쿠텐 신탁회사 홈페이지(https://www.rakuten-trust.co.jp/service/solarpower.html) (2018. 6. 17. 방문).
158) HPHT Prospectus(2011), pp. 327-328.

받는다.[159] 이처럼, 대부분의 사업신탁에서 수탁자의 제3자에 대한
업무위탁이 이루어지고 있다.

나. 외국에서의 논의와 법제

(1) 영국과 미국 신탁법리의 일반원칙

영국과 미국의 전통적인 신탁법리에서는 수탁자의 자기집행의무
가 인정되고, 수탁자는 신탁사무를 제3자에게 위탁하는 것이 원칙적
으로 허용되지 않았다. 위탁자가 수탁자를 신뢰하여 그에게 권한을
부여하였는데 이를 제3자에게 맡기는 것은 허용될 수 없다고 본 때
문이다.[160] 그렇지만, 수탁자가 모든 업무를 스스로 직접 이행하는
것은 사실상 어렵기 때문에 제한적으로 업무위탁을 인정하였는데,
재량이 개입되지 않는 도구적인(ministerial) 업무는 제3자에게 위탁할
수 있고, 이와 달리 수탁자의 판단이 요구되는 재량적인 업무는 직
접 수행해야 하는 것으로 보았다.[161] 미국의 제2차 신탁 리스테이트
먼트도 이러한 도구적-재량적 기준을 따랐다.[162] 그런데, 이 기준에
대해서는 어떠한 신탁사무이든 재량적 요소가 있을 수 있다는 점에
서 실제적이지 않다는 비판이 있었다. 이러한 비판을 받아들여, 제3
차 신탁 리스테이트먼트는 전통적인 자기집행 원칙을 대폭 수정하
여, 신중한 사람이라면 다른 사람에게 위임하였을 것인 경우에는 수
탁자가 제3자에게 신탁사무를 위임하는 것을 허용하였다. 이때 수탁
자는 제3자에게 위임할 것인지 여부를 판단하고, 수임인의 선임 및

---

159) SWDC Income Fund Prospectus(2002), p. 39.
160) Moffat, Bean & Dewar(2005), p. 499; Penner(2010), p. 296; Thomas & Hudson
     (2010), pp. 315, 457.
161) Halbach(2000), p. 1910; Thomas & Hudson(2010), p. 315.
162) 제2차 신탁 리스테이트먼트 § 171.

감독을 함에 있어서, 신인의무자의 재량을 행사할 의무와 신중한 사람이라면 유사한 상황에서 하였을 것과 같이 행위할 의무를 지도록 하였다.[163] 이와 같이 함으로써, 제3차 신탁 리스테이트먼트는 수탁자로 하여금 필요한 경우 전문가에게 위탁할 것을 장려하고 있다고 본다. 타인에게 맡기는 편이 더 큰 이익을 얻을 수 있는 경우에는 오히려 적극적으로 능력이 있는 적정한 자에게 사무를 맡기는 것이 수탁자의 의무에 부합한다는 것이다.[164] 기존의 자기집행의무가 위탁자와 수탁자 사이의 개인적 신뢰관계에 기초한 것이라면, 새로운 신중한 사람의 주의의무에 따른 업무위탁 기준은 수익자의 이익을 중심으로 한 것이라고 평가된다.[165] 이러한 입장은 제정법에도 그대로 받아들여져, 미국 통일신탁법은 수탁자가 신중한 사람의 기준에 따라 제3자에게 위탁하는 것을 폭넓게 인정하는 한편, 수임인의 선임과 위임의 범위, 방식 및 내용, 주기적인 감독에 합리적인 주의를 다하도록 규정하고 있다.[166]

영국에서도 신탁의 현대화가 진행됨에 따라, 수탁자가 모든 업무를 직접 수행하는 것은 가능하지 않게 되었다는 인식이 판례법으로 받아들여져서 자기집행의무가 차츰 완화되었다. 이어서 제정법으로도 수용되어 2000년 수탁자법(Trustee Act 2000)은 수탁자의 자기집행의무를 대폭 완화하였다.[167] 즉, 동법은 공익적 신탁(charitable trust)이 아닌 신탁의 경우 수탁자의 재량에 관련된 것으로 업무위탁이 가능하지 않은 몇 가지 기능을 제외하고는 모두 제3자에게 업무위탁을

---

163) 제3차 신탁 리스테이트먼트 § 80. 동 조항의 comment e는 수탁자의 업무위탁은 도구적인 행위에 제한되지 않으며, 중요한 판단이 관련되는 행위도 위탁할 수 있다고 한다.

164) Langbein(1994), p. 118.

165) 新井誠(2014), 293면.

166) 미국 통일신탁법 제807조 (a)항.

167) Virgo & Duties(2016), p. 472.

할 수 있도록 하였다.[168]

(2) 외국의 사업신탁 법제

(가) 미국

통일제정법상신탁법은 일반 신탁법리의 자기집행의 원칙 대신 통일신탁법에서와 같이 원칙적으로 업무위탁을 허용하고 수탁자가 신중한 사람의 기준에 따라 제3자에게 위탁하는 것을 폭넓게 인정하였다. 그와 함께, 수임인의 선임과 위임의 범위, 방식 및 내용, 주기적인 감독에 합리적인 주의를 다하도록 규정한다.[169]

수탁자에게 업무위탁을 광범위하게 허용하면 수임인의 전문성과 능력을 활용할 수 있지만, 수탁자가 부적절한 자에게 위탁을 하여 수익자에게 해가 될 수도 있다. 통일제정법상신탁법은 이러한 양면을 모두 고려하여, 원칙적으로 업무위탁을 허용하면서, 수탁자로 하여금 수임인의 선임 및 감독 등에 신중한 사람으로서의 주의의무를 다하도록 한 것이다. 또한, 수탁자는 위탁조건을 정함에도 주의의무를 다하도록 하고 있는데, 이 역시 수익자를 보호하기 위한 것이다. 예컨대, 수임인의 악의에 대하여도 면책을 인정하는 조항을 업무위탁계약에 포함시키거나 수임인의 고의에 의한 위반에도 신탁이 구제권리를 갖지 못하도록 한다면, 이것은 수탁자의 주의의무 위반에

---

168) 영국 2000년 수탁자법 제11조 제1, 2항은 신탁이익의 배당여부 및 배당방법에 관한 업무, 수수료나 지급채무를 신탁의 원본과 이자수익 중 어느 것으로부터 지출을 할 것인지의 판단, 수탁자 선임, 법이나 신탁증서에 의해 허용된 위임 및 수령명의인 또는 보관인의 선임을 제외하고는 수탁자는 그 권한을 다른 자에게 수권할 수 있다고 규정한다. 또한, 동법 제16조 제1항, 제17조 제1항은 신탁재산을 위해 명의인(nominee)이나 보관인(custodian)을 선임하는 것도 허용하였다.
169) 미국 통일제정법상신탁법 제511조 (a)항.

해당된다. 그리고, 동법은 수탁자로부터 업무를 위탁받은 제3자는 합리적인 주의로서 업무위탁계약의 조건을 준수할 의무를 지도록 규정함으로써, 수탁자가 주의의무를 다하여 조건을 정한 업무위탁계약이 제3자에 의해 준수되도록 하여 수익자 보호를 꾀하고 있다.[170]

(나) 캐나다

캐나다 소득신탁법도 수탁자의 업무위탁을 폭넓게 허용하고 있다. 동법은 사업회사법을 모델로 하고 있는데, 캐나다 사업회사법은 회사의 이사는 그 권한을 경영이사 또는 하부 위원회에게 위임할 수 있도록 하고, 다만 주주의 승인이 필요한 사항에 대한 질문 등의 제출, 이사회 내 결원보충, 증권의 발행, 시리즈 주식의 발행, 배당결정, 주식환매, 정관 개정 등 일정한 사항은 위탁이 불가한 것으로 하고 있다.[171] 소득신탁법은 이를 그대로 좇아 수탁자에게 광범위한 업무위탁을 인정하고 있다. 수탁자는 수탁자 중 경영수탁자(managing trustee) 또는 위원회를 선임할 수 있고, 나아가 경영위임계약을 체결하여 제3자(manager)에게 자신의 업무를 위탁할 수 있도록 한다. 이때, 사업회사법과 같이 일정한 제한을 두어, 수탁자는 수익자의 승인이 필요한 사항에 대한 질문 등의 제출, 수탁자 또는 감사 공석시 결원보충, 추가 수탁자 및 감사의 선임, 증권 관련 법규상 요구되는 경영정보, 재무제표의 승인, 신탁증서의 개정 등 일정한 사항은 위탁할 수 없도록 하는 예외를 두고 있다. 다만, 수익권의 발행 및 환매 업무는 이에 포함되지 않아 수탁자는 이를 제3자에게 위탁할 수 있는데, 사업회사법상 증권발행이 이사가 제3자에게 위탁할 수 없는 업무로 명시되어 있는 것과 다른 점이다.[172]

---

170) 미국 통일제정법상신탁법 제511조 (c)항 및 comment.
171) 캐나다 사업회사법 제115조 제1, 3항.
172) 캐나다 소득신탁법 제33조 제1항 및 comment.

(다) 싱가포르

싱가포르 사업신탁법도 수탁자-경영자의 업무위탁을 매우 넓게 허용하고 있다. 동법 제8조 제2항은 사업신탁의 신탁증서에 구속됨을 전제로, 수탁자-경영자는 자신이 사업신탁의 운영과 관련하여 수권된 사항을 수행하기 위하여 대리인을 선임하는 권한을 가진다고 하고, 업무위탁이 불가능한 사항에 대하여 법상 특별한 제한을 두고 있지 않다.

(3) 미국 회사법상 이사의 업무위탁

회사의 이사도 모든 업무를 스스로 하는 것은 실제적으로 어렵기 때문에 미국에서는 이사의 업무위탁에 관하여 신탁의 수탁자와 유사한 논의가 진행되었다. 미국에서는 "회사의 사업은 이사회가 경영한다"는 것이 모범사업회사법을 비롯하여 여러 제정법에 명시되어 왔다.[173] 이 조항의 해석상 이사회가 사업경영을 타인에게 위탁하는 것이 허용된다고 볼 이론적 근거가 문제되었다. 이에 관해 Hoyt v. Thompson's Ex'r[174] 판결은 이사가 회사에 대하여 대리인의 지위에 있다는 주장을 배척하고, 이사의 권한은 그 자체로 본래적인(original) 것이고, 누구로부터 수탁된 권한이 아니라고 보았다. 이사의 권한은 주법에 의한 회사 설립행위로부터 비롯된 것으로서, 주주들이 이사

---

173) 1950, 60년대 모범사업회사법은 "The business and affairs of corporation shall be managed by a board of directors"라고 단순하게 규정하였고, 이후 이사회가 직접 경영한다는 관념에서 이를 하위 기관 등에게 위탁하고 감독하는 역할을 한다는 인식이 생겨나서 1974년 모범사업회사법은 회사의 모든 업무는 이사회 및 그의 지휘하에 이루어진다(the business and affairs of the corporation managed under the direction of, its board of directors)는 취지로 문안이 수정되었다(박진태(2000), 10면).

174) 19 N.Y. 207 at 216 (1859).

에게 권한을 부여한 것이 아니므로, 주주들이 이사의 권한을 철회할
수 없다고 하였다. 따라서, 이사는 "권한을 수탁받은 자는 이를 다른
자에게 위탁할 수 없다(delegatus non potest delegare)"는 원칙에 구속되
지 않고, 자신의 권한을 위탁할 권능을 내재적으로 가지고 있다고
본 것이다.[175]

그렇지만, 이사는 주주의 이익을 위한 신인의무자로서 권한을 행
사할 수 있을 뿐이므로, 위탁가능한 권한의 범위에 관한 법리를 형
성할 때 법원은 이러한 신인의무의 성격을 고려하게 된다.[176] 초기
법원은 이러한 법리 형성시 이사가 재량적이지 않은 일상적인 업무
를 위탁하는 것은 가능하다고 보아, 신탁의 수탁자에서처럼 도구적-
재량적 기준(ministerial-discretionary test)을 적용하였다.[177] 업무의 성격
이 도구적인 것에 그치는 경우에는 이를 다른 자에게 위탁할 수 있
으나, 재량적인 것은 위탁할 수 없다는 것이다. 법원에 의해 도구적
인 것으로 위탁이 가능하다고 본 사례로는, 약속어음의 이서, 신탁증
서의 체결, 철도회사의 운임요율 결정 등이 있다. 이러한 업무의 위
탁은 회사의 운영상 효율을 가져오는 것으로서, 달리 이사의 신인의
무 위반 가능성이 생기지 않는다고 보았기 때문이다. 이와 달리, 재
량적 요소가 있는 업무를 위탁하는 것은 이사의 경영의무에 위반된
것으로 보았는데, 이에 해당된 예로는 화재보험회사의 화재로 인한
손해의 평가, 주식 납입대금의 지급청구, 주식발행 결정시 그 발행대
가로 받는 재산의 가치 결정, 지주회사의 여러 해에 걸친 의결권 신
탁, 철도회사의 철로 위치 결정 등이 있다.[178]

그런데, 도구적-재량적 기준은 불명확한 것이어서 논란의 소지가

---

175) Goel(1969), p. 154; Saunders(1943), p. 133.
176) Notes(1961), pp. 278-279.
177) Cox & Hazen(2011), p. 191; Notes(1961), p. 279; Saunders(1943), pp. 134-135.
178) Notes(1961), p. 279; Saunders(1943), pp. 134-135.

있었다.[179] 이에 따라 법원은 도구적-재량적 기준에서 점차 최종 감
독 기준(ultimate supervision test)으로 입장을 변경하게 되었다. 최종 감
독 기준이란 이사회가 최종적인 감독권한을 보유하는지 여부에 따
르는 것으로서, 이사회가 최종적인 감독권한을 보유하는 한 일상적
인 업무 뿐만 아니라 매우 높은 수준의 재량과 판단을 요하는 업무
도 위탁할 수 있다고 본다. 이 기준에서 이사의 경영의무는 모든 행
위에 대한 직접적인 감독이 아니라 높은 수준의 통제로 해석된다.
최종 감독 기준이 적용됨에 따라 이사의 업무위탁 범위는 폭넓게 허
용되었는데,[180] 이 기준은 불명확한 도구적-재량적 기준에 비해 더
현실적인 기준으로 평가되고 있다.

   이상에서 본 것처럼, 회사의 경우에는 이사회 외에 임원, 위원회
등 기관이 존재하여 이들의 권한에 관한 좀더 복잡한 논의들이 제기
되지만, 기본적으로는 이사의 업무위탁에 관한 원칙이 도구적-재량
적 기준에서 최종적 감독 기준으로 변경되어 신탁의 수탁자에서의
업무위탁의 원칙 변화와 비슷한 면이 있다. 이사에 대한 원칙 변화
는 신탁의 수탁자에 대하여서 보다 일찍 이루어진 것이지만, 회사의
이사와 신탁의 수탁자에서 모두 이전의 도구적-재량적 기준에서 점
차 업무위탁에 관대해지는 현상을 보여준다. 이러한 점은 사업신탁
에 대하여 시사하는 바가 있다.

---

179) 대표적으로 Loan Star Shipping Co. 6 F.2d 192 (2d Cir. 1925) 판결이 그러하다.
   이 사건에서 이사회는 일정한 기간의 제한을 주고 두 명의 이사에게 회
   사의 자발적인 파산 신청을 하도록 하였다. 채권자들은 이사회의 이러한
   행위는 적법하지 않은 업무위탁이라는 주장을 하였는데 법원은 이를 받
   아들이지 않았다. 단순한 파산신청 행위는 도구적인 것이고, 이사회가 신
   청을 할 수 있는 기간의 제한을 둔 것은 재량권을 보유한 것이라고 보았
   다. 정해진 기간 내에 파산신청을 하는 행위가 도구적인지 재량적인지를
   결정하는 것은 명확한 것은 아니다(Notes(1961), p. 280; Goel(1969), p. 157).
180) Notes(1961), p. 281(각주 21); Goel(1969), pp. 155, 177.

(4) 우리 신탁법의 검토

(가) 자기집행의무의 유지

외국 주요국가들은 신탁 일반에 대하여 수탁자의 자기집행의무를 대폭 완화하는 것이 최근의 추세인데 우리나라는 어떠한가. 우리나라에서는 학설상 변호사, 회계사 등 전문가나 운송업자와 같이 일정한 능력이 있는 자만이 처리할 수 있는 업무는 신탁행위로 정함이 없더라도 수탁자가 이러한 자에게 업무를 위임하는 것이 가능하다고 해석되어 왔다.[181] 그런데, 이러한 예외적인 몇 가지 경우 이외에는 신탁사무의 위임이 가능한지에 관해 논란이 있다. 우리나라에서도 2011년 신탁법 개정시 신탁사무의 위임을 원칙적으로 허용하자는 의견이 있었는데, 그 근거로는 신탁사무의 내용이 고도화, 복잡화, 전문화되어 수탁자가 단독으로 신탁사무를 처리하는 것보다 제3자에게 위임하는 것이 적절한 경우가 많은 점, 영국과 미국 뿐만 아니라 일본도 2006년 개정 신탁법에서 수탁자의 자기집행의무를 대폭 완화하여 위임을 허용한 점[182] 등이 주장되었다. 그러나, 신탁행위나

---

181) 이중기(2010), 358면; 최동식(2007), 242면.
182) 일본의 2006년 개정 신탁법은 수탁자의 자기집행의무를 대폭 완화하여, 신탁행위로 허용한 경우는 물론 그 밖에도 신탁의 목적에 비추어 보아 상당성이 있는 경우 또는 신탁의 목적에 비추어 보아 신탁사무의 처리를 제3자에게 위탁하는 것에 부득이한 사유가 있다고 인정되는 때에는, 수탁자의 제3자에 대한 신탁사무의 위탁이 가능하도록 하였다(일본 신탁법 제28조). 그리고, 수탁자가 신탁사무를 제3자에게 위탁한 때에는 수탁자는 신탁의 목적을 참조하여 적절한 자에게 위탁을 하여야 하고, 위탁한 때에는 수탁자는 그 제3자에 대하여 신탁목적의 달성을 위하여 필요한 적절한 감독을 행하여야 한다고 하여(동법 제35조 제1, 2항), 신탁사무의 위임시 수탁자는 원칙적으로 수임인의 선임 및 감독에 대한 책임만을 지는 것으로 하고 있다. 이러한 법개정은 전문화, 분업화한 현대사회에 적합한 규제를 도입한 것으로 평가되고 있다(小野傑·深山雅也(2007), 100면).

수익자의 동의를 얻어 신탁사무의 위임이 가능하도록 규정하고 있
으므로 필요한 경우 수탁자는 위임을 할 수 있는 점, 민사신탁에서
개인이 수탁자인 경우 수익자를 보호하기 위하여 수탁자의 재량범
위를 제한할 필요가 있는 점, 수탁자와 같이 타인의 재산을 관리하
는 민법상 대리인이나 수임인도 재위임을 할 수 없는 것이 원칙인
점 등을 이유로, 개정 신탁법은 구 신탁법과 같이 자기집행의무를
원칙적으로 유지하기로 하고, 자기집행의무를 다소 완화하는 방향으
로 문구 수정을 하는 것에 그쳤다.[183]

　　사업신탁의 경우 당사자들의 의사는 사업의 성공적인 수행에 중
점이 있는 바, 반드시 수탁자에 의하여 직접 이행될 것을 강제할 필
요는 없으며, 오히려 상당한 비효율을 초래하게 된다. 실제로 이러
한 점 때문에 사업신탁에서는 일정한 업무를 제3자에게 위탁하는 것
이 일반적이다. 이처럼, 수탁자의 자기집행의무를 엄격히 적용하는
것은 사업신탁의 특징상 적절하지 않고, 거래의 실제와 맞지 않는다
는 문제가 생긴다. 따라서, 사업신탁에서는 수탁자가 처리해야 할
업무가 광범위하고 전문적 능력이 요구되는 것들이 포함되는 때가
많다는 점을 고려하여, 수탁자에 대하여 이 모든 것을 직접 할 것을
요구하기보다는 선관주의의무를 다하여 신탁목적을 달성하기 위하
여 적절한 자를 선임하고 지휘하여 그로 하여금 필요한 업무를 수행
하도록 할 필요가 있다. 이를 위해 입법론으로서, 사업신탁의 경우
명시적인 수권이 없는 때에도 신탁사무의 위임은 원칙적으로 허용
하되, 위탁여부의 판단, 수탁자의 선임 및 감독에 대한 주의의무를
규정하여야 할 것이다.[184]

---

183) 법무부(2012), 341면; 이연갑(2013), 14면.
184) 이중기(2010), 363-364면.

(나) 신탁사무 위임 조항의 검토

이상의 논의를 기초로 하여 현행 신탁법상 신탁사무의 위임에 관한 조항을 구체적으로 살펴본다. 이는, (i) 수탁자가 신탁사무를 어떠한 경우에 위임할 수 있는지, (ii) 수탁자는 제3자에게 위임할 때 어떠한 의무를 지는지 및 (iii) 수탁자로부터 위임을 받은 수임인의 의무와 책임은 어떠한지의 측면으로 나누어 볼 수 있다.

(i)에 관하여, 신탁법 제42조 제1항은 수탁자는 "정당한 사유"가 있으면 "수익자의 동의"를 받아 신탁사무를 위임할 수 있고, "신탁행위"로 달리 정한 경우에는 그에 따르도록 하고 있다. 즉, 신탁사무의 위임은 위탁자가 신탁행위로 미리 허용하거나, 정당한 사유가 있는 경우로서 수익자의 동의를 받은 때에 가능하다. 그런데, 신탁행위로 필요한 사항을 모두 정해두는 것은 간단하지 않으며, 신탁행위로 정하지 않아 수익자의 동의를 받는 때에는 정당한 사유가 있어야 하는데 "정당한 사유"가 있는지 여부는 해석에 맡겨져 있어 다툼의 여지가 있다.[185] 또한, 사업신탁에서 수익자가 다수인 경우 이들의 동의를 구하는 것은 어렵거나 가능하지 않을 수 있다. 사업신탁에서 수탁자가 수행하는 업무의 다양성과 전문성을 고려할 때 이를 위탁자의 신탁행위에 의하거나 수익자의 동의에 의하기보다는 수탁자의 판단에 맡기는 것이 바람직할 것인 바, 이를 위한 입법적 개선이 필요하다.[186]

(ii)에 관하여, 신탁법 제42조 제2항은 수탁자가 제3자에게 업무를 위임한 경우 수탁자는 선임, 감독에 관하여만 책임을 지는 것으로 하고 있다. 수탁자는 신탁행위 등으로 허용되는 경우, 주의의무를 다하여 제3자에게 위탁여부를 결정하여야 한다. 그리고, 제3자에게 업무를 위탁하기로 하였다면, 업무를 수탁받을 자를 선임하고, 선임

---

185) 이중기(2010), 362면.
186) 이규수(2016), 87면.

된 자가 적절히 업무를 수행하는지를 감시하여야 한다. 따라서, 수탁자의 책임은 이러한 주의의무를 다하지 않은 때에 인정되게 된다.

(iii)에 관하여, 수탁자로부터 신탁사무의 처리를 위임받은 자의 책임에 관하여 신탁법 제42조 제3항은 "수탁자를 갈음하여 신탁사무를 처리하는 자는 수탁자와 동일한 책임을 진다."고 하고 있다. 이때 "수탁자와 동일한 책임을 진다"는 의미가 법문상 명확하지 않아 그것이 무엇을 뜻하는지에 관하여는 논란의 여지가 있다. 국내 학설 중에는, 위 조항에 따라 수탁자로부터 위임을 받은 제3자는 수탁자와 마찬가지로 신탁법상 각종 의무를 진다고 보는 견해가 있다. 이 견해는 나아가 수탁자와 동일한 책임을 지므로 신탁사무 수임인은 자신의 거래상대방에 대해서 신탁재산으로서 뿐만 아니라 자기의 고유재산으로도 책임을 진다고 한다.[187) 그런데, 수탁자의 각종 의무와 무한책임은 수탁자가 위탁자의 신뢰에 따라 신탁재산의 명의를 이전받아 신탁의 이익을 위하여 사무를 처리하는 자라는 점에 따른 것이다. 이에 비해 수탁자로부터 신탁사무를 위임받은 제3자는 신탁목적의 달성을 위해 필요한 범위에서 신탁행위 또는 수익자의 동의를 받아 위임을 받은 것인 바, 그 신뢰관계가 수탁자의 그것과 똑같다고 보기는 어렵다. 그리고, 수탁자와 마찬가지로 엄격한 의무를 부과하면 신탁사무를 위임받은 제3자로서는 위임계약에서 정하지 않은 법정 의무를 지게 되어 불측의 손해를 입을 수 있고, 이를 우려하여 신탁사무의 위임을 회피하거나 높은 보수를 요구할 수도 있다.[188) 이러한 이유에서, 우리 신탁법 제42조 제3항과 거의 동일한 조

---

187) 이중기(2007), 349-350면. 다만, 수탁자와의 업무위탁계약서에서 수임인의 책임제한을 명시하여 감경 또는 면제할 수 있고, 수익자의 승낙을 받아 신탁사무를 위임하는 때에도 수익자의 승낙을 얻어 이를 감경 또는 면제할 수 있다고 한다.

188) 新井誠(2014), 296면.

문을 가지고 있었던 일본 구 신탁법 하에서 학설로서 수탁자를 갈음
하여 신탁사무를 처리하는 자는 수탁자와 동일한 책임을 진다는 규
정은 임의규정이고 따라서, 신탁행위나 수익자의 동의로 그 의무를
감경 또는 면제하는 것이 가능하다는 견해가 있었다.[189] 일본은 2006
년 개정 신탁법에서 제3의 수임자의 책임 범위의 불명확성과 제3자
가 신탁사무의 수임을 거절하거나 보수를 추가 청구할 우려가 있다
는 비판에 따라 이를 삭제한 바 있다.[190] 또 다른 입법례로서, 영국의
2000년 수탁자법은 특정 업무를 위탁받은 수탁자는 그 특정 업무에
적용되는 의무 및 제한에 구속된다고 하여,[191] 자신이 수임한 업무
범위와 관련된 범위에서 의무 및 제한을 받게 된다는 점을 분명히
하고 있다. 우리 신탁법도 해석상 논란을 없애기 위하여, 법개정을
통하여 영국의 2000년 수탁자법과 같이 수임인은 자신이 수임받은
업무와 관련된 범위에서 수탁자에게 적용되는 의무를 지게 된다는
것과 같이 명시할 필요가 있을 것이다.

(5) 포괄적 위임의 허용 여부

사업신탁의 수탁자는 사업의 경영을 하는데, 이를 제3자에게 포
괄적으로 위임할 수 있는지가 문제될 수 있다. 사업신탁의 수탁자가
특정 업무를 제3자에게 위탁하는 것에 그치지 않고, 경영을 전체적
으로 위임하는 경우이다. 예컨대, 사업신탁의 수탁자가 실제로는 경
영활동을 거의 하지 않고, 제3자를 선임하여 그로 하여금 전적으로
사업을 경영하도록 하는 것과 같은 경우이다.[192]

---

189) 能見善久(2004), 119면.
190) 新井誠(2014), 296면.
191) 영국 2000년 수탁자법 제13조 제1항.
192) 본서에서 사업신탁의 개념요소 중 하나로서 수탁자의 사업의 경영을 요

(가) 외국의 사업신탁 법제

전통적인 신탁법리에서는 수탁자의 자기집행의무가 엄격히 인정되어 오다가 비교적 최근에 이르러 이 의무가 완화되고 있는데, 아직 신탁사무의 전부의 위임까지 허용하자는 것과 같은 견해가 주장되고 있지는 않다. 미국에서는 통일신탁법과 통일제정법상신탁법에서 업무위탁을 상당히 완화하는 추세 속에서도, 일반적인 신탁에서 수탁자는 신탁의 조건으로 명시적으로 허용되지 않는 한 신탁사무 처리에 관한 전체적인 책임을 다른 사람에게 넘길 수 없다는 해석이 이루어지고, 제3차 신탁 리스테이트먼트는 이러한 취지를 업무위탁에 관한 조항의 주석에서 밝히고 있다.[193] 수탁자는 신탁행위나 수익자의 승인이 없으면 법원의 허가가 있어야 사임할 수 있는데, 수탁자가 임의로 제3자에게 전체 권한을 이전할 수 없다는 것을 이유로 한다.[194] 일반 신탁에서의 논의 외에 사업신탁법제상 포괄적 위임에 관한 별도의 법조문은 발견되지 않는다. 위 논의를 사업신탁에 적용하면, 사업신탁의 수탁자는 통일제정법상신탁법에 의하여 신탁행위나 수익자의 승인과 같은 별도의 수권이 없더라도 주의의무를 다하여 제3자에게 업무를 위탁하는 것이 가능하지만, 전체 신탁사무를 제3자에게 위임하려는 때에는 신탁행위나 수익자의 승인과 같은 수권을 요한다고 해석해 볼 수 있다.

한편, 캐나다의 소득신탁법 제33조 제1항은 사업회사법을 모델로 하여 수탁자에게 광범위한 업무위탁을 인정하여 수탁자 중 경영수

구하는 결과, 수탁자가 전혀 사업을 하지 않는 것과 같은 사업신탁은 개념적으로 인정하기 어렵게 된다. 그런데, 사업을 한다는 것은 반드시 스스로 모든 행위를 해야 한다는 것은 아니므로, 이것은 다시 사업신탁에서 업무위탁의 한계의 문제가 된다.

193) 제3차 신탁 리스테이트먼트 § 80 comment c.
194) Bogert G. G., et al.(2008) p. 335; Scott, Fratcher & Ascher(2007), Vol.3, pp. 1175-1176.

탁자(managing trustee) 또는 위원회를 선임할 수 있고, 나아가 경영위임계약을 체결하여 제3자(manager)에게 자신의 업무를 위탁할 수 있다고 규정한다. 그리고, 동 조항은 위임의 범위에 관하여 사업회사법에서와 같이 일정한 제한을 두어, 수탁자는 수익자의 승인이 필요한 사항에 대한 질문 등의 제출, 수탁자 또는 감사 공석시 결원보충, 추가 수탁자 및 감사의 선임, 증권 관련 법규상 요구되는 경영정보, 재무제표의 승인, 신탁증서의 개정 등 일정한 사항은 위탁할 수 없도록 하는 예외를 두고 있다. 이러한 법조항에 따라 사업신탁의 수탁자는 전적인 경영위임과 같은 포괄위임은 허용되지 않고, 적어도 위 규정에서 정하는 사항은 스스로 처리할 의무를 지게 된다.

(나) 회사의 이사의 경우

회사의 이사의 경우에도 자신의 업무를 제3자에게 위임하는 것의 한계에 관한 논의가 있으므로, 이를 살펴본다.

①미국에서의 논의

미국에서는 회사의 경영을 외부의 다른 사람에게 위임하는 것이 이사회의 경영권한의 침해를 가져오지 않는가 하는 측면에서 논의되고 있다. 미국의 회사법상 이사는 회사의 경영을 본질적 권한으로 하며, 현대에 집행임원이 활성화된 이후에도 여전히 최종적 감독기관으로서의 기본적인 존재의의는 유효한 것으로 인정되고 있다. 그런데, 회사의 경영을 경영위임계약을 통해 외부의 제3자에게 포괄적으로 위임하게 되면, 이사의 이러한 본질적 기능과 권한이 박탈되는 결과가 생길 수 있어 경영위임계약의 유효성과 한계가 논의되어 왔다.

미국 법원의 판결 중에 회사의 경영권한의 전부 또는 실질적 전부를 외부의 제3자에게 위임하는 것은 효력이 없다고 본 것이 여럿 있다. Jones v. Williams[195)에서는 신문사가 외부 제3자인 원고와 경영위임계약을 하여 원고로 하여금 5년 동안 경영을 하도록 하고, 일정한 수준 이상의 수익을 내는 한 경영에 관한 전속적인 권한을 가지도록 하였다. 이후 원고는 경영활동 중에 이사회와 마찰이 생기자 이사회가 원고의 경영에 관여하지 못하도록 할 것을 요구하는 소송을 제기하였다. 이사회는 경영위임계약이 자신들의 법정 권한인 회사의 경영권한을 침해하여 무효라고 주장하였는데, 법원은 이러한 주장을 받아들이지 않고, 경영위임계약이 이사회의 조직기관의 존재를 없애지 않았고 처음 경영위임계약의 체결시 이사회 전원 및 주주 전원의 동의를 받았으므로 효력이 있다고 하였다. 이와 달리, Sherman & Ellis, Inc., v. Indiana Mutal Casualty Co.[196]에서는 경영위임계약의 효력이 부인되었다. 법원은 제3자가 20년 동안 회사를 경영하기로 하는 경영위임계약은 이로 인해 이사회에 사소한 권한과 의무만 남겨지게 되었음을 이유로 무효라고 하였다. 법원은 두 가지 점을 근거로 Jones v. Williams과는 다르게 보았는데, 첫째, Jones 사건에서는 경영위임기간이 훨씬 짧았고, 둘째, Jones 사건에서는 이사회에 상당한 권한이 유보되어 있었음에 비해 이 판결에서는 이사회에 남겨진 권한이 거의 없었다는 것이다. Jones 사건에서는 원고는 신문의 편집에 관하여 전적인 권한을 가질 뿐, 배당, 임원선임, 자금조달 등에는 크게 관여하지 않았다. 이에 비해 Sherman 사건에서는 원고가 이러한 것을 포함하여 거의 모든 권한을 다 행사하였다. 이후의 판결들도 이 두 판결의 기본 입장을 따르고 있는데, 대체로 위임의 기간이 길수록 그리고 위임업무가 광범위할수록 경영위임이 유효한 것으로 인정될 가능성이 적어진다.[197]

---

195) 139 Mo. 1, 39 S.W. 486 (1897).
196) 41 F.2d 588 (7th Cir.), cert. denied, 282 U.S. 893 (1930).
197) Notes(1961), pp. 291-293.

②우리 상법의 검토

상법 제374조 제1항 2호는 회사가 경영 전부의 위임을 하는 때에는 주주총회의 특별결의에 의한 승인을 받도록 한다. 경영위임에 따라 회사가 수임인의 지시에 구속력을 가지는 때에는 주주가 선임한 이사가 아닌 제3자에게로 경영주체가 변경되는 결과를 가져오므로, 주주총회의 특별결의를 요하도록 한 것이다.[198] 미국에서는 이사회의 본질적 권한의 측면에서 주로 논의되었다면 우리나라에서는 이 문제를 주주들이 경영자를 선임하는 권한의 측면에서 본 것이다. 한편, 학설상 단체법상의 효력이 생기는 사항 예컨대 임원선임, 신주발행, 자본금감소, 정관변경, 합병 등은 경영위임의 대상에서 제외된다고 하여 일정한 제한을 두어야 한다는 견해도 있다.[199]

⑴ 우리나라 사업신탁의 경우

①신탁법의 해석

우리 신탁법은 신탁행위로 정한 바에 따라 수탁자는 신탁사무를 위임할 수 있도록 하고 있으며, 포괄적 위임이 허용되는지 여부에 관하여는 따로 명시하고 있지 않다. 신탁위임에 관한 신탁법 제42조 제1항을 넓게 본다면, 해석론으로서 신탁행위에 의한 수권이 있으면 제3자에게 경영업무를 위임하는 것이 허용된다고 볼 수도 있을 것이다. 그리고, 사업신탁의 수탁자는 반드시 직접 모든 사업활동을 하여야 하는 것은 아니며, 그 특성상 보다 넓게 신탁사무의 위임이 인정될 실제적 필요가 있다. 그러나, 이러한 경우에도 수탁자의 지위가 형해화될 정도로 사업경영과 관련된 대부분의 업무를 제3자에게 위탁하는 것은 경영자로서의 수탁자를 기본으로 하는 사업신탁의 개념상 허용되기 어렵다고 할 것이다. 수탁자가 거의 아무런 권한과

---

198) 김건식·노혁준·천경훈(2016), 878면.
199) 이철송(2017), 577면.

역할을 하지 못한다고 볼 정도로 경영에 관한 업무가 제3자에게 이전된 경우가 이에 해당될 것인데, 예컨대 사업신탁의 수탁자는 형식적으로만 존재하고, 실제적인 권한은 모두 위탁자인 회사나 그 계열회사에게 위탁하는 것과 같은 구조를 취하는 것은 위임의 한계를 벗어난 것으로서 제한될 필요가 있다.

이러한 한계 내에서, 현행 신탁법의 해석상 신탁행위에 근거가 마련되어 있다면 수탁자는 직접 사업을 경영하지 않고 전문 경영인이나 위탁자 등 제3자에게 이를 위임하는 것이 가능하게 된다. 수탁자는 경영업무의 위임시 선량한 관리자의 주의의무를 다하여 적절한 경영인을 선임하고, 신탁에 최선의 이익이 될 수 있도록 위임계약을 체결하며, 이후 경영인의 경영활동을 감시하는 의무를 진다. 이와 같이 보면 수탁자는 상당히 넓은 범위에서 경영의 위임이 가능하게 되며, 이때 경영에 관한 최종적 감독권한은 수탁자가 가져야 할 것이다.

②자본시장법상의 제한

수탁자가 신탁업자인 때에는 자본시장법에 의한 업무위탁 규제를 받게 된다. 자본시장법 제42조 제1항은 금융투자업자가 그 업무의 일부를 제3자에게 위탁하는 것을 허용하면서, 투자자 보호나 건전한 거래질서를 해할 우려가 있는 것으로서 대통령령으로 정하는 일정한 업무는 위탁을 금지하고 있다. 동법 시행령 제45조 제2호 바목은 신탁업의 경우 "가. 신탁계약(투자신탁의 설정을 위한 신탁계약을 포함)과 집합투자재산(투자신탁재산은 제외)의 보관·관리계약의 체결과 해지업무, 나. 신탁재산(투자신탁재산은 제외, 동호에서 같음)의 보관·관리업무, 다. 집합투자재산의 보관·관리업무(운용과 운용지시의 이행 업무 포함), 라. 신탁재산의 운용업무(신탁재산에 속하는 지분증권(지분증권과 관련된 증권예탁증권을 포함)의 의결권행사를 포함)"를 위탁이 금지되는 업무로 정하고 있다.[200] 따라서, 신탁업자인 수탁자는 이러한 업무를 제3자에게 위탁하는 것이 허용되지 않는다.

그런데, 현재 자본시장법은 신탁업자의 사업 자체의 신탁 인수를 허용하고 있지 않고, 사업신탁에 있어서 사업의 경영이 위탁가능한 업무인지에 대하여 고려하고 있지 않다. 자본시장법 제103조 제1항은 신탁재산을 "금전, 증권, 금전채권, 동산, 부동산, 지상권, 전세권, 부동산임차권, 부동산소유권 이전등기청구권, 그 밖의 부동산 관련 권리, 무체재산권(지식재산권 포함)"으로 열거하고, 이에 해당되지 않는 재산은 수탁할 수 없도록 한다. 그 결과 현재 신탁업자는 사업 자체를 수탁하는 것은 가능하지 않은데, 학계에서는 신탁재산에 대하여 포괄주의를 채택하고, 사업신탁도 허용하자는 의견도 개진되었지만 아직 수용되고 있지 못하다.[201] 향후 법개정을 하여 신탁업자가 수탁할 수 있는 신탁재산에 사업을 포함시킬 것인지를 검토함에 있어, 사업의 경영과 그에 수반되는 제반 활동이 업무위탁이 불가능한 업무인지 여부에 대하여도 함께 논의되어야 할 것이다. 사업의 경영은 그 성격상 매우 다양한 활동을 포함하며, 전문가의 조력이 요구되는 경우도 많다. 수탁자가 사업경영을 위한 모든 활동을 직접 수행하는 것이 상당히 비현실적이라는 점을 고려할 때, 자본시장법 개정작

---

200) 다만, 동 조항 단서는 다음 업무는 예외로 한다: 1) 동법 제308조에 따른 예탁대상증권등 또는 외화자산인 집합투자재산·신탁재산의 보관·관리업무(외화자산인 집합투자재산의 운용 및 운용지시의 이행업무를 포함), 2) 신탁재산 중 외화자산의 운용업무, 3) 원화자산인 신탁재산 총액의 100분의 20 범위에서의 운용업무(금융투자업자에게 위탁하는 경우만 해당함), 4) 신탁재산의 운용업무와 관련한 조사분석업무, 5) 신탁재산에 속한 증권, 장내파생상품, 외국환거래법에 따른 대외지급수단의 단순매매주문업무, 6) 전담중개업무로 제공하는 전문투자형 사모집합투자기구등의 투자자재산의 보관·관리업무.

201) 오영표(2012), 125면; 고동원·권태율(2017), 53-54면.

업시 신탁업자에 의한 사업신탁이 허용된다면 그 업무위탁 가능범위
는 넓게 인정하는 방향으로 법개정이 이루어져야 할 것이다.

제5장 사업신탁의 유연성

제1절 신탁의 유연성

신탁은 신탁행위로 신탁의 구조를 자유로이 정할 수 있는 매우 유연한 제도이다. 신탁의 유연성(flexibility)으로 신탁에서는 사적 자치가 크게 인정된다.[1] 신탁의 사적 자치 내지 유연성은 다른 제도와 신탁을 구분하여 주는 가장 중요한 점으로서, 신탁의 최대 장점이라 할 수 있다. 신탁의 모국인 영국에서는 신탁을 영미법의 최고의 산물로 일컬으며 자랑스러운 제도로 인식하는데, 그 이유로 신탁의 유연성(flexibility)을 꼽는다. 영국의 신탁법의 대가인 Maitland, F. 교수는 "신탁은 계약과 같은 일반성과 유연성을 가진다(It has all the generality, all the elasticity of Contract.)"고 하였고,[2] 미국의 대표적인 신탁법 학자인 Scott, A. W. 교수도 신탁은 다른 법적 시스템에서 찾아보기 힘든 유연성을 지닌 도구라고 하면서, 바로 이 점 때문에 신탁은 매우 흥미로운 존재라고 하였다.[3]

이러한 신탁의 유연성은 우리 신탁법에도 그대로 드러난다. 신탁법상 다수의 조문들은 신탁법이 정하는 기본 원칙을 신탁행위로 바꾸거나 새로운 내용을 정하는 것을 허용하고 있다.[4]

---

1) Langbein(1997), p. 184.
2) Maitland(1911), p. 2.
3) Scott, Fratcher & Ascher(2007), Vol. 1, pp. 3-4.
4) 신탁법 제3조 제5항, 제9조, 제10조, 제14조 제1항, 제16조 1항, 제21조 1항, 제31조, 제32조, 제34조 제2항, 제35조, 제39조 제2항, 제41조, 제42조, 제46조 제4항, 제47조 제4항, 제50조 제3, 5항, 제56조 제1항, 제58조 제1, 4항, 제59조 제1항, 제60조, 제64조 제2항, 제66조 제2항, 제67조 제1, 2항, 제68조 제3항, 제71조 제2, 3항, 제78조 제1, 4, 6항, 제79조 제4항, 제80조 제1항, 제84조 제4항, 제85조 제4, 6, 7항, 제87조, 제88조 제1항, 제89조 제7, 8항, 제91조 제2항, 제95조 제2항, 제98조, 제99조 제4항, 제101조 제1항, 제104조, 제114조, 제133조 제1, 6항.

제2절 사업신탁에서의 유연성

1. 유연성의 효용

제3장에서는 신탁의 일반 법리에 따라 사업신탁은 자산분리와 유한책임과 같은 기업조직법적 핵심기능을 수행할 수 있다는 점을 살펴보았고, 제4장에서는 신탁법리의 적절한 변용을 통해 사업신탁의 수탁자가 경영자로서 활동을 함에 문제가 발생되지 않도록 할 수 있음을 살펴보았다. 그런데, 이러한 점들 만으로는 사업신탁이 회사와 차별화되거나 우위에 있다고 보기는 어렵다. 사업신탁이 가지는 우월한 점으로는 다른 기업조직에서 찾아보기 힘든 유연성에 따라 당사자들의 사적 자치가 크게 인정되고 있다는 점을 드는 것이 일반적이다. 대표적으로 신탁법의 조직법으로서의 핵심적 역할을 자산분리기능에서 찾은 Hansmann, H. 교수, Krakkman, R. 교수와 Mattei, U. 교수는 사업신탁이 회사와 매우 비슷하게 자산분리기능을 수행한다고 하면서, 신탁이 회사에 대하여 추가로 가지는 이점으로 유연성을 든다.[1] Hansmann, H. 교수와 Krakkman, R. 교수는 사업신탁은 유한책임조직의 일반형으로 볼 수 있다고 주장한다. 그리고, 신탁의 조직법적 기능을 매우 높이 평가하여 사업신탁은 최소한의 법으로 강력한 자산분리기능, 특히 조직격리 기능을 가지면서도 나머지는 계약에 맡기는 유연성을 가지고 있다는 점에서 기업조직의 역사적 진화에서 최종적인 단계로 볼 수 있다고 평가하였다.[2] 그 밖의 여러 문헌들에서도 기업조직으로서의 사업신탁이 가지는 장점으로 유연성을 꼽고 있다.[3] 이러한 사업신탁의 유연성은 미국에서 제정법에도 반영되

---

1) Hansmann & Mattei(1998a), p. 472; Hansmann, Krakkman & Squire(2006), p. 1397.
2) Hansmann, Krakkman & Squire(2006), p. 1397.

었는데, 델라웨어 제정법상신탁법이 그러하였고, 사적 자치를 기본
이념으로 하는 것은 통일제정법상신탁법에도 그대로 이어졌다.[4] 통
일제정법상신탁법의 입법에 관한 보고서는 사업신탁의 가장 큰 효
용으로 과세상 이유 외에 극도의 유연성을 꼽은 바 있다.[5] 우리나라
학자들도 사업신탁의 효용으로 유연성을 들고 있으며,[6] 개정 신탁법
에 의해 사적 자치가 광범위하게 인정되어 이를 뒷받침하게 되었
다.[7]

　과거의 일이지만, 19세기 미국에서 일반 회사법이 제정될 당시에
는 회사법상 주주의 의결권에 관한 요건, 최대 자본금 제한, 액면금
액 요건, 배당금 제한, 합병을 위한 특별결의 및 반대주주의 주식매
수청구권 등을 정하는 강행규정을 불편하게 여긴 사업가들은 이들
제한을 피하기 위해서 사업신탁을 이용한 바 있다. 20세기 초반까지
도 사업신탁은 철도, 가스 등 다양한 사업에서 널리 사용되었는데,
특히 사업신탁은 최대 자본금의 제한없이 수익권을 발행할 수 있다
는 점을 이용하여 일반 회사법상 회사의 자본금에 관한 제한을 피하
기 위해서였다.[8] 현대에 이르러 회사에 대한 제한의 내용과 수준은

---

3) D'Agostino(2011), p. 414; Frankel(2001), pp. 326-327; Issacs(1929), p. 1052; Jones, Moret & Storey(1988), p. 424; Langbein(1997), pp. 183-184, 189; Rutledge & Habbart (2010), pp. 1058-1059; Thulin(1922), p. 178의 각주 4; Walsh & Michaels(2013), p. 682.
4) Walsh & Michaels(2013), p. 686.
5) Drafting Committee on USTEA(2005), pp. 1-2.
6) 김태진(2011), 137면; 이중기(2014c), 535-536면.
7) 신탁법상 수탁자의 선관주의의무, 이익충돌행위 및 자기집행의무를 신탁행위로 달리 정할 수 있도록 한 것(제32조 단서, 제34조 제2항 제1호, 제42조 제1항 단서), 신탁행위로 수탁자의 비용보상청구권의 배제를 허용하고 (제46조 6항), 신탁행위로 복수의 수익자의 의사결정방법으로서의 전원일치에 대한 예외를 둘 수 있게 한 것 (제71조 제3항) 등은 모두 개정 신탁법에서 신설된 것들이다.
8) Jones, Moret & Storey(1988), p. 427.

과거와 다르다고 하여도, 사업신탁의 유연성은 여전히 기업가들에게 매력으로 작용될 것이다. 다수의 강행적 제도들을 두고 있는 주식회사가 법제 변경을 통해 다양한 수요에 대응하기보다는 사업신탁을 활용하는 편이 사회적인 손익 면에서도 바람직하다. 이처럼, 사업신탁에서 누릴 수 있는 신탁의 유연성은 회사에서는 찾을 수 없는 것으로, 사업신탁의 최대의 강점으로 작용된다.[9]

　비록 일반 사업분야의 경우는 아니지만 사업신탁의 유연성의 효용의 예로, 미국에서 뮤추얼 펀드에서 사업신탁의 성공은 시사하는 바가 크다. 1970년대에 뮤추얼 펀드는 머니마켓펀드 시장에서 인기를 끌었는데, 머니마켓펀드는 단기 금융상품에 투자하는 개방형 투자펀드로서 단기간 내에 대규모 매매와 환매를 겪는 특징을 가진다. 회사는 정관상 수권 자본금액의 제한이 있어 회사형 머니마켓펀드는 계속적으로 수권 자본금액을 증액시키는 과정을 거쳐야 하였는데, 일반적으로 미국의 주법상 회사의 수권 자본금액을 늘리기 위하여는 주주의 승인결의가 필요하여 절차적으로 번거롭다는 문제가 있었다. 이에 비해 사업신탁은 신탁선언이나 신탁증서에서 수탁자에게 수익자의 승인없이 무제한적으로 수익권을 발행하는 권한을 부여할 수 있어 훨씬 간편하다는 점이 부각되었다. 머니마켓펀드의 운용자(manager)는 수권주식수를 늘리기 위해 회사형과 같이 주주총회를 열지 않아도 되어 비용과 시간을 절감할 수 있다는 점에서 사업신탁을 크게 선호하였다. 또한, 머니마켓펀드는 1주당 안정적인 순자산가치를 추구하는데, 만일 1주당 순자산가치가 하락하는 경우 주식병합(reverse split)을 실시하여 발행주식수를 줄이는 방법으로 1주당 가치를 유지하도록 한다. 이때 사업신탁은 신탁선언이나 신탁증서로 수탁자가 손쉽게 수익권병합을 하게 할 수 있어 회사형에서의

---

9) Langbein(1997), p. 183; Hansmann & Mattei(1998a), p. 475; 이중기(2014c), 535-536면; 유혜인(2014), 28-29면.

주식병합 절차보다 간편하다는 점도 신탁형이 선호된 이유 중 하나
이다. 이처럼, 사업신탁을 뮤추얼 펀드의 조직 구조로 이용하면 수
익권을 제한없이 발행할 수 있고, 손쉽게 수익권병합을 할 수 있으
며, 정기 수익자총회 개최의무가 없다는 등의 장점으로 현재까지 다
수의 뮤추얼 펀드가 신탁형으로 조직되고 있다.[10],[11]

2. 회사법의 강행법규성과 사업신탁

우리나라에서 회사법의 많은 부분은 강행법적 성격을 가지는 것
으로 인식되고 있다.[12] 회사법의 강행법규성은 회사를 단체법적 법
률관계로 파악하여 다수의 이해관계자들이 관여하는 법률관계에서
의 획일적 처리를 도모하기 위함[13]이라거나 사회공동의 이익을 보장
하기 위함으로 설명된다.[14] 이에 비해 미국에서는 회사를 계약적 관
계로 보는 계약론적 접근방식을 취하는 견해가 적극적으로 주장되
어,[15] 이에 반대하는 반계약론적 접근방식[16]과 사이에 팽팽한 논쟁을
벌여 왔다.[17] 대표적인 계약론자인 Easterbrook, H. F. 판사와 Fischel, D. R.
교수는 회사를 여러 당사자들 사이의 계약의 연결점(nexus of contracts)

10) Jones, Moret & Storey(1988), pp. 454-455.
11) 미국의 주 사이에 뮤추얼 펀드시장에서의 경쟁이 심하여, 1980년대 미국의
    최대 뮤추얼 펀드 그룹인 T. Rowe Price의 소재지인 매릴랜드 주는 회사법
    을 개정하여 회사의 정관으로 정기 주주총회를 없앨 수 있도록 하는 등 회
    사의 구조에 대하여 유연성을 부여하도록 하여 사업신탁과 경쟁하였다
    (Langbein(1997), p. 187).
12) 손주찬·정동윤(2006), 43면(정동윤 집필); 이철송(2017), 7-8면; 정동윤(2001),
    63면; 정찬형(2003), 9면; 최기원(2012), 8면.
13) 이철송(2017), 7-8면; 정찬형(2003), 9면.
14) 손주찬·정동윤(2006), 43면(정동윤 집필); 최기원(2012), 8면.
15) 대표적으로, Easterbrook & Fischel(1989).
16) 이러한 입장을 취하는 문헌으로, Bebchuk(1989); Coffee(1989); Eisenberg(1989).
17) 이에 관한 자세한 소개는, 박권의(2004), 5-19면.

으로 보는 것을 기본전제로, 당사자들이 부의 최대화를 목표로 자유
롭게 정관에 대하여 합의할 수 있으며, 회사법은 당사자들이 계약으
로 정할 수 있는 기본 규정(default rule)을 제공하는 의미를 가진다고
주장한다.[18] 이에 대해 반계약론자들은 정보의 비대칭성, 제3자 보호
필요성, 경영진의 기회주의적 시도 차단 등을 논거로 회사법의 강행
법으로서의 역할을 강조한다.[19] 이러한 논의는 회사법이라 하여도
당연히 강행법규성이 인정되는 것은 아니며, 이에 대해 다양한 시각
이 존재할 수 있음을 보여준다.

  회사법에서 강행법규로 인식되는 조항들은 상당수에 이르는데,
이를 크게 나누어 보면 (i) 기관간 권한 분배 (ii) 조직 내 의사결정 방
식 (iii) 주주의 권리보호 (iv) 채권자 보호를 위한 자본규제 등이 있
다.[20] 이들 내용은 우리 상법이 주식회사에 대하여 두고 있는 강행
규정을 모두 포괄하는 것은 아니다.[21] 다만, 본 연구에서는 상법상
주식회사에 관한 조항들을 개별적으로 검토하기보다, 기업조직에서
핵심적인 사항이라 할 수 있는 위 내용들을 중심으로 사업신탁에서

---

18) Easterbrook & Fischel(1989), pp. 1418, 1426-1433.
19) Bebchuk(1989), p. 14; Brudney(1985), pp. 1411-1427; Gordon(1989), pp. 1556-1585;
    한편, Coffee(1989)는 계약론자 및 반계약론자와 자신을 차별화하면서, 적극
    적 사법주의에 입각하여 법원이 회사법의 임의규정성과 강행규정성을 판
    단하는데 중요한 역할을 하여야 한다고 주장한다(Coffee(1989), pp. 1621,
    1626, 1690).
20) Eisenberg(1989) pp. 1461-1462(회사법의 원칙을 크게 보아 구조에 관한 원칙
    (structural rule), 분배에 관한 원칙(distributional rule), 신인의무 원칙(fiduciary
    rule)으로 범주화하고, 이를 세 가지 근본적 원칙(constitutive rule)으로 부르
    고 있다); Gordon(1989), pp. 1591-1597와 Bebchuk(1989), p. 2의 각주 6는 미국
    회사법상 강행규정의 영역으로서, 합병, 해산 등 회사의 근본적 사항, 소유
    와 경영의 분리에 따른 주주와 이사회의 권한분배, 주주총회 소집 등에 관
    한 절차적 사항, 배당규제, 이사의 신인의무에 관한 원칙 등을 언급한다.
21) 예컨대, 송옥렬(2011a)는 상법 제340조의4 제1항의 주식매수선택권의 행사
    에 관한 조항의 강행규정성 여부에 대하여 논하고 있다.

의 임의규정화에 대하여 생각해 본다. 그리고, 우리나라 상법과 신탁법에 있어서 이들 사항에 대한 강행규정성과 임의규정화의 문제를 검토한다.

가. 기관 간의 권한 분배

상법에서는 주식회사의 소유와 경영의 분리에 따라 회사의 경영에 관한 권한은 이사회에 집중시킴으로써 경영의 중립화와 효율성을 꾀하고, 주주는 주주총회에서 회사의 중대한 사항에 관하여 결정할 수 있는 권한을 가지는 것으로 하고 있다.[22] 상법은 이사회의 업무집행결정권에 관한 명문의 규정을 두고,[23] 이사회의 전속적 권한사항을 정하고,[24] 신주발행 등 일정한 사항은 이사회의 권한으로 하면서 정관의 규정을 두어 주주총회의 권한으로 할 수 있도록 하는 등[25] 세부적인 조항을 마련하고 있다. 또한, 주주는 이사의 선임 및 해임에 관한 권한을 보유하여[26] 그 최종적 감독하에 있도록 하며, 정관변경, 해산, 합병 등 회사조직의 기본적 변경에 관한 사항에 대하여 주주가 결정권한을 가지도록 한다.[27] 상법 학자들은 이러한 기본조직구조에 관한 규정을 강행법규로 보고 있으며, 정관에 의해 이들 사이의 권한분배를 달리 정하는 것이 허용되는지에 대하여 논의하고 있다. 구체적으로, 상법상 이사회 권한사항을 정관에 규정을 두

---

22) 이철송(2017), 474-476면, 486-487면.
23) 상법 제393조 제1항.
24) 주식 양도제한의 승인(제335조 제1항 단서), 이사의 자기거래의 승인(제398조), 재무제표의 승인(제447조) 등.
25) 대표이사 선임(제389조 제1항), 신주발행(제416조), 준비금의 자본전입(제461조 제1항), 전환사채의 발행(제53조 제2항), 신주인수권부사채의 발행(제516조의2 제2항) 등.
26) 상법 제382조 제1항, 제385조 제1항.
27) 상법 제433조 제1항, 제518조, 제522조 제1항 등.

어 주주총회의 결의사항으로 할 수 있는 명문의 규정이 없는 경우에 정관으로 이사회의 권한을 주주총회의 권한으로 이관할 수 있는지 하는 문제에 관하여 학자들 사이에 견해가 나뉜다.[28] 학설상 주식회사도 내부에서 구성원간 어떻게 권한을 분배할 것인지는 원칙적으로 구성원이 자유로이 정할 수 있고, 특히 폐쇄회사는 그 필요성이 크다는 주장도 있다.[29]

　사업신탁에서도 소유와 경영의 분리 및 그에 따른 권한 분배라는 기본구조는 주식회사와 같다. 수탁자는 사업신탁의 경영에 관한 권한을 가지고, 수익자는 사업신탁의 변경, 종료, 수탁자의 해임 등의 권한을 행사한다. 신탁법상 수탁자의 해임은 위탁자와 수익자가 합의하여 하고, 신탁의 변경 또는 종료는 수탁자와 위탁자, 수익자 사이의 합의로 할 수 있으며, 이들 경우에 모두 신탁행위로 달리 정한 경우에는 그에 따르도록 한다.[30] 따라서, 신탁행위로 이러한 권한을 수익자들이 전적으로 행사할 수도 있다. 이와 달리, 신탁행위로 신탁의 변경 또는 종료를 수탁자의 전속권한으로 하는 것도 가능할 것

---

28) 다수설인 긍정설은 주주총회의 최고기관성 및 권한분배의 자율성 등을 이유로 하여 주식회사의 본질이나 강행법규에 위반되지 않는 한 상법상 규정된 이사회의 권한도 정관에 의하여 주주총회의 권한으로 이관할 수 있다고 하고, 다만 주주총회 소집권한(상법 제362조)은 그 성질상 주주총회의 권한으로 할 수 없다고 한다(정동윤(2001), 315면, 송옥렬(2017), 904면; 최기원, 435면). 소수설인 부정설은 주식회사의 각 기관의 권한분배에 관한 규정은 강행규정이고, 긍정설과 같이 해석하면 상법이 주주총회의 권한으로 유보한 조항(상법 제389조 제1항, 제416조 제1항 단서 등)이 무의미해지고, 주주총회가 이사회의 권한을 대폭 잠식하게 되어 소유와 경영의 분리라는 이념에 역행한다는 것을 논거로 한다(이철송(2017), 488면; 정찬형(2003), 457면).

29) 정동윤(2001), 405면; 송옥렬(2017), 904면(소규모 회사는 의사결정에 직접적 이해관계를 가지는 주주에게 경영자의 결정을 뒤집을 수 있는 권한을 부여하는 경우도 있을 수 있다고 한다).

30) 신탁법 제16조 제1항, 제88조 제1항, 제99조 제1, 4항.

이나, 사업신탁의 경우에는 기업조직에 투자한 수익자가 사업신탁의 근본적 사항에 대하여 권한행사를 하는 것을 차단하는 것은 문제가 있다. 다만, 신탁법은 수익자가 수탁자의 해임, 신탁의 변경, 종료를 법원에 대하여 청구하는 권리를 강행적 권리로 인정하여,[31] 제한적으로 수익자의 권리를 보호하고 있다. 수탁자의 해임청구는 "수탁자가 그 임무에 위반된 행위를 하거나 그 밖에 중요한 사유가 있는 경우"에 할 수 있고, 신탁의 변경청구는 "신탁행위 당시에 예견하지 못한 특별한 사정이 발생한 경우"에, 신탁의 종료청구는 "신탁행위 당시 예측하지 못한 특별한 사정으로 신탁을 종료하는 것이 수익자의 이익에 적합함이 명백한 경우"에 할 수 있다고 하여 일정한 요건을 두고 있다.[32] 현행 신탁법상 수익자는 이러한 제한된 범위에서만 법원에 대한 청구권의 형식으로서 강행적으로 권리를 보장받고 있는데, 조직의 소유자 보호의 측면에서 충분하지 않다. 따라서, 신탁을 기업조직으로 사용하는 사업신탁의 경우에는, 입법론으로서 이러한 조직의 근본적 사항에 관한 권한은 수탁자가 아니라 수익자에게 귀속시킬 필요가 있다.

그리고, 신탁법 제31조에서 수탁자의 권한에 관하여 "수탁자는 신탁재산에 대한 권리와 의무의 귀속주체로서 신탁재산의 관리, 처분 등을 하고 신탁 목적의 달성을 위하여 필요한 모든 행위를 할 권한이 있다. 다만, 신탁행위로 이를 제한할 수 있다."는 조항을 두고 있다. 신탁법은 이러한 원칙적인 조항 이외에, 상법에서와 같이 이사회의 전속적 권한에 대한 규정이나, 신주발행과 같이 일정한 경우에 이사회의 권한으로 하면서 정관의 규정을 두어 주주총회의 권한으로 할 수 있도록 하는 것과 같은 규정은 두고 있지 않다. 따라서, 현행 신탁법상 신탁행위로 수탁자의 경영권한의 범위를 자유롭게 정

---

31) 신탁법 제61조 제1호.
32) 신탁법 제16조 제3항, 제88조 제3항, 제100조.

할 수 있게 된다. 다만, 수탁자가 경영에 관하여 아무런 권한을 가지지 않는 것으로 하는 것은 사업신탁의 개념상 허용될 수 없다. 결국, 신탁법상 사업신탁에서 내부기관 사이의 권한분배는 자율적으로 할 수 있되, 수탁자가 사업경영에 관하여 최종적 권한기관이 된다는 점을 한계로 한다.

나. 조직 내 의사결정 절차와 방식

상법상 주식회사의 경우 주주총회와 이사회의 존재, 그 소집절차 및 의사결정 방식에 관한 규정들은 강행적인 것으로서, 이에 관하여 정관으로 달리 정하는 것은 허용되지 않는다. 기본적으로 주식회사에서 주주총회와 이사회는 필수적 기관이다. 그리고, 상법 제390조는 이사회의 소집절차에 대하여 명문의 규정을 두고, 이사 및 감사의 전원의 동의가 있는 때에는 소집절차를 밟지 않을 수 있는 예외를 인정한다. 상법 제363조 제3항은 주주총회의 소집통지시 주주에게 개별적으로 서면에 의해 통지를 발송하여야 하고, 주주의 동의가 있을 경우 전자문서에 의한 통지로 갈음할 수 있도록 한다. 이 조항은 강행규정으로서 다른 방법은 허용되지 않아, 구두나 전화로 알리거나 안내방송 등에 의하는 것은 가능하지 않다.[33] 그리고, 상법 제363조 제1항은 소집의 통지는 2주 전에 발송할 것을 요구하는데, 정관으로 연장할 수 있을 뿐 단축하지 못한다고 해석된다.[34] 그리고, 총주주의 동의로 소집절차를 생략하고 총회를 개최하는 것에 대하여는, 학설상 가능하다고 하는 견해와 그렇지 않다는 견해로 나뉘고 있다.[35]

---

33) 이철송(2017), 496면.
34) 최기원(2012), 456면.
35) 가능설은 정동윤(2001), 325면, 불가능설은 송옥렬(2017), 909면 및 정찬형(2003), 462면.

또한, 상법은 이사회 결의요건, 주주총회 결의요건에 관하여 세부적인 조항들을 마련하고 있다. 상법 제391조 제1항은 이사회 결의요건에 관하여 과반수 출석에 출석이사의 과반수 찬성을 요하며, 정관으로 결의요건을 강화할 수 있도록 하는데, 반대로 정관으로 결의요건을 완화할 수는 없다고 해석된다.[36] 상법은 주주총회에 대하여도 보통결의, 특별결의, 특수결의에 관한 요건에 관하여 상세히 규정하고 있다.[37] 학설은 정관으로 이러한 결의요건을 가중할 수는 있어도 감경할 수는 없다고 한다.[38] 그리고, 상법은 주주의 의결권 행사방법에 관하여도 정하고 있으며, 의결권 대리행사에 관한 규정[39] 등은 강행법규로서 정관으로도 그 요건을 완화하거나 제한할 수 없다고 해석하고 있다.[40]

이에 비해, 신탁법에서는 신탁에 이사회를 둘 것을 요구하고 있지 않고, 수익자집회를 둘 것인지 여부 또한 신탁증서에서 정하는 바에 따르게 한다. 그 결과, 수탁자는 회의체에 의하지 않고 자유로이 경영활동을 할 수 있으며, 신탁행위로 수익자집회를 두지 않고 수익자의 의사결정 방식을 자유로이 정할 수 있다. 수익자집회를 두는 경우에도, 신탁법상 수익자집회의 소집, 결의요건 등에 관한 조항들은 모두 임의규정이므로, 신탁행위로 이에 관하여 달리 정할 수 있다.[41]

---

36) 이철송(2017), 496면; 정동윤(2001), 405면.
37) 상법 제368조 제1항, 제434조, 제324조, 제400조, 제408조의9, 제415조, 제542조 제2항, 제604조 제1항.
38) 정찬형(2003), 488면; 최기원(2012), 431면.
39) 상법 제368조 제2항.
40) 정찬형(2003), 477면; 최기원(2012), 477면.
41) 신탁법 제71조 제2, 3항. 일본 신탁법에서도 수익자집회에 관한 조항은 임의조항(일본 신탁법 제105조 제1항 단서)임을 이유로, 합리성이 요구되는 때에는 법이 정하는 원칙에 변경을 가하여 소집청구기간을 2주가 아닌 1주로 하거나, 전화회의 방식을 정하는 것도 가능하다고 한다(道垣內弘人

　기업의 경영은 그 특성에 맞게 자율적으로 할 필요가 있으며, 조
직의 경영진이 주식회사의 이사회와 같은 형태를 취할 것을 모든 기
업조직에 요구할 이유는 없을 것이다. 상법상 회사의 경우에도 종류
별로 업무집행 및 의사결정기구의 구성과 의사결정 방식은 각각 다
르다. 그렇다면, 사업신탁에서는 수탁자의 경영을 위한 의사결정 방
식으로 이사회와 같은 기구를 강제할 필요없이 자유롭게 정하여 경
영활동을 하도록 할 수 있을 것이다.[42] 예컨대, 토지신탁의 경우 반
드시 사업경영을 위한 회의체를 구성하여야 하는 것은 아니므로 주
식회사에서와 같은 이사회 개최에 따른 부담을 덜 수 있고, 정기 수
익자총회 절차도 생략할 수 있다. 이러한 절차를 거치지 않아도 되
므로 수탁자는 그 판단에 따라 신속히 업무수행을 하는 것이 용이해
진다. 급변하는 경제상황에서 이러한 유연성은 경영상 신속히 대응
할 수 있도록 하여 큰 이점이 될 수 있다.[43]

　마찬가지로, 조직의 최고의사결정기관으로서 주주총회와 같은 기
관을 필수적으로 두어야 하는 것도 아니며, 어떠한 방식이든 수익자
들의 의사를 확인하여 승인을 받으면 된다. 그리고, 과반수에 의하
는 것은 다수의 의사결정을 위한 가장 일반적인 방법이며, 조직의
중요사항에 대하여는 결의요건을 가중한다는 기본 사고방식은 찬성
할 만하지만, 그것이 모든 조직에서 언제나 타당한 것은 아니다. 주
식회사의 경우에도 학자들에 의해 대주주의 영향력 강화와 같은 다
수결 결의의 역기능이 지적되고 있기도 하다.[44] 지배주주의 권한을
저지하기 위하여 초다수결제[45]가 논의되는 것도 정형화된 결의요건

　　(2017), 354면).

42) Hansmann & Mattei(1998a), pp. 472-473; D'Agostino(2011), p. 412; Wilgus(1914), p.
　　75.

43) 유혜인(2014), 28면; 오영준(2010), 26면.

44) 이철송(2017), 565면.

45) 초다수결제(supermajority voting)에 대하여는 폐쇄회사에서는 소수파주주에

하에서 발생되는 지배주주의 전횡방지의 측면에서 제기되는 것이며, 당사자들 사이의 이해관계의 조정에 따라서는 특별결의 또는 특수결의 사항을 달리 정할 필요도 생길 수 있다. 신탁법은 수익자집회의 결의는 원칙적으로 의결권의 과반수에 해당하는 수익자가 출석하고 출석한 수익자의 의결권의 과반수로써 하도록 하고, 수탁자 해임의 합의, 중요한 신탁의 변경의 합의, 신탁의 합병·분할·분할합병계획서의 승인, 신탁의 종료 합의, 신탁의 종료시 계산의 승인과 같은 중요 사항에 대하여는 의결권의 과반수에 해당하는 수익자가 출석하고 출석한 수익자의 의결권의 3분의 2 이상으로써 하여야 한다는 기본 원칙을 정하고, 신탁행위로 이와 다르게 정할 수 있도록 하고 있다.[46] 이와 같이 내부 의사결정의 방식과 요건에 관하여 기본원칙을 정하면서, 당사자 자치로 그와 달리 정할 수 있게 한 것은 합리적으로 평가할 수 있을 것이며, 신탁의 유연성에 의해 자유롭게 결정할 수 있는 영역이라고 생각된다. 다만, 수익자는 조직의 소유자로서, 예컨대, 사업신탁의 종료 여부를 수탁자가 단독으로 정하는 것과 같이 사업신탁의 중요한 사항에 대한 결정에서 배제되는 것은 문제가 있다. 따라서, 입법론으로서 사업신탁의 내부 의사결정 방식과 요건에 관한 사적 자치의 한계로서 수익자가 수탁자의 해임, 사업신탁의 중요한 사항의 변경, 합병, 종료 등에 관하여 결정할 권한을 강행적 권리로 인정할 필요가 있다.

나아가, 사적 자치에 의한다는 것은 당사자들 사이의 명확한 합의를 전제로 하는 것이다. 현행 신탁법상 신탁행위로 내부 의사결정

게 거부권을 확보할 필요가 있다는 이유에서 특별결의요건을 가중하거나, 총주주의 동의를 요하게 하는 것도 가능하다는 견해가 있다(송옥렬(2017), 937면, 최기원(2012), 431면, 정동윤(2001), 354면). 이와 달리, 회사가 경영상 교착에 빠지고, 유한책임의 회사법적 전제에도 어긋나므로 허용할 수 없다는 부정설도 있다(이철송(2017), 554면).

46) 신탁법 제71조 제2, 3항, 제74조 제1, 2항.

방식, 요건 등을 정할 수 있는데, 사업신탁의 수익자는 이에 관한 신탁증서의 내용을 정확히 인식하고 충분한 이해를 바탕으로 하여 수익권을 취득하는 과정을 거쳐야 할 것이다.

다. 주주의 권리보호

(1) 1주 1의결권 원칙

상법은 주식회사에서 1주 1의결권의 원칙을 정하고 있다.[47] 주식회사에서 주주는 출자액을 한도로 하는 유한책임을 지므로 그가 부담하는 위험은 주식수에 비례하며, 따라서 주식수에 비례하여 주식수 대로 의결권을 갖도록 한 것이다.[48] 상법상 주식회사의 1주 1의결권 원칙 규정은 강행규정이며, 법이 특별히 정한 예외를 제외하고는 정관으로 달리 정할 수 없다고 함이 학설[49] 및 판례[50]이다. 그러나, 1주 1의결권의 원칙은 모든 기업구조에서 인정되는 원칙은 아니다. 예컨대 유한회사의 경우 정관으로 이와 다른 원칙을 정할 수 있도록 하고 있다.[51] 즉, 1주 1의결권의 원칙은 기업조직의 성격에 따라서 변경이 가능한 것으로서 절대적인 것이 아니다.[52] 주식회사에서도 정관의 정함에 따라 무의결권주식이나 의결권제한주식의 발행이 허용되어[53] 1주 1의결권의 원칙에 대하여 일정한 범위에서 예외가 인

---

47) 상법 제369조 제1항.
48) 이철송(2017), 87면.
49) 송옥렬(2017), 918면; 정동윤(2001), 332면; 정찬형(2003), 471면; 최기원(2012), 472면.
50) 대법원 2009. 11. 26. 선고 2009다51820 판결.
51) 상법 제575조 단서.
52) 윤영신(2009), 208-221면은 미국, 유럽 및 일본에서의 1주 1의결권 원칙 채택 여부에 관한 서로 다른 입법례에 대하여 기술하고 있다.
53) 상법 제344조의3 제1항.

정되고 있으며, 자금조달을 위한 다양한 수단의 제공이라는 측면에서 의결권과 관련하여 다양한 구조의 주식이 입법론적으로 검토되고 있다. 이러한 점들을 고려할 때, 우리나라에서 사업신탁을 통해 1주 1의결권 원칙을 완화하는 것을 생각해볼 수 있다. 신탁법에는 제 73조 제1항에서 각 수익권의 내용이 동일한 경우 수익권의 수, 각 수익권의 내용이 동일하지 않은 경우 수익자집회의 소집이 결정된 때의 수익권 가액에 따른 의결권을 가진다는 조항이 있을 뿐인데, 이 조항은 임의규정으로서 신탁행위로 달리 정할 수 있다. 이처럼 신탁법은 사업신탁에서 의결권 부여를 자유롭게 할 수 있도록 의결권 원칙을 유연하게 하고 있는 바, 사업신탁에서는 주식회사에 비하여 사적 자치로서 좀더 다양한 의결권 구조를 가지는 수익권을 설계하는 것이 이론적으로 가능하다.

주식회사는 법정된 것 이외의 종류주식의 발행이 허용되고 있지 않아, 예컨대, 거부권부 주식, 임원임면권제한주식,[54) 차등의결권주식 등의 발행은 가능하지 않다.[55) 이에 비해 사업신탁의 수익권에는 이러한 제한이 없으므로 좀더 자유롭고 다양한 내용의 수익권을 만들 수 있다. 따라서, 차등의결권 주식이나 임원임면권제한주식과 같은 내용의 수익권 발행도 이론적으로 생각해볼 수 있는데, 이러한 수익권은 지배구조 왜곡문제를 더 심각하게 만들 수도 있다는 문제가 있다. 상법상 회사에 대하여 이러한 주식의 발행을 허용하고 있지 않은 것은 이러한 우려에 따른 것이기도 하다.[56) 따라서, 의결권

---

54) 2006년 상법개정안은 원시정관을 통하거나 총주주의 동의에 의한 정관변경을 통해 거부권부종류주식, 임원임면권부종류주식의 도입을 허용하는 것이었지만, 경영권방어수단으로의 남용가능성을 우려하여 2008년 상법개정안에서는 이를 삭제하였다(김순석(2009), 135면).

55) 이철송(2017), 291면.

56) 상법상 회사에서 복수의결권 주식의 허용문제에 관하여, 복수의결권 주식은 그 효용에 불구하고, 우리나라의 경우 지배권과 현금흐름권의 괴리가

에 차등을 두는 수익권의 발행은 수익자들 사이의 이익충돌 문제의
측면에서 신중히 접근하여야 할 것이다. 신탁의 유연성에 기반하여
이러한 수익권을 발행하는 때에는, 모든 수익자가 관련 내용을 충분
히 숙지하고 수락하는 합의 절차가 필요할 것이며, 다수의 투자자를
대상으로 하는 때에는 공모규제와 같은 별도의 투자자 보호수단이
마련되어야 할 것이다.[57]

(2) 주식평등의 원칙

주식평등의 원칙은 주식회사의 기본 원칙 중 하나로서 이것이 발
현된 상법 규정들은 강행법적 성격을 가진다. 주식평등의 원칙은 회
사의 수익과 지배에 대한 비례적 이익으로 구체화되는데, 전자의 경
우 이익배당에서의 평등이고, 후자는 의결권의 평등 즉 1주 1의결권
원칙을 뜻한다.[58] 신주발행시 주주에게 인정되는 신주인수권도 주주
의 비례적 가치를 보장하기 위한 것으로서, 주식평등의 원칙에 따라
부여되어야 한다.[59] 그러나, 신주인수권은 주주의 비례적 가치의 보
호 측면 뿐 아니라 자본조달의 기동성이라는 면도 함께 가지기 때문

상당하고, 지배주주의 사적 이익의 남용유인이 높으므로, 복수의결권주식
을 허용하는 것은 바람직하지 않다는 견해가 있다(윤영신(2009), 236면). 이
와 달리, 이러한 문제는 시장의 감시나 제도보완을 통해 해결할 수 있으므
로, 지배권의 분배 및 자금조달 수단을 다양화한다는 측면에서 도입을 허
용하여야 한다는 견해도 있다(김순석(2009), 146면).

57) 예컨대, 미국에서는 주주간 의결권분배에 대해 강행법적 규제를 하고 있
지 않은데, 상장회사의 경우 증권거래소의 상장규정으로 일정하게 제한하
고 있다. 그 결과, 비상장회사는 복수의결권 주식제도를 채택하는데 제한
이 없는 반면, 상장회사는 증권거래소 상장규정에 따라 일정한 조건이 충
족되는 경우에만 복수의결권주식제도가 가능하다. 이에 관한 자세한 논의
는, 윤영신(2009), 208면-212면.
58) 상법 제464조 본문 및 제369조 제1항.
59) 이철송(2017), 314-316면, 878-880면.

에, 상법 제418조 제2항은 신기술의 도입, 재무구조의 개선 등 회사
의 경영상 목적을 달성하기 위한 경우에는 정관으로 제한하는 것을
허용한다. 학설은 이 조항에 따라 정관으로 주주의 신주인수권을 완
전히 박탈하는 것도 가능하다고 보고 있다.[60]

신탁법에는 수익권평등의 원칙이 따로 명시되거나, 이익배당에서
의 평등 또는 의결권 평등과 같은 내용이 강행규정으로 정해져 있지
않다. 그렇지만, 신탁법에서는 수탁자에게 공평의무를 부과하여 수
익자들에 대한 차별적 취급을 금지하고 있다. 신탁법 제35조에 따라
수탁자는 수익자가 여럿인 경우 각 수익자를 위하여 공평하게 신탁
사무를 처리하여야 하여야 한다는 공평의무를 진다. 동 조항은 다만
신탁행위로 달리 정할 수 있도록 한다. 따라서, 만일 수탁자가 명확
한 수권없이 지배 수익자 등 특정 수익자를 유리하게 취급하는 경우
에는 신탁법에서는 수탁자의 공평의무가 해결책이 될 수 있을 것이
다. 영미 신탁법에서도 공평의무(duty of impartiality)는 수탁자의 주요
의무 중 하나로, 수탁자가 수익자에 대한 이익충돌을 방지하기 위한
다는 점에서 충실의무와 기본적 사고를 같이 한다. 이러한 점에서
공평의무는 충실의무에 속한다고 보는데,[61] 충실의무의 이익충돌금
지 원칙은 기본적으로 수탁자가 자신의 의무와 이익이 충돌되는 거
래를 하는 것을 금지함에 비하여 공평의무는 복수의 수익자가 존재
하는 경우 수탁자의 여러 수익자에 대한 의무 사이에 충돌이 일어날
수 있음을 전제로 한다.[62] 이처럼, 공평의무는 수탁자의 수익자에 대
한 충실을 꾀하기 위한 것이지만, 수탁자의 의무와 이익 사이에 상

---

60) 정동윤(2001), 503면; 정찬형(2017), 1115면.
61) 미국 통일신탁법 제803조(Impartiality) 및 동조의 comment; 제3차 신탁 리스
  테이트먼트 § 79의 comment b.
62) 이러한 점에서 Conaglen(2011), p. 147는 신인의무자에게 한 명 이상의 본인
  이 있는 경우에 "duty-duty conflict"이라는 표현을 사용한다.

충이 있는지와 상관없이, 복수의 수익자에 대한 수탁자의 의무 사이의 상충이 발생되는 상황을 문제삼아 별도의 의무로서 발전된 것이다.[63]

수탁자는 이러한 공평의무에 따라, 신탁행위로 명시적으로 달리 정하지 않은 한, 수익권의 발행이나 그 내용 등에서 특정 수익자의 이익을 우선시 할 수 없다. 따라서, 새로운 수익권 발행 등으로 기존의 수익자의 이익에 침해가 발생될 수 있는 사항에 대하여는 신탁행위에서 사전에 명확히 정해두어야 할 것이다. 주식회사의 경우에 정관에 규정을 두어 신주인수권을 배제하고 일정한 목적 하에 제3자 배정방식의 신주발행을 하는 것이 허용되는데, 사업신탁에서도 신탁행위로 기존의 수익자에게 우선적인 인수권을 부여하지 않고 추가로 수익권을 발행할 수 있다. 이때 상법 제418조 제2항의 제3자 신주인수권 부여와 달리 "신기술의 도입, 재무구조의 개선 등 회사의 경영상 목적을 달성하기 위한 경우"와 같은 제한에 구속되지 않아 좀더 자유롭다. 다만, 신탁행위로 수권하는 경우에도, 수익자는 수익권 취득시점을 기준으로 자신의 권리내용에 관하여 합의를 하므로, 이후에 사후적으로 수익자의 권리에 불리한 변경을 가져오는 내용을 신탁행위로 정하는 것은 허용되지 않는다고 보아야 한다. 수탁자가 이에 위반한 행위를 하는 경우에는, 신탁법상 수익자는 사전적인 구제수단으로서 수탁자에 대한 유지청구권과 사후적인 구제수단으로서의 수탁자에 대한 원상회복 및 손해배상청구권, 수탁자의 신탁목적 위반 법률행위 취소권 등을 구제책으로 사용할 수 있다.[64] 다만, 수탁자의 수익권 발행행위 취소는 후술하는 바와 같이 상법상 신주발행무효의 소와 같은 방식이 되도록 입법적 보완이 필요하다.

---

63) Conaglen(2011), p. 146.
64) 최현태(2017), 369, 370, 372면.

(3) 주주의 정보요구권 및 회사의 정보제공의무

상법상 주주의 회사에 대한 회계장부열람권(상법 제466조) 등 정보요구권과 회사의 재무제표 비치의무(상법 제448조)는 강행규정으로 인정되고 있다. 이들 정보와 서류는 주주가 회사의 재무상태에 관한 정보를 취득하고 배당을 요구하기 위한 기초자료이며, 이를 통해 경영진에 대한 감시가 가능해진다는 점에서 강행적인 조항으로 하고 있다.[65] 신탁법에서도 수익자의 정보요구권이 인정되는데, 수탁자에 대한 서류열람·복사청구권과 설명요구권이 그것이다. 신탁법 제40조 제1항은 위탁자나 수익자는 수탁자에게 신탁사무의 처리와 계산에 관한 장부 및 그 밖의 서류의 열람 또는 복사를 청구할 수 있고, 신탁사무의 처리와 계산에 관하여 설명을 요구할 수 있는 권리를 가진다고 규정한다. 이들 권리는 수탁자에 대한 감독권한으로서 공익권에 해당되며,[66] 신탁법은 이를 강행권리로 하고 있다.[67] 대법원은 이러한 취지를 구체적으로 판시하여, 신탁법에서 정하고 있는 신탁사무에 관한 서류의 열람청구권 등은 신탁계약상 각종 권리의무의 귀속주체 혹은 이해관계인에게 신탁사무의 처리에 관한 감독권을 보장해 주어 정당한 권리의 확보 및 의무부담의 적정을 도모하기 위한 것으로, 특히 수익자의 이러한 감독권의 행사는 신탁계약의 목적인 수익권의 본질에 속하는 것이어서 합리적 이유 없이 이를 제한할 수 없다고 하였다.[68]

---

65) 이철송(2017), 993면.
66) 법무부(2012), 323면; 이계정(2016), 114면; 최수정(2016), 328면.
67) 신탁법 제61조 제3호.
68) 대법원 2008.9.25. 자 2006마459 결정. 이 사건에서는 위탁자가 자신을 수익자로 하여 한국토지신탁에 토지를 신탁하여, 그 지상에 아파트를 건설하여 분양대금 혹은 임대보증금 등으로 신탁관계를 정산하기로 하는 부동산개발신탁계약을 체결하였다. 수탁자는 정기적으로 신탁사업의 수행과 관

신탁에서 수익자의 서류열람청구의 범위는 회사의 주주의 회계
장부열람청구보다 넓은데, 후자는 회사의 회계장부에 한하여 인정되
나 신탁에서는 "신탁사무의 처리와 계산에 관한 장부 및 그 밖의 서
류"에 대하여 인정된다. 학설은 신탁법상 열람청구권의 대상이 되는
위 서류의 범위를 신탁사무의 처리에 관한 모든 서류라고 하여 매우
넓게 보고 있다. 예컨대, 신탁사무의 처리를 위하여 수탁자가 회의
를 연 경우 그 회의록도 이에 해당된다고 한다.[69] 신탁법상 수익자
는 상법상 주식회사의 주주에 비하여 좀더 넓은 범위에서 정보요구
권을 부여받고 있으므로, 정보와 관련한 점에서 사업신탁의 수익자
는 강행적으로 더 보호받고 있다고 볼 수 있다.

라. 채권자 보호

상법은 강행법규로서 주식회사의 채권자를 보호하기 위한 여러
규정들을 두고 있다. 현물출자 제도(상법 제295조 제2항), 액면미달발
행금지(상법 제330조) 등 자본금에 관한 조항들 및 배당가능이익에
관한 조항(상법 제462조 제1항)은 모두 강행규정이므로, 정관으로 다
른 내용을 정할 수 없다. 그런데, 자본과 일정한 준비금은 자본감소,
회사의 해산 등 제한적인 경우를 제외하고는 주주에게 반환되어서
는 안된다는 의미의 법정자본제도에 대하여는 비판론도 있다.[70] 채

련한 대차대조표, 손익계산서 등 재무제표를 위탁자에게 송부하여 오다가
사업 완료에 즈음하여 최종 사업수지표를 보내면서 사업 완료의 승인을
요청하자, 위탁자 겸 수익자는 사업비 집행내역에 의문을 제기하면서 신
탁사업과 관련한 신탁계약일부터 현재까지 분개장, 전표, 각 지출거래 및
수입거래 관련 영수증과 송장 기타 증빙자료 등 회계관련 서류의 확인을
요구하였으나 이에 적극적으로 응하지 않자, 회계장부등 열람등사허용 가
처분신청을 한 사건이다.
69) 최동식(2007), 235면.

권자 보호를 위하여 강행법적으로 하는 자본규제가 실제적인 효용에 비해 회사의 효율적인 재무결정을 저해하는 측면이 더 크다는 것이다. 외국에서는 이러한 규제방식을 채택하지 않는 경우도 있는데, 대표적으로 미국의 개정 모범사업회사법 및 다수 주들의 회사법은 자본금에 의한 채권자 보호를 회의적으로 보아 도입하고 있지 않다.[70] 이처럼, 상법에서 강행적으로 이루어지고 있는 자본금규제는 모든 기업조직에서 받아들여져야 하는 절대적인 것은 아니며, 기업조직 내에 얼마만큼을 유보하고 배당을 할 것인가는 입법정책의 문제라 할 것이다.[72] 이러한 점에서, 사업신탁에서 법정자본금 규제에서 벗어나 자유롭게 배당을 실시할 수 있음은 신탁의 유연성에 따른 효용으로 볼 수 있다.

실제 외국에서 사업신탁에서의 배당의 유연성은 매우 큰 역할을 하고 있다. 대표적으로 싱가포르와 캐나다의 사업신탁은 배당요건이 회사에 비해 완화되어 있다는 점에서 큰 수요를 가져왔다. 싱가포르 회사법은 회계상 이익을 기초로 한 배당가능이익을 요건으로 하고,[73] 캐나다 사업회사법은 지급불능기준과 대차대조표상의 기준을 중첩적으로 적용한다.[74] 이에 비해, 사업신탁은 이러한 엄격한 규제를 받지 않기 때문에 회사를 이용할 때에 비하여 훨씬 자유롭게 배당을 할 수 있다. 우리 신탁법은 싱가포르와 같은 외국 법제에 비하여 엄격한 수준의 배당규제를 하고 있으면서도 주식회사에 비하여 상대적으로 완화시키고 있어, 배당의 유연성과 채권자 보호의 목

---

70) 대표적으로, 김건식(2010), 윤영신(2006a). 현물출자 규제에 대한 비판으로는, 윤영신(2006b), 125면, 김건식(2010), 268-269면. 액면미달발행 규제에 대한 비판으로는, 김건식(2010), 269-271면.

71) 김건식(2010), 272면; 윤영신(2006a), 298-299면.

72) 윤영신(2006a), 331면.

73) 싱가포르 회사법 제403조.

74) 윤영신(2006a), 322-323면; 캐나다 사업회사법 제42조.

적 사이에 균형을 유지하려는 노력을 기울이고 있다.

마. 소결

강행법규는 공서양속이나 회사의 본질과 같은 점을 이유로 인정
되기도 하나, 입법정책적 사항에 대하여도 강행법규가 존재한다. 따
라서, 어떠한 조직에 대한 대내외적 법률관계를 규율할 때 그것을
강행법규로 할 것인지 또는 당사자들이 자율적으로 결정할 수 있도
록 할 것인지는 다각적인 검토를 요하게 된다. 이러한 점에서 어떠
한 규율을 강행법규로 할 것인지 여부는 구체적인 사안에 따라 판단
되어야 할 것이다.[75]

조직의 기관과 그 권한분배의 점에서는, 수탁자는 신탁의 기본
기관으로서 핵심적 의미를 가지며, 수탁자가 경영주체가 된다는 사
업신탁의 개념요소는 신탁의 유연성이 변경을 가할 수 있는 영역은
아니다. 또한, 수익자가 수탁자를 감독하고, 신탁의 중요사항에 대하
여 결정할 수 있는 권한은 입법에 의해 강행적 권리로 보호되도록
개선하여야 할 것이다. 그리고, 수익자가 이러한 권한을 적절히 행
사할 수 있도록 하는 정보에 관한 권한은 현행 신탁법상 강행권리로
인정되고 있는 바, 신탁행위로 이를 변경하는 것은 허용되지 않는다.

이와 달리, 조직의 의사결정에 관한 사항, 즉 수탁자 및 수익자의
의사결정 방법과 절차에 관한 것은 기본적으로 임의규정으로 할 수
있고, 현행 신탁법도 그러하다. 다만, 이때에도 수익자의 비례적 권
한에 변경을 가져오는 결의요건이나 수익권 발행을 신탁행위에서
정하는 때에는 수익자들로부터 이에 관한 명시적인 합의를 받는 것
이 중요하다. 이는 소수의 투자자와 사이에 의견조율을 하는 경우에

---

75) 박권의(2004), 46-49면.

좀더 용이할 것이다.[76] 만일 사업신탁의 수익증권을 공모발행한다면 투자자 보호가 요구되는 바, 규제법적 측면에서 이에 관한 면밀한 검토가 필요하다.[77]

한편, 상법상 주식회사는 채권자보호를 위하여 법정자본제도를 채택하고, 엄격한 내용의 배당규제를 하고 있다. 사업신탁에서는 이를 사적 자치의 영역으로 두되, 개별 사업신탁의 채무구조의 특성에 따라 신탁행위나 당사자들 사이의 계약에 의한 보호장치 등으로 보완하는 방안이 타당하다.

---

76) 회사법에서도 회사를 공개회사와 폐쇄회사로 나누어, 소규모 폐쇄회사의 주주들 사이에 구조적 원칙과 분배적 원칙 사이에 협상을 할 수 있고, 충분한 정보를 가지고 협상을 하는 것에 사적 자치가 보다 넓게 인정될 수 있다고 하는 견해(Eisenberg(1989), pp. 1461-1469)가 제기되는 것도 비슷한 취지라 할 것이다. Eisenberg(1989), pp. 1463-1466은, 다만 그 때에도 기회주의를 방지하고 당사자들의 정당한 기대를 보호할 필요가 있는 사항은 강행법규로 보아야 한다고 주장한다. 국내 상법학자 중에도 합작투자회사 등 폐쇄회사에서 회사 내부에서 구성원간에 어떻게 지배권을 분배하느냐 하는 것을 원칙적으로 구성원이 자유롭게 정할 수 있도록 하여야 하는 주장이 있다(정동윤(2001), 405면).

77) 공모 및 사모 방식의 수익증권발행신탁에 대한 자본시장법 개정안에 대한 논의는, 류혁선·최승재(2013), 494-495면.

제3절 사업신탁의 유연성에 따른 문제점

사업신탁의 유연성은 그 효용에 불구하고, 반대로 각종 제한으로부터 자유로움에 따라 주요 당사자들 사이의 이익충돌에 대하여 소극적으로 대처한다는 문제가 있다. 회사법은 상세한 규정을 두어 회사조직의 기본 원칙을 정하고, 회사의 경영자와 주주 및 회사에 대하여 채권을 가지는 자들 사이의 이익충돌을 통제하는 것을 목표로 한다. 회사에서는 기회주의적 행동의 근원으로서 경영자와 주주 사이의 이익충돌, 지배주주와 소수주주 사이의 이익충돌, 회사와 회사에 대한 채권자 등 주주 이외의 이해관계자 사이의 이익충돌의 문제라는 세 가지 이익충돌 문제가 발생될 수 있는 바, 회사법은 이를 해결하는 것을 중요한 과제로 삼고 있다.[1]

사업신탁에서도 이 세 가지 유형의 문제가 모두 발생될 수 있는데, (i) 수탁자의 의무 완화에 따른 수익자와 수탁자 사이의 이익충돌, (ii) 자유로운 배당과 관련한 사업신탁의 수익자와 사업신탁에 대한 채권자 등 수익자 이외의 이해관계자 사이의 이익충돌, (iii) 싱가포르와 홍콩 사업신탁에서 나타나는 스폰서의 지배구조 왜곡에 따른 수익자들 사이의 이익충돌이 그것이다.

그런데, 신탁법은 신탁의 유연성에 따라 회사법과 달리 이러한 문제를 다루는 제도들을 상세히 두는 대신에 그 상당 부분을 당사자들의 선택에 따라 규율하도록 하여 사적 자치에 맡기고 있다. 예컨대, 회사법은 주주와 경영자 사이의 대리문제를 다루기 위하여 이사를 감독하기 위한 상설기관으로서 감사를 두고 있다. 사업신탁의 경

---

1) Reinier Kraakman et al.(2009), p. 3, pp. 35-36과 Reinier Kraakman 외(2014), 22-23면, 70-72면; Sitkoff(2013), p. 430; Hansmann & Krakkman(2001), p. 440; 김건식·노혁준·천경훈(2016), 24-27면, 33면; 천경훈(2017), 247면.

우 신탁행위로 이러한 기관을 둘 수 있으나, 신탁법에서 이에 관한 규정을 따로 마련하고 있지는 않아 당사자들이 정하지 않는 한 이러한 기관은 두지 않게 된다. 주주와 채권자 사이의 이익충돌 문제에 관하여는, 회사법은 엄격한 자본금 규제, 배당규제 등 강행적 제도를 마련하고 있음에 비해, 사업신탁에서는 이러한 제도가 법에 의해 강제되고 있지 않거나 상당히 완화되어 있다.[2] 지배주주와 소수주주 사이의 이익충돌 문제에 대하여도, 회사법에서는 강행법규로서 소수주주권, 회사조직에 관한 중요 사항에 대한 특별결의 요건, 사외이사 제도 등을 통해 다양하게 해결을 시도하고 있다. 사업신탁에서는 이들 제도를 신탁법상 대부분 정하지 않고 사적 자치의 영역에 두고 있다.

이러한 근본적인 차이로 인해, 사업활동을 위해 회사 또는 사업신탁을 이용하는 경우에 그 구체적인 조직의 모습과 관련 당사자의 보호의 정도에 많은 차이가 생긴다. 회사를 이용하는 때에는 회사법에서 요구하는 여러 기관을 두어야 하고, 주주 일반 및 소수주주와 채권자 보호를 위한 각종 제도의 적용을 강행적으로 받게 되므로, 사업의 경영자나 지배주주의 입장에서 번거로움을 느낄 수 있는 반면, 그 결과로서 당사자들 사이의 이익충돌 문제에 적극적으로 대처할 수 있게 된다. 이에 비해 사업신탁은 조직의 운영에 여러 기관과 절차를 생략할 수 있어 신속하고 유연한 경영이 가능하다는 장점은 있으나, 반면 조직의 주요 관련 당사자들 사이에 이익충돌 문제가 좀더 심각하게 발생될 수도 있다. 이하, 사업신탁에서 어떠한 문제가 발생될 수 있는지에 대하여 구체적으로 검토한다.

---

2) 미국에서는 사업신탁에 대하여 회사법상 자본금 규제 등 채권자 보호를 위한 제도와 유사한 원칙을 적용해야 하는지에 대하여 의문이 있었다. 매사추세츠 법원은 수탁자가 수익자에게 배당금을 지급한 경우, 그로 인해 신탁의 자본에 손상이 오더라도, 신탁이 도산(insolvency)에 이르지 않는 한 채권자는 수탁자 또는 수익자에 대하여 책임을 물을 수 없다는 입장을 취하였다(Kove & Bogert, G. G. & Bogert, G. T.(2012), p. 262).

1. 수탁자의 의무완화에 따른 수익자와
수탁자의 이익충돌

가. 사업신탁에서의 문제상황

신탁은 소유에 따른 이익과 법적 명의가 분리됨에 따라 수탁자와 수익자 사이에 대리문제가 발생될 수 있다.[3] 수탁자는 신탁재산의 명의를 보유하여 권한이 남용될 우려가 있다고 보아 수탁자에 대한 엄격한 의무의 부과로 견제와 균형을 이루어 왔다. 일반적인 신탁, 특히 증여적 신탁의 수탁자는 회사와 비교하여 경쟁적인 자본시장, 상품시장 등이 없어 시장규율이 부족하여 수익자의 이익을 위해 행동하도록 하는 유인체계가 적절히 존재하지 않는다는 문제가 있다.[4] 이러한 상황에서 수탁자의 대리문제를 적절히 규율할 방안으로 수탁자의 엄격한 신인의무가 핵심적이다.

사업신탁에서는 수탁자의 업무내용이 광범위하며, 구조적으로 회사에 비해 수탁자의 자율적 경영이 보다 용이한데, 이에 반해 수익자에 의한 수탁자의 규율은 쉽지 않다. 이러한 이유에서 사업신탁에서는 수탁자의 신인의무가 대리문제에 대처하기 위한 방안으로 매우 중요하다. 사업신탁의 대표적 학자인 Sitkoff, R. H. 교수는 신탁의 조직법적 기능으로서 신인의무 법리와 자산분리 기능을 핵심적인 두 가지로 꼽는데, 이 중 신인의무 법리에 대하여는 신인의무의 억제적 기능을 강조하면서 신인의무의 중요성을 강조한 Langbein, J. H. 교수의 견해를 지지한다.[5] Langbein, J. H. 교수는 수탁자의 대리문제를 초기에는 수탁자의 권한축소로 해결하였는데, 오늘날 신탁재산은

---

3) Sterk(2003), pp. 2111-2112; Sitkoff(2004), p. 623.
4) Macey(1988), p. 315; Sitkoff(2004), pp. 644-645.
5) Sitkoff (2013), pp. 430-431.

금융자산 등으로 범위가 확대되고 수탁자의 권한도 그 재량하에 자산운용을 포함하는 것으로 넓어짐에 따라, 수탁자의 신인의무가 수익자 보호를 위하여 이전의 수탁자의 권한축소를 대체하는 수단으로 중요해졌다고 한다.[6] Langbein, J. H. 교수의 주장은 일반 사업을 경영하는 수탁자를 전제로 한 것은 아니나, 수탁자의 권한확대라는 점에서 사업신탁에 시사하는 바가 있다.

그런데, 미국 등 외국의 사업신탁 법제에서는 사업신탁의 수탁자의 의무에 대하여 회사의 이사와 같은 기준을 채택함으로써 일반적인 신탁에서의 수탁자의 의무에 비해 완화하고 있다.[7] 사업신탁에서는 수탁자가 적극적인 사업활동을 하는 등 전통적인 신탁에서 예정하지 않았던 업무를 수행하고 그 권한이 확대됨과 함께, 수탁자의 의무는 회사의 이사에서와 같이 완화 기조를 보이고 있어 수탁자의 대리문제가 좀더 커지는 바, 수익자 보호와 수탁자에 대한 감독이 중요해진다. 나아가, 신탁의 유연성으로 수익권의 내용이나 수탁자의 의무를 보다 자유롭게 할 수 있는데, 실제 캐나다의 사업신탁은 신탁증서에서 수익자의 의결권을 보장하지 않거나, 수탁자의 의무를 이사에 비하여도 감경하는 등 회사와 비교하여 수익자 보호에 문제가 생길 수 있음이 있음이 드러나면서,[8] 소득신탁법을 제정하여 회

---

6) Langbein(2004), pp. 53-54; Langbein(2007), p. 1073; Warburton(2010), p. 105는 실제로도, 영국의 펀드는 회사형과 신탁형으로 설정될 수 있는데, 사례에 대한 경험적 고찰을 통해 볼 때 신탁형이 회사형에 비해 운영자의 기회주의적 행동을 줄이는데 더 효과적이라고 주장한다.

7) 미국에서는 신탁에서 수탁자의 신인의무 등 엄격한 의무에 대한 의존이 현대의 신탁에서 약화되고 있다는 주장도 있다(Dobris(1998), pp. 549-560).

8) 캐나다 2대 일간지인 Globe and Mail의 2006. 10. 25.자 기사, "Income Trust Boards: The new 'Wild West'"(〈http:www.theglobeandmail.com/archives/income-trust-boards- the-new-wild-west/〉)는 대규모 소득신탁들 중 16% 만이 수익자에게 의결권을 부여하는 등 일반 회사에서는 보기 힘든 방식으로 운영되고 있음을 지적하면서, 투자자들이 고수익 배당을 쫓아 신탁에 몰려들고 있지만,

사법의 규제내용을 받아들인 바 있다. 이러한 실례는 사업신탁에서 수탁자의 의무가 신탁행위에 의해 과도하게 완화될 수도 있으며, 사적 자치에만 의존하게 되면 수익자는 무방비 상태에 빠질 수 있음을 보여준다.

또한, 현대의 사업신탁에서는 수익자가 투자자화함으로써 전통적인 민사신탁과는 사뭇 다르다. 증여적인 신탁에서는 수익자는 수혜를 받는 자로서 수탁자의 일상적인 업무에 관여하지 않는 것이 전형적인 모습이었다. 그러나, 오늘날 사업신탁에서는 수익자의 투자자화 현상과 수탁자 권한 확대로 인해 수익자의 보호가 중요해지고, 수익자가 신탁의 중요한 사항에 대한 의사결정을 하고 수탁자를 감독할 권한이 보장될 필요가 강하게 제기된다.[9]

나. 외국의 사업신탁 법제

수익자를 단순한 수혜자로 취급하는 전통적인 신탁법리와 달리, 사업신탁에 관한 외국의 법률들에서는 사업신탁의 수익자를 회사의 주주와 같이 취급하여, 수익자에 대하여 회사의 주주가 가지는 여러

사업회사법상 주주의 권리와 회사의 의무가 명시되어 있는 것과 달리 소득신탁의 투자자는 신탁증서에서 부여된 권리의 범위 내에서만 문제를 해결하는 상황에 처하게 된다고 비판한다; UITA Working Group(2006), p. 35는 조사대상 중 약 31.5%의 소득신탁의 신탁증서에 사업회사법상 이사의 이익충돌거래에 관한 기준에 못미치는 기준이 적용될 여지를 인정하고 있었다고 한다; Gillen(2006), pp. 356-357은 소득신탁법 제정전 실무에 관하여, 신탁증서에서 수탁자의 신인의무에 관하여 회사법의 이사의 신인의무 조항들을 이용하여 이사의 의무와 같이 정하는 경우가 일반적인데, 이익충돌거래에서 회사법상 이사의 경우와 같이 이익충돌거래의 공시(disclosure)를 요구하면서도 회사법과 달리 거래가 합리적이고 공정할 것이라는 요건을 요구하지 않고 있다고 한다.

9) 최동식(2007), 325-326면.

권리를 보장하고 있다.[10]

(1) 미국

미국의 통일제정법상신탁법에서 수익자는 회사의 주주와 같이 의결권을 행사할 수 있고, 합리적으로 관련된 범위 내에서의 정보요구권과 대표소송권한이 부여되어 있다.[11] 이중 의결권 행사에 관한 규정은 임의규정이지만,[12] 정보요구권과 대표소송권한에 관한 조항은 강행규정으로 되어 있다. 동법은 정보요구권과 대표소송권한에 관한 기준을 신탁증서로 추가하거나 제한할 수 있음을 허용하는데, 그 기준이 명백하게 불합리하여서는 안된다는 제한을 두고 있다.[13]

(2) 캐나다

캐나다 소득신탁법은 수익자의 권리와 구제책에 관하여 기본적으로 캐나다 사업회사법상 주주에 관한 규정을 모델로 하여 입법하였다.[14] 그 결과, 수익자는 강행적으로 보유하는 의결권 행사를 통해 수탁자의 선임 및 해임권을 가지며, 주주제안권에 대응하는 수익자제안권과 5% 이상의 수익권을 보유하는 수익자에 대하여 수익자총회소집권이 인정된다.[15] 수익자제안권은 수익자와 경영진이 원활히 소통을 하기 위해 필요한 중요한 권리이고, 수익자총회소집권은 수익자가 언제든 수탁자의 해임을 위한 총회소집을 할 수 있도록 하여

---

10) Miller(2011), p. 463.
11) 미국 통일제정법상신탁법 제603, 608조, 609조.
12) 미국 통일제정법상신탁법 제103조 (e)항 (4).
13) 미국 통일제정법상신탁법 제104조 제9, 14항.
14) UITA Working Group(2006), p. 19.
15) 캐나다 소득신탁법 제11, 12, 13, 14조.

수탁자에 대한 규율을 하게 된다는 점에서 중요하다고 본 것이다.[16] 대표소송권한은 신탁증서로 정하는 경우에 한하여 인정되는 것으로 하고 있다. 사업회사법과 달리 당사자의 선택으로 대표소송권한을 인정하게 한 것은, 신탁에서는 수익자가 수탁자에 대하여 직접 신탁의무 위반을 주장하여 소송을 하는 직접적인 구제책이 있음을 고려한 것이다. 그리고, 사업신탁에서는 대부분의 과세가능 소득이 배당으로 지급되므로, 경영진은 그 재량이 상당히 제한되며, 추후 자금조달이 필요하게 되면 시장에 크게 의존하게 되어 이를 통해 경영진에 대한 시장규율이 이루어진다는 점도 함께 고려하였다고 한다.[17]

(3) 싱가포르

싱가포르 사업신탁법은 수익자총회를 두어 연 1회 이상의 정기총회와 수시로 개최되는 임시총회 및 총 의결권의 10% 이상 보유하는 수익자의 요청에 의해 소집되는 특별총회를 열도록 하고, 일정 비율 이상의 수익권자에게 수익자총회소집권을 부여한다. 그리고, 수익자의 의결권, 총회참석 및 발언권한, 의결권 위임, 총회 결의요건 등에 대한 상세한 조항을 두고 있다.[18] 이 중 수익자의 총회참석 및 발언권한 조항을 포함하여 여러 규정은 강행규정으로 되어 있다.[19] 또한, 수익자에게 특별결의에 의한 수탁자의 해임권 및 신탁증서의 변경권한, 보통결의에 의한 수익권 발행 승인권한을 부여하며, 이들도 모두 강행규정이다.[20]

---

16) 캐나다 소득신탁법 제13조 및 제14조의 comment.
17) 캐나다 소득신탁법 제24조 제1항 및 comment.
18) 싱가포르 사업신탁법 제53 내지 68조.
19) 싱가포르 사업신탁법 제56, 59조 등.
20) 싱가포르 사업신탁법 제20조, 제31조 제1항, 제36조.

다. 우리 신탁법의 경우

우리 신탁법은 수익자에게 공익권으로서 수탁자에 대한 감독권한을 인정하고, 신탁의 중요사항에 대하여 합의 및 법원에 청구할 수 있는 권한을 부여하고 있다. 그리고, 수탁자의 의무 위반 등의 경우에 일정한 구제수단이 부여되어 있다.

(1) 수익자의 수탁자 감독권한 및 신탁의 중요사항 결정권한

(가) 수탁자 감독권한

우리 신탁법도 수익자의 수탁자에 대한 감독권한을 인정하고 있다. 수탁자의 해임에 관한 권리가 대표적이며, 수탁자의 감독을 위해 필요한 정보를 취득하도록 장부 및 서류 열람·복사 청구권 또는 설명요구권이 보장된다. 신탁법 제16조 제1항은 수익자는 수탁자의 해임에 관하여 위탁자와 합의할 수 있고, 위탁자가 없는 때에는 수익자가 단독으로 해임할 수 있도록 한다. 동 조항의 단서에 의하여 신탁행위로 달리 정할 수 있어, 수익자의 수탁자의 해임에 관한 권한을 강행적으로 보호하고 있지는 않다. 다만, 수익자는 신탁법 제16조 제3항에 따라 수탁자의 임무위반 또는 중요한 사유가 있을 경우 수익자가 수탁자의 해임을 법원에 청구할 권리를 가지는데, 신탁법 제61조는 이것을 신탁행위로 달리 정할 수 없는 강행적 권리로 명시하고 있다. 입법론으로서, 법원에 대한 해임청구권 외에 수익자의 수탁자 해임에 관한 권한을 강행권리로서 일반적으로 인정할 필요가 있다. 그리고, 신탁법 제40조 제1항은 수익자에 대하여 정보취득을 위한 장부 및 서류 열람·복사 청구권 또는 설명요구권을 인정하고 있으며, 동법 제61조에서 이를 신탁행위로도 제한할 수 없도록 하고 있다. 이들 권리는 수탁자의 업무의 적절성을 담보하고 수탁자 감시를 위해 필수적이므로, 이를 강행적으로 인정한 것이다.

(나) 신탁의 중요사항 결정권한

①신탁법상 권리내용

신탁법은 수익자가 신탁의 중요한 사항을 결정할 수 있도록 하는데, 수탁자의 해임에 관한 합의권(제16조 제1항), 수탁자의 임무위반또는 중요한 사유가 있는 경우의 법원에 대한 수탁자의 해임청구권(제16조 제3항), 수탁자의 임무종료시 신수탁자의 선임권(제21조 제1항), 위탁자, 수익자, 수탁자 사이의 신탁변경합의권 및 신탁행위 당시 예견하지 못한 특별한 사정이 생긴 경우의 법원에 대한 신탁변경청구권(제88조 제1, 3항), 신탁행위 당시 예견하지 못한 특별한 사정이 생긴 경우로서 신탁의 종료가 수익자에게 이익이 될 때의 법원에대한 신탁종료청구권(제100조), 수익자명부 열람·복사 청구권(제79조 제6항) 등이 그것이다. 이들 권리 중 법원에 대한 수탁자의 해임청구권, 신탁변경청구권, 신탁종료청구권 만이 강행적 권리로 보장되며, 여타 권리들은 신탁행위로 달리 정할 수 있다.[21] 수익자가 법원에 이러한 청구를 할 수 있도록 한 것은 법원의 신탁에 대한 후견적 감독의 일환으로, 신탁의 중요한 사항들을 최종적으로 법원이 정하게 한 것이다.[22] 그런데, 사업신탁의 수익자는 일반 민사신탁의 경우와 달리 수혜자가 아니며, 조직의 소유자의 지위에 있으므로, 그러한 지위에서 가지는 기본권리라 할 수 있는 수탁자의 해임, 신탁의 중요사항의 변경, 종료 등에 관한 권한은 수익자가 행사할 수 있도록 강행권리로 보장될 필요가 있다. 따라서, 법개정을 통해 사업신탁의 경우에는 수익자의 이러한 권한이 강행적으로 보장되도록 하여야 할 것이다.

---

21) 신탁법 제61조 제1호.
22) 법무부(2012), 790면.

②수익자집회제도

신탁법상 복수의 수익자들은 전원일치로서 의사를 결정하는 것
이 원칙인데,[23] 수익자가 다수인 신탁에서는 수익자들이 의사를 합
치하여 권리를 행사하는 것이 쉽지 않다. 사업신탁의 경우 다수의
수익자들이 서로 연락하여 합의하는 것 자체가 매우 어려울 뿐만 아
니라 전원이 동의를 한다는 것도 몹시 힘들다. 이에 개정 신탁법은
다수의 수익자가 존재하는 신탁에서 수익자들 사이의 의사결정을
효율적으로 하기 위하여 신탁행위로 수익자집회를 둘 수 있도록 하
였다. 그리고, 수익자집회에서 의사결정방식은 의결권의 과반수에
해당하는 수익자의 출석 및 출석 수익자의 의결권의 과반수 찬성을
기본 원칙으로 하고, 수탁자의 해임, 신탁의 중요한 사항의 변경, 합
병승인, 신탁종료 합의 등 중요한 사항의 결정에 대하여는 의결권의
과반수에 해당하는 수익자의 출석 및 출석 수익자의 의결권의 3분의
2 이상 찬성으로 하고 있다. 그리고, 주식회사의 주주총회에서와 같
이 수익자집회에서 서면 및 전자문서에 의한 투표와 의결권대리행
사제도를 인정하여 수익자의 의결권행사의 편의를 도모하고 있다.[24]

이처럼, 신탁법은 수익자집회의 소집, 의결 등에 관하여 기본적으
로 상법상 주주총회와 같은 내용의 규정을 두고 있는데, 상법은 주
주총회에 관하여 훨씬 자세한 규정을 두고 있음에 비해 신탁법은 수
익자집회의 소집에 관하여 기본적인 사항만을 정하고 있다. 예컨대,
상법은 주주총회의 소집통지(제363조), 정기 주주총회와 임시 주주총
회의 구분(제365조), 주주총회 의장(제366조의2) 등에 관한 세부 규정
을 마련하고 있으나, 신탁법은 수익자집회에 대하여 그러한 자세한
내용을 정하고 있지는 않다. 회사와 달리 신탁에서는 자율성과 유연
성이 강조되어 당사자들이 자유롭게 정할 수 있어야 한다는 점이 반

23) 신탁법 제71조 제1항.
24) 신탁법 제71조 제2항, 제74조 제1, 2항, 제73조 제3, 6항.

영된 것이다. 그리고, 수익자집회의 소집과 의결에 관한 신탁법 제72조 내지 제74조는 신탁행위에서 수익자집회를 두기로 하였으나 그 구체적인 운영에 관하여 따로 규정을 두고 있지 않거나 일부 규정이 미비한 때에 적용되는 기본 원칙인데,[25] 이러한 점도 상법상 주주총회의 경우와 다르다. 신탁행위에서 수익자집회의 결의요건 등을 달리 정할 수 있음은 물론 수익자집회 이외의 방법으로 수익자들의 의사결정 방법을 정할 수도 있다. 예컨대, 신탁행위로 신탁의 변경내용을 각 수익자에게 통지하고, 일정기간의 경과 후에 반대하는 자가 없으면 신탁을 변경하도록 하는 것도 가능하다.[26]

③수익증권발행신탁의 경우

수익권을 증권화하여 발행하는 수익증권발행신탁의 경우, 위탁자의 수탁자에 대한 감독권한과 신탁사무에 대한 관여 권한을 제한하여 이를 수익자의 전적인 권리로 하고 있다.[27] 즉, 원칙적으로는 수익자 뿐 아니라 위탁자도 행사할 수 있는 일정한 권리들을 수익증권발행신탁에서는 오로지 수익자만 행사할 수 있도록 한다. 수익증권발행신탁에는 다수의 수익자가 존재하며 수익자들은 투자자로서의 성격을 가지므로, 이들 권리는 수익자만이 행사하는 것으로 하여 수익자가 수탁자에 대한 감독권한과 신탁사무에 대한 관여권한을 위탁자의 의사와 상관없이 행사할 수 있도록 한 것이다.[28] 이에는 신탁법상 수탁자의 해임합의권(제16조 제1항), 법원에 대한 수탁자의 해임청구권(제16조 제3항), 신수탁자의 선임권(제21조 제1항), 신탁관리인 선임청구권(제67조 제1항), 법원에 대한 신탁변경청구권(제88조

---

25) 법무부(2012), 563면.
26) 新井誠(2014), 239면.
27) 신탁법 제85조 제5항.
28) 법무부(2012), 656면.

제3항), 법원에 대한 신탁종료청구권(제100조), 장부 및 서류 열람 · 복사 청구권 또는 설명요구권(제40조 제1항), 수익자명부 열람 · 복사 청구권(제79조 제6항)이 해당되어, 수익자의 수탁자 감독권한과 신탁의 중요한 사항에 대한 결정 권한에 관한 대부분의 권리들이 포함된다.

(2) 수익자의 구제수단

수익자는 수탁자의 신탁의무 위반행위 등에 대한 구제수단으로서, 신탁법상 수탁자에 대한 원상회복 및 손해배상청구권, 수탁자의 신탁위반 법률행위에 대한 취소권, 수탁자에 대한 유지청구권 등을 가진다. 그리고, 이들 권한은 강행권리로 하여 수익자를 보호하고 있다.[29] 이들 권리는 수익자가 수탁자의 신탁사무를 감독하고 수탁자의 일탈을 방지하여 신탁재산과 수익권을 보호하기 위한 권리로서, 수탁자 감독과 신탁재산 유지라는 공익권의 본질적 권리에 해당하므로 신탁행위로 제한할 수 없도록 한 것이다. 따라서, 만약 신탁행위로 신탁법에서 정한 것과 다른 내용을 정하면 무효로 된다.[30]

(가) 사전적 구제수단: 유지청구권

신탁법 제77조는 수탁자의 의무위반에 대한 사전적 구제수단으로 수익자에게 수탁자에 대한 유지청구권을 인정하고 있다. 수탁자의 의무위반 행위가 있는 경우에 수익자에게는 원상회복 및 손해배상청구권, 신탁위반 법률행위의 취소권과 같은 구제수단이 존재하지만, 수탁자의 의무위반 행위를 방치하게 되면 원상회복이 불가능해지거나 수탁자가 자력이 부족하여 손해배상이 실효성을 거두기 어

---

29) 신탁법 제61조 제4, 6, 7호.
30) 법무부(2012), 499, 501면.

려운 때, 또는 수탁자와 거래하는 상대방이나 전득자가 선의, 무과실인 때에는 위와 같은 구제수단으로는 수익자 보호에 미흡하게 된다. 개정 신탁법은 실효성있게 수익자를 보호하기 위하여 상법 제402조의 주주의 이사에 대한 유지청구권을 참조하여 제77조에 유지청구권을 신설하였다.[31] 신탁법상 수익자의 유지청구권은 상법상 주주의 유지청구권과 상당히 유사한데, 주주의 유지청구권은 이사의 "법령 또는 정관에 위반한 행위를 하여 회사에 회복할 수 없는 손해를 생길 염려가 있는 경우"를 요건으로 하고, 수익자의 유지청구권은 "수탁자가 법령 또는 신탁행위로 정한 사항을 위반하거나 위반할 우려가 있고, 해당 행위로 인해 신탁재산에 회복할 수 없는 손해가 발생할 우려가 있는 경우"로 하여 그 요건이 비슷하다.

사전적 구제수단인 유지청구권은 사업신탁에서 수익자 보호에 상당히 도움이 될 수 있다. 예컨대, 사업신탁의 수탁자가 토지신탁을 하여 개발사업을 하기로 하였는데, 신탁재산인 개발대상 토지를 선의, 무과실의 제3자에게 임의로 매각하려는 경우가 있을 수 있다. 만약 수탁자가 처분을 하게 되면 선의, 무과실의 제3자로부터 신탁재산을 회수하는 것이 어렵게 되고, 수탁자의 자력 여하에 따라서는 수탁자에 대한 손해배상이 제대로 이루어지지 못할 수도 있다. 무엇보다, 대상 토지는 개발사업에 핵심적인 자산으로서 이것이 제3자에게 매각되면 신탁이 개발사업을 하는 것이 사실상 어렵게 된다. 이러한 경우에 수익자가 사전적으로 유지청구권을 행사하는 것은 매우 유효한 구제수단이 될 수 있다.

상법은 제424조에서 회사의 위법한 신주발행행위에 대한 주주의 구제수단으로 신주발행유지청구권을 별도로 두고 있다. 이에 비해, 신탁법에서는 이러한 권리는 따로 정하고 있지 않은데, 수탁자의 위

---

31) 법무부(2012), 607면; 최수정(2016), 378면.

법한 수익권 발행행위에 대하여 신탁법의 일반적인 유지청구권을 통해 구제받는 것을 생각해볼 수 있을 것이다. 상법상 신주발행유지청구권은 "회사가 법령 또는 정관에 위반하거나 현저하게 불공정한 방법에 의하여 주식을 발행함으로써 주주가 불이익을 받을 염려가 있는 경우"라고 하여, "법령 또는 정관에 위반하는 것" 외에 "현저하게 불공정한 경우"에도 인정되며, "회사에 회복할 수 없는 손해가 발생할 염려" 대신에 "주주가 불이익을 받을 염려"를 요건으로 한다는 점에서 상법 제402조의 일반적인 유지청구권과 차이가 있다. 신탁법상 유지청구권은 상법 제402조의 일반적인 유지청구권과 요건이 유사한 바, 위와 같은 점에서 상법상 신주발행유지청구권과 차이가 생기게 된다. 그 결과, 만일 사업신탁에서 수탁자가 명시적인 수권없이 기존 수익자의 이익을 침해할 우려가 있는 수익권 발행행위를 하려는 경우, 과연 그것이 신탁에 회복할 수 없는 손해가 발생할 염려가 있는 것인지에 관한 해석상 논란이 제기될 수 있다. 이러한 문제를 없애기 위하여는 입법론으로서 신탁법에도 수익권 발행행위와 관련하여 "수익자에게 불이익을 받을 염려"와 같은 요건을 정할 필요가 있다.

(나) 사후적 구제수단

신탁법상 수익자의 사후적 구제수단으로는 수탁자에 대한 원상회복 및 손해배상청구권, 이익반환청구권과 수탁자의 신탁위반 법률행위에 대한 취소권이 인정되고 있다.

①수탁자에 대한 원상회복 및 손해배상청구권, 이익반환청구권

신탁법 제43조는 수탁자의 의무위반으로 신탁재산에 손해가 생기거나 신탁재산이 변경된 경우 수익자는 수탁자에게 신탁재산의 원상회복을 청구할 수 있고, 원상회복이 현저하게 곤란하거나 과다하

게 비용이 드는 경우에는 손해배상을 청구할 수 있다고 규정한다. 수익자가 이를 행사하기 위하여는, "수탁자의 의무위반"과 "신탁재산에 손해가 생기거나 변경이 발생될 것" 및 그 사이의 인과관계를 요건으로 한다. 나아가, 학설은 수탁자의 고의 또는 과실의 귀책사유를 요구하고 있다.[32] 신탁법은 원상회복을 우선적으로 요구하고, 그것이 현저히 곤란하거나 과다하게 비용이 드는 때에는 손해배상을 청구할 수 있도록 하는데, 1차적인 구제방법으로 원상회복을 인정한 것은 수탁자로 하여금 신탁재산을 의무위반 이전의 상태로 되돌려 놓도록 하여 신탁재산을 보호할 의무를 관철시키기 위함이다. 그리고, 신탁에서 신탁재산은 그 자체가 상당히 중요하므로, 원상회복은 신탁목적을 달성할 수 있도록 하기 위한 것이다.[33] 신탁법 제43조 제2항에서 신탁재산에 손해가 발생되지 않은 경우에도 원상회복을 청구할 수 있도록 한 것도 이러한 취지에서이다.[34] 그리고, 동조 제3항은 수탁자는 충실의무, 공평의무, 분별관리의무 위반시 신탁재산에 손해가 생기지 않은 경우에도 그로 인하여 수탁자나 제3자가 얻은 이익이 있으면 이를 신탁재산에 반환하도록 한다.

앞의 예에서 사업신탁에서 수탁자가 임의로 신탁재산인 개발대상 토지를 제3자에게 매각한 경우를 생각해본다. 수익자는 우선 수탁자에 대하여 원상회복청구권을 행사하여 신탁재산을 본래와 같이 수탁자 명의로 되돌려 놓을 것을 요구할 수 있다. 그런데, 만약 제3자나 전득자가 선의, 무과실로 토지를 취득한 때에는 수탁자가 토지의 명의를 다시 수탁자로 돌려놓는 것이 어렵게 된다. 이러한 경우에는 수익자는 수탁자에 대하여 손해배상청구를 하게 될 것이다.

---

32) 안성포(2016), 362면; 최수정(2016), 350면.
33) 최수정(2016), 351면; 이연갑(2015), 38면.
34) 안성포(2016), 366면.

②수탁자의 신탁목적 위반 법률행위 취소권

수익자에게 인정되는 또 다른 사후적 구제수단으로서 수탁자의 신탁목적 위반 법률행위의 취소권이 있다. 신탁법 제75조는 수탁자가 신탁의 목적을 위반하여 신탁재산에 관한 법률행위를 한 경우 수익자는 상대방이나 전득자가 그 법률행위 당시 수탁자의 신탁목적의 위반 사실을 알았거나 중대한 과실로 알지 못하였을 때에는 그 법률행위를 취소할 수 있다고 규정한다. 그리고, 수익자가 여럿인 경우 그 1인이 행한 취소는 다른 수익자를 위하여도 효력이 있도록 한다. 수탁자의 의무위반 행위시 수익자는 수탁자에게 원상회복 또는 손해배상청구권을 행사할 수도 있지만, 수탁자가 신탁재산의 회복을 위하여 활동하는 데에 소극적이거나 자력이 부족하여 손해배상을 할 수 없는 때에, 수익자가 직접 수탁자의 위법한 법률행위를 취소하여 신탁재산을 돌려받거나 손해를 회복할 수 있는 권능을 부여한 것이다.[35] 다만, 거래의 안전을 고려하여 수탁자와 거래한 상대방이나 전득자가 고의 또는 중과실이 있는 때에만 취소권을 행사할 수 있도록 하고 있다.

앞의 예에서 사업신탁에서 수탁자가 임의로 신탁재산인 개발대상 토지를 제3자에게 매각한 경우에, 수익자는 수탁자에 대하여 원상회복이나 손해배상청구권을 행사하는 대신에 직접 제3자를 상대로 매매계약을 취소할 수 있다. 다만, 제3자나 전득자가 수탁자가 신탁목적에 위반하여 토지를 매각한다는 사실을 알았거나 중대한 과실로 알지 못한 때에 한하여 취소가 가능하다.

그런데, 수탁자의 위법한 수익권 발행시는 어떠한가. 수익자가 신탁법 제75조에 의한 법률행위 취소권을 구제수단으로 행사하는 경우, 수익권 발행이 신탁목적에 위반한 것인지 및 신탁재산에 관한

---

35) 최수정(2016), 366면.

법률행위인지 여부에 대하여 해석상 논란의 여지가 있으며, 이를 인
정한다 하여도 수익권 발행으로 대외적으로 다수의 이해관계인과
사이에 새로운 법률관계가 발생되는데 수익자의 법률행위 취소권은
자칫 거래의 안전을 해하고 법률관계를 복잡하게 할 여지가 있다.
상법은 주식회사의 경우에 이러한 문제점을 고려하여 신주발행무효
의 소와 같은 제도를 마련하여 단체적이고 획일적인 해결을 꾀하고
있다.[36] 신탁법도 사업신탁과 수익증권발행신탁 등 새로운 제도를
도입하였으므로, 이러한 방안에 대한 검토가 입법론적으로 이루어질
필요가 있다.

(다) 소결

수탁자의 의무위반이 있는 경우, 신탁법상 수익자는 주주와 유사
하게 일정한 사전적, 사후적 구제수단을 부여받고 있다. 수익자는
특히 수탁자에게 직접 원상회복을 청구하며, 수탁자가 제3자와 사이
에 한 신탁위반 법률행위를 취소할 수 있는 등 보다 직접적인 권한
을 가진다. 이러한 것은 회사의 주주와는 다른 점으로, 회사의 주주
는 이사가 위법행위를 할 경우에 직접 이를 취소할 권한은 가지지
못하고, 주주총회의 결의로 이사를 해임하고, 회사가 이사에 대하여
손해배상을 청구하는 우회적인 방법을 취할 수 있을 뿐이다. 주주가
직접 취할 수 있는 권리로서 대표소송이 있지만, 신탁에서 수익자는
수탁자의 신탁위반 법률행위 취소권을 통해 수탁자와 제3자 사이의
거래 등 법률행위에 직접 관여하여 법적 효력을 없앨 수 있는 강력
한 수단을 가지는 것과 비교하면 여전히 소극적이고 간접적인 것에
그친다. 이러한 점에서 사업신탁에서 수익자의 권한은 좀더 직접적
이고도 대외적인 특징을 가진다.[37]

---

36) 이철송(2017), 911면.
37) 이계정(2016), 121, 135면은 수익자에게 인정되는 권리가 가지는 이러한 특

라. 평가

수익자와 수익자 사이의 대리문제를 해결하기 위하여 수익자의 권한이 중요하다는 점과 이러한 측면에서 외국의 사업신탁법제와 우리 신탁법에서의 수익자에게 보장되는 권리에 대하여 검토하였다. 외국의 사업신탁법률들은 수익자를 주주와 같이 취급하고, 정보요구권, 대표소송권한 등을 부여하고 있다. 그리고, 우리 신탁법상 수익자는 수탁자의 신탁사무 처리에 대하여 수탁자의 해임에 관한 권한, 수탁자의 신탁의무 위반 법률행위의 취소권 등과 같은 직접적인 권한을 가지고, 신탁사무의 중요한 사항의 처리에 관여할 수 있는 권한을 보유하고 있으며, 복수의 수익자 사이의 의사결정 방법에 관하여도 기본 원칙을 정하고 있음을 살펴보았다. 이러한 점에서, 사업신탁의 수익자는 회사의 주주와 비교하여 일정한 보호책을 두고 있는 것으로 평가할 수 있을 것이다. 그러나, 이것으로서 수탁자에 대한 규율이 충분한지는 여전히 문제이다. 사업신탁의 조직내부의 견제장치와 대외적 규율가능성의 양 측면에서 의문이 있기 때문이다.

주식회사는 주주총회, 이사회, 감사가 필수기관으로서 주주총회와 감사가 이사의 업무를 감시하는 내부 체제를 이룬다. 이러한 구조 하에서 회사의 일상적 업무에 참여하기 힘든 주주들을 보호하고, 이사의 적법한 회사경영을 도모한다. 그런데, 사업신탁에서는 이러한 조직내 기관이 필수적으로 존재하는 것이 아니어서 상대적으로 내부구조의 취약성을 드러낸다.[38] 또한, 우리나라의 경우 외부적으로도 수익권의 거래시장이 활성화되어 있지 못하여 시장규율 역시

징을 근거로 수익권의 법적 성격을 물권화된 채권으로 파악하고 있다.

38) Hansmann & Mattei(1998a), p. 473은 수탁자의 독립적 경영은 수익자들 사이의 교착(deadlock) 문제를 해결할 수 있는 반면, 회사에 비해 수익자에 대한 대리문제가 더 커질 수 있음을 지적한다.

미비하다는 문제점을 가지고 있다. 결국, 현재로서는 수탁자에 대한 견제장치는 수익자의 수탁자에 대한 감독과 해임권한에 의존하고 있는 셈이다.[39] 그러나, 이러한 방비책만으로는 수탁자에 대한 감시와 견제가 충분하지 못하다. 사업신탁의 수탁자는 위험을 수반하는 사업의 경영을 업무내용으로 한다는 특성에 불구하고, 전통적으로 인정되어 온 수탁자의 의무에 기대는 것이 수탁자 규율의 핵심이 될 수 밖에 없는 상황이다.[40]

앞서 제4장에서 사업신탁의 수탁자의 권한확대와 그에 따른 의무의 변화에 대하여 고찰하여 보았는데, 본장에서 살펴본 수탁자와 수익자의 대리문제의 측면에서 논의를 되짚어 볼 필요가 있다. 이제까지 살펴본 사업신탁의 구조상 문제점에 비추어 볼 때, 수탁자의 충실의무는 여전히 수탁자의 핵심적 의무로서 사업신탁의 수탁자의 업무적 특성이 여타 신탁과는 다르다 하더라도 그 의무 완화는 쉽사리 인정하기 힘들게 된다. 제4장에서 이익충돌행위에 관하여 수탁자의 사익추구 위험이 적고 신탁에 이익이 될 수 있으면서 거래의 공정성 요건도 용이하게 파악할 수 있는 특정한 거래 유형에 한하여 법개정을 통해 예외를 둘 것을 제안하였다. 이처럼, 수탁자의 사업경영자로서의 역할에 불구하고, 신탁의 조직구조의 특성상 수탁자는 상대적으로 독자적인 경영판단이 용이하다는 점과 외부 견제장치 또한 미비된 현실을 고려할 때, 그 의무기준의 설정은 이사와 비교하여 보수적으로 볼 필요가 있다. 결국, 본장에서 드러난 수탁자와 수익자 사이의 대리문제와 수탁자에 대한 견제장치의 부재는 수탁자의 충실의무를 앞서 제안한 것 이상으로 완화하는 것을 쉽사리 용

---

39) 福田政之 外(2007), 95면.
40) Sitkoff(2004), pp. 678-680은 전통적인 신탁법리상 수탁자의 높은 수준의 의무와 엄격한 책임은 시장규율이 미비된 신탁에서 수탁자를 규율하는 기능을 한다고 주장한다.

인하기 힘들게 한다. 사업신탁의 수탁자는 사업의 경영자로서 전통적인 신탁의 수탁자와는 달리 볼 필요는 있지만, 내부조직상 견제와 외부 시장의 규율이 이루어지는 주식회사의 이사와 비교할 때 더 엄격한 잣대를 적용할 필요가 있다.

나아가, 수탁자에 대한 견제장치로서 현행 신탁법 하에서 신탁행위로 감사를 두기로 하는 등 보완책을 마련할 필요가 있다. 캐나다 사업신탁의 경우 신탁증서에서 수익자들로 하여금 감사의 선임을 승인하도록 하는 규정을 두는 것이 일반적이다.[41] 별도의 사업신탁법이 없는 홍콩의 경우에도 신탁증서에서 수익자총회 및 감사에 관한 규정을 두는 방식을 취하고 있다.[42] 이에 비해, 우리나라의 경우 실무상 토지신탁에서는 수탁자 이외에 감사를 두도록 하고 있지는 않는 것으로 보이는데,[43] 향후 사업신탁을 활용할 때 고려하여야 할 부분이다.

싱가포르 사업신탁법은 수탁자-경영자로 하여금 수익자총회를 의무적으로 개최하게 하고 수익자의 총회소집요구권을 신탁증서로 배제할 수 없게 하며, 사업신탁에 필수적으로 감사를 두도록 하고 있다.[44] 이처럼 강행법규로서 사업신탁의 내부 기관을 회사와 비슷하게 한 것은 사업신탁의 수익자를 보호하기 위한 것이다. 미국과 같이 자율적인 지배구조를 인정할 것인지, 아니면 싱가포르와 같이

---

41) Gillen(2006), p. 341.

42) HKT Trust Deed(2011)의 22(Auditor) 및 27(Meeting of Registered Holders of Units and Meetings of Rergistered Holders of Shares Stapled Unites), HKEI Trust Deed(2014)의 22(Auditor) 및 27(Meeting of Registered Holders of Units and Meetings of Rergistered Holders of Shares Stapled Unites).

43) 대한토지신탁 홈페이지 상품정보 중 토지신탁 항목의 토지신탁 표준계약서(http://www.reitpia.com/) (2018. 6. 17. 방문); 김동근·윤승현(2015), 150-153면의 부동산 관리·처분 신탁계약서 양식; 송현진·유동규·김명종(2014), 176-181면의 부동산 처분신탁 계약서 양식.

44) 싱가포르 사업신탁법 제53, 54, 82조.

회사에 가까운 구조를 강행법규로 만들 것인지에 대한 입법적 검토가 필요하다. 신탁의 유연성과 수익자 보호를 위한 강행법규성 사이의 균형이 요구되는 지점이다. 우리나라의 입법론으로서는, 신탁의 기본덕목인 유연성을 지나치게 훼손하는 것은 사업신탁의 장점을 퇴색하게 하는 것이어서 바람직하지 않으므로, 회사법 모델을 거의 그대로 가져오는 식의 입법은 바람직하지 않다고 본다. 다만, 우리 신탁법에서도 신탁행위로 배제하는 것을 허용하더라도 감사에 대한 기본 원칙을 정해 둘 필요는 있을 것이다. 또한, 신탁의 유연성에 불구하고 최소한의 보루로서 수탁자의 해임, 신탁의 중요사항의 변경, 종료 등에 관한 권한은 수익자가 행사할 수 있도록 강행권리로 보장될 필요가 있다.

2. 수익자와 그 외의 이해관계인 사이의 이익충돌: 배당의 자유와 채권자 보호

조직에서 소유자의 유한책임은 조직의 채권자와 사이에서 이익충돌의 문제를 일으킬 수 있다.[45] 대표적으로, 이른바 자산희석화(asset dilution)라 불리는 것으로서, 조직이 채권자로부터 대출 등을 받은 후에 조직의 자산을 외부로 유출시킴으로써 채권자의 자금제공 당시에 비해 조직의 책임재산을 감소시킬 수 있다. 조직이 자산을 처분하여 소유자에게 배당을 실시하는 것은 전형적인 자산희석화에 해당된다.[46]

일반적으로 회사법은 이러한 문제에 대처하기 위하여 자본규제를 하여 회사에게 재무제표의 작성, 배당제한, 최저자본금 및 자본유

---

45) Bratton(2006), p. 41; Hansmann & Krakkman(2000), p. 423.
46) Reinier Kraakman et al.(2009), pp. 116-117과 Reinier Kraakman 외(2014), 190-192면; Bratton(2006), pp. 47-48; Schmidt(2006), pp. 90-91.

지요건 등을 요구한다.[47] 우리 상법도 이러한 관점에서 주식회사와 거래하는 채권자 보호를 위하여 여러 장치를 두고 있다. 주식회사에서는 주주의 유한책임으로 인해 회사의 채권자에 대하여 변제의 담보가 되는 것은 회사의 재산 뿐이다. 이에 상법은 자본금 제도를 두어 주식회사로 하여금 일정한 금액을 채권자 보호를 위하여 회사의 재산으로 확보해 두도록 강제하고 있다. 자본금 제도는 채권자 보호를 위하여 필수적인 것으로 보고 이것을 현실적으로 보유하도록 하기 위하여 자본금확정의 원칙, 자본금충실의 원칙 및 자본금불변의 원칙을 강행법규로 두고 있다. 그리고, 이들 원칙을 구체적으로 실현하기 위해 주주에 대한 배당가능이익 규제, 법정준비금의 적립 등이 마련되어 있다.[48] 회사법상 이러한 제도적 방책 외에, 채권자와의 관계에서 발생되는 이익충돌 문제는 계약에 의하여도 대응된다. 대표적으로 회사와 대출기관 사이의 대출계약에서 확약조항을 통해 회사에 대한 통제를 시도하는 방안이 빈번하게 이용되고 있다.[49] 확약조항은 일반적으로 주주에 대한 배당금지급, 중요한 자산의 거래, 차입 또는 담보의 설정 등 행위 및 일반적으로 중요한 불리한 변경 (material adverse change)의 금지를 포함하여 채권자에게 해를 가할 수 있는 행위를 광범위하게 제한한다. 그리고, 대출계약상 채권자는 채무자 회사에 대한 장부와 기록에 접근할 수 있고, 주기적으로 정보를 제공받는 권한을 부여받는다.[50] 주주와 이사회에 의한 권한 분배라는 기본적인 회사의 조직구조에서 채권자는 회사의 활동에 특별한 영향력을 행사하지 못하는데, 대출계약의 확약조항은 채권자로

---

47) Allen & Kraakman(2003), pp. 129-137; Bratton(2006), p. 41.
48) 송옥렬(2017), 736-741면; 이철송(2017), 208-210, 216면; 최기원(2012), 9-10면.
49) Bratton(2006), pp. 41-42; 김건식(2010), 259면.
50) Baird & Rasmussen(1995), pp. 1231-1232; Boubakri & Ghouma(2010), p. 2493; Bratton (2006), pp. 50-57; Schmidt(2006), pp. 90-92.

하여금 회사의 중요한 문제에 영향력을 행사하는 주요한 수단이 된
다. 확약조항으로 회사의 행위를 광범위하게 제한하고, 이에 위반하
는 경우 채무불이행 사유로 함으로써, 채권자는 채무자 회사에 대하
여 강력한 통제력을 보유하게 된다.[51] 이를 통해 은행과 같은 채권
자는 회사의 기회주의적인 행동을 사전에 차단하고, 문제가 있는 경
우에 조기상환을 함으로써 다른 채권자에 대하여도 경고를 해주는
역할을 한다.[52]

   이러한 계약적 방안은 일률적인 법조항의 적용에 비해 개별 채권
자별로 적합한 보호가 가능하다는 이점을 가진다.[53] 다만, 협상력이
부족한 당사자, 불법행위의 피해자, 회사의 법위반에 따른 배상책임을
묻는 국가 등 협상이 불가능한 채권자는 여전히 문제로 남는데, 이러
한 채권자들은 주주의 이익충돌행위에 특히 취약하게 된다. 외국에서
는 이러한 문제에 대응하기 위해 일정한 채권자를 도산절차에서 우선
권을 부여하는 방안, 주주로 하여금 불법행위책임에 대해 비례적인 책
임을 지도록 하는 방안 등 다양한 방안들이 논의되고 있다.[54]

   ## 가. 사업신탁에서의 문제상황

   싱가포르와 홍콩에서의 사업신탁의 성공에는 회사법상 배당규제
의 적용을 받지 않고 현금흐름에 따라 자유롭게 배당을 할 수 있다

---

51) Baird & Rasmussen(1995), pp. 1212, 1215-1216, 1227-1228; Schmidt(2006), p. 90.
52) Triantis & Daniels(1995), p. 1082; Hansmann & Krakkman(2000), p. 425. 그 밖에,
   대출채권자인 은행이 풍부한 정보를 바탕으로 경영진의 감시자로서의 역
   할을 잘 할 수 있다고 기술하는 자료로, Easterbrook & Fischel(1985), p. 100이
   있다.
53) Bratton(2006), p. 43; Reinier Kraakman et al.(2009), p. 119와 Reinier Kraakman 외
   (2014), 194면.
54) Reinier Kraakman et al.(2009), pp. 120-121과 Reinier Kraakman 외(2014), 196-197면.

는 점이 크게 작용하고 있다. 그런데, 이러한 배당의 유연성은 회사에서 주주와 회사의 채권자 사이의 이익충돌에 대처하기 위한 배당규제를 받지 않는 것으로서, 사업신탁의 채권자 보호의 측면에서 심각한 문제가 생길 수 있다. 회사법상 주식회사는 배당가능이익이 있어야만 배당을 할 수 있도록 하여 과도한 자본유출을 방지함으로써 회사의 재산이 채권자들을 위한 책임재산으로 보전될 수 있도록 하는 장치를 마련하고 있음에 비해, 사업신탁에서는 이러한 방어책이 존재하지 않는 셈이다. 이에 따라, 사업신탁과 거래하는 채권자는 자신의 채권의 만족을 받지 못할 위험성이 증가하고 사업신탁의 재산상태를 계속 감시하여야 하는 감시비용이 늘어나게 된다. 그 결과 채권자는 사업신탁과 거래할 때 높은 이자율을 책정할 필요가 생기고, 이는 사업신탁의 자본조달 비용의 증가를 가져와 수익자에게 불리해질 수 있다.[55]

나. 사업신탁에서의 수익자
-채권자 간 이익충돌의 정도와 해결방안

일반적인 신탁에서는 수익자와 채권자 사이의 이익충돌은 크게 문제되지 않았다. 수탁자가 고유재산으로 무한책임을 지는 것이 신탁법리상 원칙인데, 신탁재산으로 수익자에게 무제한적으로 수익을 지급하더라도 신탁의 채권자에 대하여 수탁자의 고유재산으로 책임

---

55) 채권자 보호와 사채이율 사이의 실증적 연구에 관한 Boubakri & Ghouma (2010), p. 2483은 채권자의 권리가 잘 보장된 국가에서는 일반적으로 좀더 낮은 사채이율이 적용된다고 한다. 예를 들어, 법적인 채권자 보호수단이 발달되고 정보공개가 상세하게 이루어질수록 미국 외 국가의 회사가 양키본드를 발행할 때 사채 조달비용을 줄이는 효과가 있다는 연구결과를 인용한다.

을 지게 되므로, 주주와 채권자 사이의 이익충돌 문제는 감쇄될 수 있다.[56) 그러나, 사업신탁에서는 미국과 캐나다와 같이 법상 수탁자의 유한책임이 명시되어 있거나 홍콩의 사업신탁처럼 신탁증서에서 유한책임으로 정하는 경우, 수익자와 채권자 사이의 이익충돌은 실제적인 문제가 된다.

그런데, 이 경우에도 그 자산부채의 구조에 따라 이익충돌 정도에 차이가 생길 수 있다. 만일 사업신탁이 부채를 별로 일으키지 않는다면, 사업신탁에 채권자가 거의 없게 되어 수익자와 채권자 사이의 이익충돌 문제는 크게 감소된다.[57) 반면, 사업신탁이 다수의 상거래채무를 발생시켜 여러 채권자들이 존재하는 때에는 수익자와 채권자들 사이의 이익충돌 문제는 커지게 된다. 제1, 2유형의 사업신탁이 후자의 경우에 속함에 비해, 제3유형의 사업신탁은 구조적으로 사업회사의 주식과 대출채권 등 자산을 보유할 뿐, 사업과 관련한 채무는 사업회사에 발생되므로, 수익자와 채권자 사이의 이익충돌 문제가 심각하지 않을 수 있다. 싱가포르는 사업신탁법에서 수탁자-경영자는 신탁증서로 권한을 부여하지 않는 한 신탁을 위하여 차입이나 부채를 발생시키는 것을 허용하지 않고 있어, 채권자와 사이의 이익충돌에 관한 문제의 소지를 적게 하고 있다.[58) 별도의 법률이 없는 홍콩에서는 HKT Trust와 HK Electronic Investments의 예에서 보면 신탁증서에서 신탁이 부채를 일으키는 것을 금지하고 있어 마찬가지의 결과가 된다.[59)

---

56) Langbein(1995), p. 639는 수익자와 채권자 사이의 이익충돌이 아니라 수익자 보호 측면에서의 논의이기는 하나, 오늘날 미국에서 일반적으로 이용되는 법인수탁자는 전문적인 기술을 가질 뿐 아니라 무한책임구조에서 대외적 책임을 위한 부(deep pocket)를 제공할 수 있다고 한다.

57) Schmidt(2006), p. 91는 회사의 차입비율이 높을수록 이익충돌이 커진다고 한다.

58) 싱가포르 사업신탁법 제28조 제4항.

그러나, 제3유형의 사업신탁이 모두 부채를 일으키지 않는 것은 아니다. 예컨대, 싱가포르의 사업신탁인 Religare Health Trust의 경우, 신탁증서에서 명시적으로 수탁자-경영자에게 차입권한을 부여하고 있고, 실제 수익증권 상장시에 즈음하여 은행과 대출계약을 체결하여 차입을 하고 있다. 은행과의 대출계약에 수탁자-경영자가 변경되지 않을 것, 총부채 대 총자산 비율과 총부채 대 순자산 비율이 각각 일정 비율을 초과하지 않을 것과 같은 조항을 두고 있는데, 은행이 채권자로서의 이해관계에 따라 사업신탁에 대하여 통제를 하기 위한 것이다.[60] 특히, 제3유형의 사업신탁과 같이 일반적인 상거래채무는 별로 발생시키지 않으면서 금융기관과 차입계약만을 체결하는 경우에는 이러한 방안은 매우 유용할 것이다. 법에서의 공백을 메우기 위해 채권자 보호를 위한 사적 수단이 사업신탁에서도 사용되고 있는 것이다.[61]

이와 달리, 제1유형 및 제2유형의 사업신탁에서는 수탁자가 직접 사업을 수행하므로 다양한 상거래채무가 발생되고, 채권자와의 이익충돌 문제는 더 커지게 된다. 예컨대, 제2유형의 사업신탁인 토지신탁에서는 수탁자가 부동산 개발사업을 하면서 다양한 계약을 체결하고 여러 채무를 지게 된다. 현재 부동산신탁회사가 이러한 각종 채무들에 대하여 무한책임을 지는 것이 관행인데, 향후 유한책임신탁제도를 이용하여 수탁자의 책임을 유한책임으로 제한한다면, 수익자와 채권자 사이의 이익충돌은 현실적으로 큰 문제가 될 수 있을 것이다. 그런데, 신탁회사가 직접 자금조달의 주체가 되는 차입형

---

59) HKT Trust Deed(2011)의 3.8(b); HKEI Trust Deed(2014)의 3.8(b).

60) RHT Prospectus(2011), pp. 21, 89.

61) Boubakri & Ghouma(2010), p. 2493은 실증연구 결과, 법적으로 채권자 보호수단이 잘 보장되어 있지 않은 국가의 경우에도 계약에 확약조항이 있는 때에는 사채이율의 증가를 가져오지 않았음에 비해, 확약조항이 없는 때에는 이율증가를 가져왔다고 한다.

신탁과 자금조달의무를 위탁자가 지는 관리형 신탁을 비교하면 수
탁자가 부담하는 채무의 범위에 차이가 있다. 차입형 신탁의 경우에
는 수탁자가 지게 되는 채무의 범위와 액수가 커지게 되므로, 이러
한 사업신탁이 수익자에게 현금흐름에 기초하여 높은 배당을 실시
하게 되면 대출금융기관 등과 사이에 이익충돌이 발생될 여지가 크
다. 다만, 토지신탁에서는 프로젝트 파이낸싱을 통해 자금조달을 하
는 것이 일반적이므로, 관련 계약상 대출금융기관들은 가능한 한 담
보권을 설정하고 신탁의 현금흐름과 자산에 통제력을 보유하려는
시도를 할 것이다. 이러한 방안을 취하기 힘든 그 밖의 다양한 채권
자 들은 수익자와의 이익충돌 문제에 노출되게 된다. 이와 달리, 관
리형 신탁에서는 차입계약의 채무자는 위탁자이므로, 사업신탁이 수
익자에게 높은 배당을 하더라도 대출채권자와 사이에 직접적인 이
익충돌 문제는 발생되지 않게 된다. 다만, 관리형 신탁의 경우에도
차입형 신탁과 같이 대출채권자 이외에 개발사업과 관련한 다양한
채권자들이 존재할 수 있는데, 예컨대, 수탁자가 건설업자와 건설도
급계약을 체결하고 공사대금을 지급하지 않거나, 토지소유와 관련한
환경책임 등이 발생할 수도 있다. 따라서, 이들 사이의 이익충돌문
제는 여전히 상당한 정도로 남게 된다.

   우리 신탁법상 유한책임신탁은 수익자와 채권자 사이의 이익충
돌문제를 고려하여 일정한 수준의 배당규제를 함으로써 해결책을
제공하고 있다. 유한책임신탁의 수탁자는 수익자에게 신탁재산에서
급부가 가능한 한도를 초과하여 급부할 수 없는데, 신탁법상 수익자
에 대한 급부가 가능한 한도는 "급부를 할 날이 속하는 사업연도의
직전 사업연도 말일의 순자산액에서 신탁행위로 정한 유보액과 급
부를 할 날이 속하는 사업연도에 이미 급부한 신탁재산의 가액(價
額)을 공제한 금액"이다.[62] 만일 신탁행위로 수익자에게 급부를 할
날이 속하는 사업연도에 기한이 도래하는 채무에 대한 지급액을 유

보한다면, 채권자와 사이의 이익충돌문제는 상당히 완화될 것이다. 유한책임신탁의 배당규제는 상법상 주식회사과 비교할 때에는 배당가능이익 산정시 공제금액이 더 자율적이고, 수익자총회를 강제하지 않는 등 절차적 측면에서 다소 완화된 것이지만, 싱가포르 사업신탁법에 비하여는 배당의 자유를 좀더 제한한 것이다. 이러한 점에서, 주식회사에 비해 약간의 이점을 주면서 채권자 보호를 함께 도모하고 있다고 평가할 수 있다.

다. 소결

배당규제에서 벗어나 자유로운 배당을 실시함에 따른 효용은 채권자와의 이익충돌 문제로 그 이점이 상당히 상쇄될 수 있다. 다만, 제3유형 중 신탁이 외부 부채를 일으키지 않는 경우에는 배당규제를 하지 않더라도 그에 따른 역기능은 크게 문제되지 않을 것이다. 만일 제3유형의 사업신탁이 소수의 대출채권계약을 체결하는 때에는 계약의 확약조항과 같은 방법으로 대처할 수 있을 것이다. 다만, 이때에도 불법행위의 피해자 등 이러한 협상을 할 수 있는 자발적 채권자가 아닌 경우 등의 문제는 여전히 남게 된다. 한편, 다수의 상거래 채무가 발생하게 되는 제1유형 및 제2유형의 사업신탁에서는 수익자와 채권자 사이의 이익충돌 문제는 보다 심각하다. 이때에도 채권자는 계약에서 일정한 통제력을 부여받는 방법을 생각해볼 수 있지만 모든 채권자가 이러한 방법을 유효하게 사용할 수 있는 것은

---

62) 신탁법 제120조 제1, 2항, 동법 시행령 제15조 제1항. 동법 제121조는 수탁자가 수익자에게 제120조 제1항의 급부가 가능한 한도를 초과하여 급부한 경우 수탁자와 이를 받은 수익자는 연대하여 초과된 부분을 신탁재산에 전보할 책임을 부과한다. 다만, 수탁자가 주의를 게을리하지 아니하였음을 증명한 경우에는 전보책임을 면할 수 있다.

아니다. 따라서, 이러한 사업신탁은 신탁행위로 수익자와 채권자 사이의 이해관계의 균형을 위하여 적절한 수준으로 배당규제를 할 필요가 있으며, 신탁법상 유한책임신탁은 그에 대한 해결책이 될 수 있다.

3. 수익자들 사이의 이익충돌: 싱가포르와 홍콩 사업신탁의 지배구조의 왜곡

가. 사업신탁에서의 문제상황

싱가포르와 홍콩의 사업신탁은 대규모 기업을 운영하는 스폰서가 그 사업부문 중 일부를 사업신탁으로 분리하고, 수탁자-경영자를 100% 자회사로 설립하여 사업신탁을 운영하도록 하는 경우가 많다. 그리고, 스폰서는 사업신탁의 수익권을 일정 비율 이상 취득하여 수탁자-경영자의 해임에 대한 반대권한을 보유함으로써 사업신탁에 대한 수탁자-경영자의 경영권을 효과적으로 유지하고, 이와 함께 수익권을 통해 사업신탁의 통제를 꾀한다.[63] 예컨대, 공모발행시 기준 First Ship Lease Trust의 스폰서는 32%, Religare Health Trust의 스폰서는 그 자회사를 통해 28%, Accordia Golf Trust의 스폰서는 25% 이상을 보유한다.[64] 그리고, HKT Trust에서는 PCCW는 통신사업을 분할하여 사업신탁을 통해 결합증권을 상장하면서 사업신탁과 그 사업신탁이 소유하는 통신사업의 지주회사 격인 HKT Limited의 지분을 각각 약 68% 보유하였는데,[65] PCCW가 직접 신주발행을 통해 자금조달을 한

---

63) Clifford Chance(2012), p. 3.

64) FSLT Prospectus(2007), p. 8, RHT Prospectus(2011), p. 17, Accordia Offering Circular (2014), p. 34.

65) HKT Trust Prospectus(2011), p. 243. 또한, PCCW는 새로운 수익권 발행시 지분

다면 PCCW의 주주에 대하여 즉각적인 지분희석화가 발생됨에 비해, PCCW가 HKT Trust와 그 자회사인 HKT Limited에 대한 과반수 지분을 보유함으로써 여전히 지배력을 보유하면서도 PCCW의 주주의 지분 희석화를 가져오지 않는다는 것을 거래목적 중 하나로 밝혔다.[66]

조직의 소유자들 사이의 이익충돌은 다수주주와 소수주주 사이[67] 뿐 아니라 회사 소유자의 일부가 소유자 전체에 영향을 미치는 결정을 좌우할 수 있는 경우에는 문제가 되며, 소수주주가 특정 사항에 관하여 거부권을 가지는 때에도 같은 문제가 발생한다고 보고 있다.[68] 싱가포르와 홍콩의 사업신탁에서는 스폰서가 일정한 비율 이상의 수익권을 보유함으로써 사업신탁에 대하여 그 이상의 통제권을 행사하게 되어, 위와 같은 이익충돌 문제가 발생된다.[69] 싱가포르의 사업신탁에서 스폰서가 사업신탁에 25%를 약간 상회하는 지분을 소유함으로써 실제로는 사업신탁에 그보다 훨씬 큰 영향력을 행사하는 것은 마치 우리나라에서 대기업집단이 순환출자를 함으로써 적은 지분으로 대기업집단에 대해 통제력을 보유하는 것[70]과 비슷하다. 회사법상 소수의 지분율을 가지고 그 현금 흐름을 초과하는 의결권을 보유하는 기업 지배구조가 발생되는 주요한 세 가지 수단으로서 차등적인 의결권 부여, 피라미드 소유구조, 순환출자를 든다.[71]

비율에 따라 청약을 할 수 권리(Right Issue)를 부여받아 지분비율을 유지할 수 있도록 하고 있다(HKT Trust Prospectus(2011), p. 314).

66) HKT Trust Prospectus(2011), p. 14.
67) Reinier Kraakman et al.(2009), pp. 89-90과 Reinier Kraakman 외(2014), 151면은 지배주주가 소수주주의 희생하에 지분율보다 큰 수익을 얻고 있음을 입증하는 실증연구가 늘고 있다고 한다.
68) Reinier Kraakman et al.(2009), p. 36과 Reinier Kraakman 외(2014), 72면.
69) 이러한 문제에 대한 비판론으로는 대표적으로, David Webb, HPH Trust is no Loss to HK, WEBB-SITE.COM(2011. 1. 21.) (http://webb-site.com/articles/hutchport.asp).
70) 우리나라의 재벌들이 계열회사의 연쇄적인 출자를 이용해 지배구조를 왜곡시키는 문제에 관하여는, 오덕교(2014), 8면.

이러한 구조들은 특정 주주가 적은 현금흐름을 통해 회사에 대하여 초과적인 통제권한을 가짐에 따라 지배구조가 왜곡되고 사업 수행, 회사 자산의 처분 등에서 주주 전체의 이익보다 자신의 이익에 유리한 선택을 하게 되는 대리비용이 발생된다는 점이 지적된다.[72] 그리고, 이러한 회사의 경영진은 그러한 특정 주주의 이익을 위해 행동할 위험이 있으며,[73] 특정 주주의 과도한 권한보유로 시장규제를 통해 경영진을 적절히 규율하는 것도 어려워진다.[74] 이러한 결과는 마치 차등의결권주식을 부여받은 것과 같은 효과를 가져오는데, 싱가포르의 사업신탁이 차등의결권주식 제도의 대용으로 중요하다고 평가하는 견해[75]가 있는 것도 이러한 측면에 따른 분석이다.

나. 검토

우리나라 상법은 주주들 사이의 이익충돌 문제에 대처하기 위하여 소수주주권을 포함하여 소수주주 이익을 보호하기 위한 각종 제도를 마련하고 있고, 공정거래법상 지주회사에 대한 규제 및 기업결합집단의 순환출자 등에 대한 제한을 두고 있다.[76] 외국에서도 이러

---

71) Bebchuk, Kraakman & Triantis(2000), p. 295.
72) Bebchuck & Triantis(1999), pp. 8-13.
73) 천경훈(2013), 120-121면.
74) 윤영신(2009), 224면.
75) Ho(2012), p. 315. 이후, 싱가포르에서는 2014년 10월에 회사법이 개정되어 공개회사가 1주 1의결권 주식만을 발행할 수 있도록 한 제한이 폐지되어 동법이 2016년 1월부터 시행되었고, 같은 해 4월 싱가포르 증권거래소에 차등의결권주식의 상장이 허용되었다(문준우(2017), 124면).
76) 상법상 지배주주와 비지배주주 사이의 이익충돌 문제에 대한 규범 및 구제책에 대한 상세한 논의는, 천경훈(2017), 264-271면; 공정거래법은 상호출자제한 기업집단에 대하여 지주회사 설립제한, 소속 회사 간 신규 순환출자를 금지하고, 순환출자 현황을 기업집단 현황 등 공시 사항에 포함하도록 하는 등의 규제책을 두고 있다(동법 제8조의3, 제9조의2, 제11조의4).

한 문제에 대처하는 방안으로, 주주가 그가 보유하는 경제적 이익을 초과하여 의결권을 행사하지 못하도록 차등의결권주식,[77] 순환출자, 피리미드식 보유구조 등을 규제하여 지배권을 인위적으로 확대하는 편법을 제한하기도 한다.[78] 이에 비해 사업신탁의 경우에는 국내외 적으로 이러한 제도가 따로 마련되어 있지는 않은데, 회사와 비교하여 취약한 면이다. 싱가포르 사업신탁법에서는 스폰서에 의한 과도한 통제 등 내부 지배구조와 관련한 문제를 인식하여 수탁자-경영자의 이사회와 감사위원회의 독립성을 높이도록 하는 규정을 두고 있는데,[79] 동 규정에 따른 독립이사 또한 수탁자-경영자의 주주인 스폰서에 의하여 선임되므로 이러한 방안으로 문제가 완전히 해결될 수 있는지는 여전히 의문이 있다. 그리고, 홍콩의 경우에는 싱가포르와 같은 법 조항이 없어 문제는 더 커질 수 있다. 이처럼 사업신탁에서 위탁자의 의도에 따라서는 구조 설계를 통해 지배구조가 왜곡될 가성이 있으며, 이에 관한 적절한 규제가 미비되어 있다는 점은 유의할 필요가 있다. 그렇지만, 이러한 점을 이유로 사업신탁에서 상법상 회사에 인정되지 않는 종류의 수익권을 불허하는 것은 신탁의 유연성을 훼손하게 되어 바람직하지 않으며, 이때 발생될 수 있는 지배구조 왜곡의 문제는 당사자들 사이의 명확한 합의나 투자자 보호를 위한 공모규제 등으로 대응하여야 할 것이다.

---

77) 미국, 영국을 비롯하여 이를 허용하는 입법례도 상당수 있다. 외국의 입법례에 대한 자세한 내용은, 윤영신(2009), 208-218면 참조.

78) Reinier Kraakman et al.(2009), pp. 91-92와 Reinier Kraakman 외(2014), 154면.

79) 싱가포르 사업신탁법 제14조 제1항, 싱가포르 사업신탁규정(Business Trust Regulations) 제12조 제1항; 싱가포르 사업신탁법 제15조 제1항, 싱가포르 사업신탁규정 제13조 제1항.

제4절 사업신탁의 평가와 활용방안

1. 사업신탁의 활용에 대한 평가

가. 활용현황

사업신탁은 그 유연성에 불구하고 실제적인 활용은 아직 제한적이다. 우리나라에서는 2011년 신탁법 개정 이전부터 하여 오던 토지신탁 외에는 사업신탁이 거의 이용되고 있지 않다. 그리고, 토지신탁도 기업조직으로서 사업신탁을 하는 것으로 평가하기에는 부족하다. 토지신탁계약상 수익권의 양도가능성을 인정하지 않는 경우가 많고, 수탁자 및 수익자의 유한책임구조를 취하지 않고 있으며, 신탁기간을 특정 기간으로 정하고 있다.[1] 개별 토지개발사업이 완료되면 신탁은 종료되는 구조로, 사업신탁이 계속적 기업활동을 하여 영업수익을 올리면서 수익자가 지속적으로 교체되는 영속적인 기업조직을 상정하고 있지는 않다. 개정 신탁법으로 유한책임신탁제도, 수익증권발행신탁 등이 도입되었으나, 이에 관한 별다른 인식이나 새로운 제도에 대한 활용노력 없이 이전부터 행해지던 토지신탁의 실무관행이 현재까지 계속 이어지고 있다.

외국에서도 사업신탁의 활용모습은 제한적이다. 미국에서는 1900

---

[1] 대한토지신탁 홈페이지 상품정보 중 토지신탁 항목의 토지신탁 표준계약서(http://www.reitpia.com/)(2018. 6. 17. 방문), 김동근·윤승현(2015), 150-153면의 부동산 관리·처분 신탁계약서 양식, 송현진·유동규·김명종(2004), 176-181면의 부동산 처분신탁 계약서 양식을 보면, 수익권은 수탁자의 승낙없이 양도할 수 없는 것으로 하고 있고, 수익자의 비용보상의무 배제에 관한 조항은 두고 있지 않다. 그리고, 신탁기간은 토지개발사업기간을 염두에 두고 일정한 기간으로 하는 조항을 두고 있다.

년대 초반까지 사업신탁이 사업 전반에 걸쳐 회사를 위협하기도 하였으나 현재에는 뮤추얼 펀드, 자산유동화거래 등 특정한 영역에서만 사용되고 있다. 캐나다의 경우 사업신탁이 주로 절세목적이라는 일정한 경제적 이유로 활용되었고, 과세정책이 변화되자 일시에 사라져 버렸다. 싱가포르는 현재 사업신탁을 가장 활발히 이용하는 나라이지만, 실제 활용영역은 주로 선박, 호텔, 병원, 통신 사업 등 현금흐름을 안정적으로 창출하는 일정한 사업에 한정되고 있음을 볼수 있다. 감가상각이 많이 일어나는 자산을 활용하면서 현금수입이 지속적으로 발생되는 사업영역에서 사업신탁을 활용함으로써 회사를 이용하는 경우에는 할 수 없는 고배당을 실시할 수 있다는 점에 주요한 요인이 있다고 할 것이다.[2] 이처럼, 이제까지 사업신탁은 절세나 일정한 특징을 가지는 사업분야에서의 고배당 등 특정한 경제적 목적에 부응하기 위한 것으로만 이용되어 왔는데, 현재 회사가 산업 전반에 걸쳐 널리 활용되고 있는 것과 차이를 보인다. 이와 같이 사업신탁은 그 유연성에 불구하고 기업조직에 관하여 강행적인 규제를 훨씬 많이 받는 회사에 비하여 오히려 그 활용이 제한되고 있는데, 그 이유에 대해 의문이 생긴다.

나. 종래의 설명

여러 학자들은 사업신탁이 제도적 장점에 불구하고 산업 일반에 활용되지 못하고 있는 것에 대하여 의문을 제기하면서도 명쾌한 설명을 하고 있지는 못하다. 이에 대하여 현재 대체로 제시되는 설명은 다음과 같다. 회사 법제가 상당한 기간 동안 다수의 사업가들에

---

2) Wu(2012), p. 695는 선박리스사업의 예를 들면서, 만약 이것을 회사를 통해서 하면 선박은 감가상각이 크기 때문에 주주에게 만족스러운 수익률을 제공하기 쉽지 않을 것이라고 한다.

의해 사용되어 왔고, 회사법에서 회사조직에 관한 상세한 내용을 담고 있는 것을 비롯하여 다양한 판례, 학설 등을 통해 확고한 법적 기반을 마련해왔으며, 현재까지 그 이용에 특별한 문제를 드러내지 않고 있다. 이에 비해 신탁법상 사업신탁에 관한 구체적인 규율은 상대적으로 적으며, 판례나 학설이 축적된 양도 현저히 부족한데, 이것은 법적 안정성이 부족함을 의미하며, 거래당사자들 사이에 거래비용의 증가를 가져올 수 있다는 것이다. 이러한 점들로 인해 거래당사자들은 회사 제도를 계속 이용할 가능성이 크고, 사업신탁이라는 새롭고 낯선 제도를 이용하기는 쉽지 않다고 설명하고 있다.[3]

다. 사업신탁의 법적 특성에 비추어 본 사업신탁 모델

종래의 설명은 상당 부분 수긍할만 하지만, 적어도 싱가포르나 홍콩, 캐나다에서의 사업신탁의 부흥에 대하여는 충분한 답을 제시하고 있지 못하다. 본 연구에서는 이에 대하여 이제까지 살펴본 바에 근거하여 나름의 답을 찾아보고, 향후 사업신탁이 가지는 의의를 조명해보고자 한다.

(1) 사업신탁이 성공한 외국 사례의 분석

기업조직으로서의 사업신탁이 가장 성공한 나라로는 싱가포르, 홍콩과 2008년 세법개정 전 캐나다를 들 수 있다. 이들 나라에서 회사를 활용하는데 특별한 문제가 없는 상황에서 사업신탁이 이용된 것은 고배당이나 절세목적과 같은 두드러지는 경제적 유인에 따른

---

3) Hansmann & Mattei(1998a), pp. 477-478; Ogus(1986), p. 192; Frankel(2001), pp. 327-328; Walsh & Michaels(2013), p. 683; 김태진(2011), 139-140면; 김창모(2004), 83-84면.

것이었다. 싱가포르에서는 회사가 아니라 사업신탁을 이용하여 투자자에게 안정적이면서 상대적으로 높은 수준의 배당을 실시함으로써, 적절한 투자처를 찾지 못하는 대중자금을 좀더 손쉽게 모을 수 있었다. 그런데, 안정적인 고배당을 할 수 있는 사업은 성숙한 산업으로서 경쟁적이지 않은 시장을 가지고, 고정자산을 기반으로 하여 안정적으로 현금이 창출되고, 새로운 투자가 급격히 필요하지 않을 것 등 일정한 특징을 요구한다. 그 결과, 싱가포르의 사업신탁은 항만, 전력, 호텔사업 등 일정한 산업에 집중되고 있다. 캐나다에서도 사업신탁이 사업회사에 내부차입을 하여 높은 부채비율을 가지도록 함으로써 절세목적에 부합하도록 하는 구조를 이용하였는데, 그러한 구조 하에서 사업회사는 상당한 금액의 대출이자를 지급하고 지속적인 배당을 하여야 한다. 이것이 가능하려면 사업이 안정적이고 현금흐름의 변동이 크지 않을 것이 요구되고, 이에 적합한 사업은 경쟁적이지 않고, 성숙한 시장을 가지며, 주기적 변동성이 심하지 않다는 등의 특징을 가진다.[4] 결과적으로 이들 국가에서 사업신탁은 그 경제적 목적에 부합하는 일정한 특징을 보유하는 몇몇 산업에서 주로 이용된 것으로 생각된다.

  그리고, 이들 국가들에서는 제1, 2유형의 사업신탁보다는 사업회사의 주식을 소유하는 제3유형의 방식이 선호되었는데, 이것은 영국이나 미국의 초기 사업신탁에서 수탁자가 사업 자체를 인수하여 영위하는 원형적인 형태와는 다른 것이다. 이것은 사업회사를 그대로 이용하면서 신탁을 이용한 거래구조를 통해 절세나 배당규제로부터의 자유를 누리고자 하는 의도가 작용한 탓도 있었으리라고 본다.

  이상의 점들에서 추론해 볼 때, 현재 회사가 주도하고 있는 일반 산업 전반에 걸쳐 사업신탁이 회사의 대용으로서 활용되기는 그리

---

4) David Ward Philip(2009), p. 2; Halpern & Norli(2006), p. 68.

쉽지 않을 것이다. 그렇지만, 싱가포르, 홍콩, 캐나다에서의 성공은 딱딱한 조직인 회사는 특수한 수요에 쉽사리 대처하기 어려움에 비해 유연한 조직인 사업신탁은 이에 부응할 수 있음에 기인한다. 이러한 점에서 사업신탁은 제한적이긴 하지만 분명히 그 존재의의를 드러내고 있는 것이다. 이러한 사업신탁의 유연성을 활용하면 향후 회사법상 대응하기 힘든 또 다른 수요에 맞추어 기업구조를 설계하는 것도 기대할 수 있을 것이다.

(2) 사업신탁의 구조적 특징에서 도출되는 적합한 사업신탁의 모델

사업신탁은 조직구조에 관하여 신탁법에서 구체적으로 정하고 있는 사항이 상대적으로 적으며, 많은 부분을 사적 자치에 의하여 자유롭게 정하도록 하고 있어, 수탁자가 그 재량에 따라 신속하고 자유롭게 경영을 할 수 있는 기업조직을 제공한다. 반면, 수탁자에 대한 견제장치는 상대적으로 부족한 면을 드러내며, 주식회사에서와 같은 상시적인 내부 감시보다는 수익자의 수탁자에 대한 감시와 해임에 관한 권한 등에 주로 의지하게 된다. 이러한 점에서, 사업신탁은 주주가 분산되어 있고 회사의 경영에 상대적으로 무관심한 공개회사와 같은 기업보다는 수익자가 경영에 적극적으로 참여하는 기업형태에 좀더 적합할 수 있다.

또한, 수익자들 사이에 의결권의 차등, 새로운 수익권 발행시 기존 수익자 배제 등 여러 가지 방식으로 일부 수익자에게 불리한 내용이 신탁증서에 포함될 수 있으므로, 개별 신탁조항에 대한 수익자의 명시적인 합의가 매우 중요하게 된다. 따라서, 수익자의 비례적 이익이나 권한에 변경을 가져오는 내용을 포함하는 경우에는, 당사자들 사이의 합의가 원활히 이루어질 수 있는 소수의 당사자들이 관여하는 구조에 더 적합하다.

싱가포르나 캐나다에서는 사업신탁의 수익증권을 발행하여 공모 방식으로 대규모 자금조달에 성공하였지만, 반면 지배구조 및 수익 자 보호상 여러 문제점들을 보였다. 이들 국가는 이에 대하여 법제 적 대응을 하여 별도의 사업신탁에 관한 법률을 제정하였고, 배당의 자유나 세법상 유리한 취급을 위한 범위에서 회사와 차별화를 하면 서도 그 밖의 점에서는 회사법의 모델을 좇아 다수의 강행적 규정을 포함시킴으로써 상당히 회사에 근접하게 하였다. 이러한 입법태도 는 지배구조 및 수익자 보호 문제에 대해 회사와 유사한 규제를 하 려는 시도인데, 신탁이 가지는 고유한 특성인 유연성을 훼손할 우려 가 있다. 우리나라에서 향후 사업신탁을 다수의 투자자를 대상으로 하는 기업 조직으로 이용하려는 경우에는, 이들 국가에서와 비슷한 문제가 발생될 가능성이 크다. 신탁의 고유의 장점인 유연성을 사업 신탁에서도 누릴 수 있도록 하기 위하여, 강행법규를 포함하는 입법적 해결보다는 현행 신탁법과 같은 유연한 태도를 유지하면서 별도의 규 제책을 도입하는 방안이 바람직하다고 본다. 이를 위해 공모규제 또 는 업법규제 등 규제법적 접근[5]을 통해 투자자를 보호하면서, 수탁자

---

5) 자본시장법상 사업신탁의 허용여부에 대하여는 개정 신탁법 시행과 함께 정부의 자본시장법개정안이 제출되어 논의된 바 있다. 정부는 2012년 자본 시장법 개정안(자본시장과 금융투자업에 관한 법률 일부개정법률안(의안 번호 1057, 제출일 2012. 8. 6.))에서 신탁업자의 수탁가능재산의 범위에 사 업은 배제시켰는데, 투자자 피해가능성, 신탁업자의 건전성 저해 및 전문 성 부족 등을 이유로 하였다(국회 정무위원회, "자본시장과 금융투자업에 관한 법률 일부개정 법률안[정부제출] 검토보고서," 2013. 4., 15면). 당시, 실 무와 학계에서는 정부안과 달리 사업을 수탁가능재산에 포함시켜야 한다 는 주장도 있었다. 구체적으로, (i) 신탁업자가 아닌 법인은 얼마든지 사업 신탁이 가능함에 비해 자본시장법의 규제를 받는 신탁업자에게만 사업신 탁이 허용되지 않는 것은 형평성 측면에서 문제가 있고, 신탁업자가 새로 운 신탁업 수요에 유연하게 대응하기 어렵다는 의견(오창석(2012), 183면)과 (ii) 투자자 피해 가능성은 신탁업자의 영업행위규제로 방지할 수 있으며 신탁업자의 경영건전성 저해 우려는 신탁업자의 건전성 규제로 충분히 방

의 자유로운 경영활동의 장점을 누릴 수 있게 하여야 할 것이다.

2. 활용 방안

이제까지의 논의를 바탕으로, 향후 우리 신탁법 하에서 사업신탁이 활용될 수 있는 구체적인 방안에 대하여 생각해본다.

가. 사업신탁을 활용한 토지신탁의 개선 (제2유형)

현재 실무에서 하고 있는 토지신탁은 수익권의 양도가능성이 제한되고, 유한책임구조를 가지지 못하며, 존속기간이 제한적인 등 계속적으로 사업활동을 하고 다수의 투자자에게 수익을 분배하는 형태의 기업조직으로 보기에는 부족하다. 기존의 구조를 보완한다면 토지신탁을 장기적인 부동산 개발과 계속적인 임대사업을 하는 기업조직으로 활용할 수 있을 것이다. 구체적으로, 수탁자는 양도성을 가지는 수익증권을 발행하여 다수의 투자자로부터 자금을 모집하고 위탁자로부터 토지 등 사업자산을 신탁받는 한편, 유한책임신탁으로 등기하여 수탁자와 수익자의 유한책임을 확보할 수 있다. 수탁자는 사업개발을 하면서 대출기관들로부터 차입을 하고, 건축업자와 건설계약 및 건물 관리업자와 계약을 하는 등 채무가 발생될 것인데, 이들 채무는 모두 신탁재산인 토지, 건물 및 사업에 따라 발생되는 임대료채권, 수탁자가 임대사업을 하여 취득한 현금 등만을 책임재산

지할 수 있다는 의견이 있었다(오영표(2012), 125면). 한편, 신탁업자의 건전성 저해 및 금산분리의 원칙에 따라 수탁가능재산 범위에 사업을 포함하면 안된다는 주장도 있는데, 이 견해는 일반 기업이 사업신탁을 금융상품으로 판매하는 것이 아니라 사업의 효율적 영위 차원에서 설정하고 동 신탁의 수익증권을 발행하는 것이라면 신탁업 규제는 필요하지 않고 증권의 발행규제로 충분하다고 한다(성희활(2013), 644-646면).

으로 하게 된다. 수탁자는 종래의 실무와 같이 이사회를 거치지 않고 선관주의의무에 따라 그때그때 필요한 판단을 하여 사업활동을 할 수 있으며, 정기 수익자총회 또한 생략할 수 있다. 추가 자금 모집을 위해 수익증권을 발행하는 경우에도, 이사회 결의를 거칠 필요 없이 신속히 결정하여 진행할 수 있다. 수익자는 수탁자의 해임권한을 대표적인 감독수단으로 하여 수탁자의 경영활동을 감시하며, 위탁자는 수탁자의 감독을 위하여 신탁행위로 감사를 둘 수 있다. 수익자는 신탁법상 수탁자의 신탁의무 위반행위로 신탁재산에 손해나 변경이 발생한 때에는 수탁자에 대하여 원상회복을 청구하고, 신탁 목적 위반의 법률행위를 직접 취소하는 등의 권한을 행사할 수 있다. 한편, 이러한 사업신탁은 제3자와 사이에 다양한 채권채무가 발생될 수 있는데, 신탁행위에서 수익자에게 급부를 할 날이 속하는 사업연도에 기한이 도래하는 채무에 대한 지급액을 유보함으로써 채권자와 수익자 사이의 이익충돌 가능성을 상당히 줄일 수 있을 것이다.

나. 특수 사업분야에서의 사업신탁의 활용

우리나라에서도 안정적으로 현금흐름을 창출하면서 시장의 경쟁성이 높지 않고 경기변동성이 크지 않은 인프라 사업 등의 경우에는, 외국의 예와 같이 사업신탁을 이용하여 고배당을 실시하여 자금을 모집하는 것을 생각해 볼 수 있다. 이러한 산업분야의 자금조달 방법으로 은행 차입, 프로젝트 파이낸싱, 특별법상의 집합투자기구 등을 주로 이용하여 왔는데, 사업신탁을 이용하여 수탁자가 적극적이고 계속적으로 사업을 경영하고 자금을 조달하는 것을 고려할 수 있다.[6]

(1) 사회기반시설사업의 사업신탁 (제2유형)

사업신탁의 수탁자가 수익권을 발행하여 투자자로부터 자금을 모아 도로, 항만건설 등 사회기반시설사업을 하고, 통행료나 이용료 등의 수입을 올려 투자자에게 배당을 하는 것을 생각해볼 수 있다. 사회기반시설사업을 위해 토지 등 자산을 수탁자가 신탁받고 사업을 수행하게 되므로, 제2유형에 해당된다. 최근 도로건설 등 인프라 사업에서 민자자금을 활용한 사업방안이 논의되고 있는데,[7] 사업신탁은 이에 대한 효과적인 대안이 될 수 있을 것이다.

우리나라에서는 항만, 도로, 철도, 공항 등 사회기반시설에 대한 민간투자를 촉진하기 위하여 사회기반시설에 대한 민간투자법이 마련되어 있으며, 동법에 의해 사회기반시설을 위한 민간투자사업이 시행되고 있다. 구체적으로, 동법상 사회기반시설 사업을 하려는 자는 사업계획의 제출 등 동법상의 일정한 절차를 거쳐 사업시행자로 지정된 후, 정부측과 실시협약을 체결하고, 자금조달을 위한 금융약정 체결 등을 하게 된다.[8] 사업시행자의 자금조달은 프로젝트 파이낸싱 등을 통한 차입[9]이나 사회기반시설채권의 발행[10] 외에 사회기반시설투융자회사나 사회기반시설투융자신탁으로부터 투자를 받는

---

6) 싱가포르 사업신탁은 소극적 투자기구인 투자신탁(unit trust)과 달리 수탁자가 선박리스, 인프라 프로젝트 운영과 같은 사업의 운영을 일상적(day-to-day)으로 하여야 하는 능동적인 제도임에 관하여는, Wu(2012), pp. 693-694.

7) 건설경제, "민자도로 영세율·공모 인프라펀드 조성등 ··· 민자사업 활성화 해법 찾자", 2017. 11. 21. (http://www.cnews.co.kr/uhtml/read.jsp?idxno=201711211 447518970690)

8) 이종훈(2009), 490면.

9) 사회기반시설의 민간투자사업에 대한 프로젝트금융의 구조, 계약 등 자세한 사항에 관하여는, 김기수(2007), 88-109면.

10) 사회기반시설에 대한 민간투자법 제58조.

방식으로도 이루어진다. 사회기반시설을 위한 민간투자사업상 사회
기반시설투융자회사나 사회기반시설투융자신탁은 각각 자본시장법
상 투자회사 및 투자신탁으로서, 이들 투융자집합투자기구는 사회기
반시설사업의 시행을 목적으로 하는 법인의 주식, 지분 및 채권을
취득하거나, 동 법인에 대한 대출 및 대출채권을 취득하는 등의 방
식으로 자산을 운용한다.[11]

　이처럼 동법은 사업시행자가 법인인 경우에 프로젝트 파이낸싱
등을 통한 차입, 투융자집합투자기구로부터의 투자와 같은 방식으로
자금조달을 하는 것을 상정하고 있는데, 사업신탁을 활용하여 이러
한 방식 이외에 신탁회사가 직접 사업시행자가 되어 수익증권을 발
행하여 자금을 조달하는 것을 생각해볼 수 있다. 신탁회사는 사업시
행자로서 도로나 항만, 공항 등 건설을 위한 토지를 신탁받고, 이를
기반으로 건설계약, 자금차입계약 등을 체결하여 사회기반시설사업
을 수행하며, 완공 후 통행료나 이용료 및 부대시설 사업을 통해 수
익을 창출하여 수익자에게 배당을 한다. 이때 유한책임신탁을 이용
하여 수탁자와 수익자의 책임을 유한책임으로 제한할 수 있다. 이러
한 방안은 회사가 사업시행자가 되는 것과 비교할 때, 내부구조를
유연하게 하여 주주총회를 열지 않아도 되고, 증자를 위해 이사회결
의를 거치치 않아도 되며, 수권발행주식수를 늘리기 위한 정관변경
절차를 거치지 않아도 되는 등 경영의 효율상 이점을 가진다. 자금
조달의 측면에서도 사업신탁의 배당규제 완화를 이용하여 높은 수
익률을 낼 수 있어 투자자 모집에 유리할 수 있다. 이러한 장점들을
고려할 때, 사업신탁의 형태로 민간투자의 사회기반시설사업을 수행
하는 것을 적극 검토해 볼 수 있을 것이다.

---

11) 사회기반시설에 대한 민간투자법 제41, 43조.

(2) 선박 건조, 임대업의 사업신탁 (제3유형)

우리나라에서는 조선, 해운업이 기간사업으로 중시되고 있는데, 선박건조에는 수백억 내지 수천억의 비용이 소요되어 자금조달이 매우 중요하다.[12] 대규모 자금조달을 효과적으로 하기 위한 방안으로 사업신탁을 통해 선박의 건조 및 임대사업을 하는 방법을 생각해 볼 수 있다. 현재 선박건조에 활용되는 자금조달 방법으로는 선박금융[13] 외에 선박투자회사법상 선박투자회사가 있고, 그 밖에 자본시장법에 의한 투자신탁 형태인 선박펀드가 존재한다. 선박펀드는 수익증권을 판매하여 조달한 자금으로 특정 선박을 건조 또는 매입하는 계약의 대금을 지급하고, 해운회사에게 건조 또는 매입된 선박을 임대하여 용선료수입을 올려 투자자에게 배당을 한다. 이에 해당하는 사례로서 자본시장법 최초의 공모형 선박투자신탁인 하이골드오션선박특별자산투자신탁1호가 있다. 이 투자신탁은 2010년 출시된 상품으로, 자산운용회사는 선박투자를 목적으로 특수목적회사를 설립하여 투자신탁으로 하여금 그 주식을 취득하게 하고, 특수목적회사는 신조 선박을 발주, 매입하고, 매입한 선박에 대해 해운회사와 나용선계약을 체결한다. 해운회사가 특수목적회사에 용선료를 지급하면 투자신탁의 투자자에게 중간배당을 실시하고, 일정한 기간이 경과된 후 선박을 매각하여 얻은 자본이득을 배당한다. 자산운용회사가 특수목적회사를 설립하여 그로 하여금 선박 건조, 임대 및 매

---

12) 제229회 국회 본회의심사록의 9. 선박투자회사법안, 2002. 4. 19. 제5면, 우리나라에서는 해운산업이 수출입화물의 99% 이상을 수송하는 등 부가가치가 매우 높은 산업임에도 선박건조에 막대한 자금이 소요되는 문제가 있어 선박투자를 활성화할 필요가 있음이 인정된다고 입법필요를 언급한다; 한기문·김화섭(2007), 142-143면.

13) 선박금융의 유형, 거래구조, 계약 내용 등 자세한 사항에 관하여는, 정대(2012).

매계약을 체결하게 하고, 이를 통해 얻은 수익을 투자자에게 배분하는 구조로서, 선박 매매차익, 용선료 수입 등에 따라 투자자의 수익률이 결정된다.[14] 사업신탁의 수탁자와 같은 역할을 투자신탁의 자산운용회사가 하는 셈이다. 그러나, 자산운용회사의 역할은 해운회사가 구체적으로 지정하는 바에 따라 특정 선박의 건조 또는 매입, 임대차계약의 체결 등을 하는 것에 그쳐 주도적이라 보기는 어렵다.[15]

이와 달리, 사업신탁을 이용하는 구조를 생각해보면, 수탁자는 여러 특수목적회사를 설립하고 개별 선박을 각각의 특수목적회사의 소유로 하여 선박과 관련한 위험을 구별하고, 특수목적회사들의 주식을 신탁재산으로 함으로써, 다수의 선박을 취급하여 사업의 계속성을 가질 수 있다. 그리고, 자본시장법상 집합투자에 해당하는 투자신탁과 달리 수탁자는 능동적이고 적극적인 경영활동을 할 수 있다. 특수목적회사를 설립하여 사업신탁이 그 주식을 취득하고, 선박건조, 임대 등 계약은 특수목적회사의 명의로 체결하므로, 제3유형에 해당된다. 다만, 우리나라에서 제3유형의 사업신탁은 자본시장법상 경영참여형 사모집합투자기구 규제와 상충될 가능성이 있다. 앞의 제1장 제3절에서 살펴본 것과 같이, 이것은 향후 규제법적 측면에서의 논의와 입법적 해결이 필요한 사항이다.

한편, 현재 우리나라에서는 2002년 5월 선박투자회사법이 제정된 이후 선박투자회사에 의한 선박건조, 매입 등에 대한 투자가 활발히

14) 하이골드오션선박특별자산투자신탁 1호 투자설명서, 9, 14, 17면.
15) 선박금융에서는 해운회사가 해운시장에서의 선박의 수요와 영업전망 등에 따라 선박건조에 관한 경영판단을 하고, 조선회사와 선박건조계약의 협상을 진행하여 계약을 체결한다. 그리고, 대출금융기관들과 협상을 하여 주요 금융조건에 관하여 합의한다(정대(2012), 556면). 즉, 해운회사가 선박건조에 주도적인 역할을 하고, 금융기관은 자금제공의 역할을 하는데, 투자신탁에서의 자산운용회사의 역할도 대출금융기관과 같이 자금제공자의 역할에 제한될 가능성이 있다.

이루어지고 있다.[16] 선박투자회사는 자산을 선박에 투자하여 수익을
주주에게 분배하는 것을 목적으로 선박투자회사법에 따라 설립된
회사로서, 그 법적 형태는 주식회사이다.[17] 선박투자회사는 실제로
는 서류상의 회사이고, 자금의 모집, 선박건조, 임대 및 매각, 손익분
배 등 업무는 선박운용회사에 위탁하여 수행한다. 선박운용회사는
국토해양부의 인가를 받은 회사로서, 다수의 프로젝트를 개발하고
그 진행을 위해 선박투자회사를 만들고 관리함으로써 선박투자회사
제도의 실질적인 운영 주체가 된다.[18] 선박투자회사는 100% 자회사
로 특수목적회사를 두고, 특수목적회사로 하여금 한 개의 선박을 소
유하도록 한다.[19] 특수목적회사는 은행으로부터의 선순위대출 등을
통해 자금조달을 하여 선박을 건조하거나 구입한 후, 해운회사와 선
박에 관한 선체용선계약을 체결하고 용선료를 수령한다. 선박투자
회사는 이 수입을 가지고 투자자에게 배당을 하며, 용선기간 종료
후에는 선박을 매각하여 매각대금으로 배당을 실시한다.[20] 배당과
관련하여, 선박투자회사법 제41조 제1, 2항은 선박투자회사는 자산운
용에 따른 수입에서 자금차입 및 사채발행에 따른 상환금과 선박투
자회사의 운영비용을 공제한 금액을 주주에게 분배하되, 상법 제458
조에 따른 이익준비금은 적립하지 않도록 하고 있다.

결국, 사업신탁은 투자신탁인 선박펀드와 선박투자회사의 틈새에
존재하게 된다. 선박투자회사의 선박운용회사의 업무와 선박투자신
탁의 자산운용사의 업무가 사업의 경영이라는 점에서 질적으로 차

---

16) 2010년 8월말 기준 2004년 첫 펀드 출시 이후 총 105개의 선박투자회사를
    인가하여 6조3천억원의 선박금융을 조성, 122척의 선박을 확보하였다(국토
    해양부 정책자료, 선박투자회사제도, 2012. 8. 13).
17) 선박투자회사법 제2조 제1호, 제3조 제1항.
18) 김인현(2017), 107면; 한기문·김화섭(2007), 144면; 양지연(2012), 118면.
19) 선박투자회사법 제3조 제3항.
20) 한기문·김화섭(2007), 146면.

별화되는지는 불분명하지만, 선박운용회사는 다수의 프로젝트를 운영하며 그 업무내용은 해운시황 및 해운회사의 선박수요 분석, 금융조건 및 선박가격 동향 파악, 투자 상품 개발, 용선자 선정, 조선소 선정 혹은 중고선 매입, 용선계약을 체결하는 대선사 업무, 차입금 규모 및 상환절차를 협의하는 대금융기관 업무, 비용 산출 업무, 수익성 결정, 선박투자회사 설립, 자금의 모집, 건조계약 및 용선 계약의 체결 등으로서,[21] 적극적 사업경영으로 볼 만한 내용들이 상당수 포함되어 있다. 선박펀드가 주로 사전에 협의된 선박 건조계약이나 매입계약을 기반으로 한다면, 사업신탁은 신탁의 형식을 이용하면서도, 개념상 수동적 사업 수행을 하는 투자신탁[22]과 달리 적극적인 사업의 경영을 하는데 문제가 없다. 사전에 협의된 거래 이외에 능동적인 사업 수행을 할 수 있어, 추가적인 선박 매입 또는 건조, 외부자금의 추가조달, 용선계약의 체결 등 장기적 사업이 가능하다.[23] 사업신탁은 투자신탁과 같이 신탁의 법형식을 가지면서도 사업의 경영에 적극적으로 관여할 수 있고, 신탁의 특성에 따라 유연성을 누릴 수 있다. 선박투자회사는 이익준비금의 적립을 하지 않아도 되므로 사업신탁이 누리는 배당의 자유에 따른 이점은 선박투자회사와 큰 차별점이 되지 못할 수도 있다. 그러나, 배당절차의 면에는 선박투자회사에서는 이사회가 대차대조표, 손익계산서, 자산운용보고서, 수입분배에 관한 계산서 등을 엄격히 심사하며, 이러한 결과에 대하여 감사가 감사보고서를 작성한다. 그리고, 결산서류는 주주총회의

---

21) 한기문·김화섭(2007), 147면; 양지연(2012), 118면; 김인현(2017), 114면.
22) 자본시장법상 투자신탁의 수동적 사업수행성에 관하여는 제1장 제3절 참조.
23) 싱가포르 First Ship Lease Trust는 수익증권 공모 후에도 계속 선박을 추가 매입하여 장기용선계약을 통해 임대료 수익을 올리는 것을 사업모델로 하고 있다. 그리고, 수익권을 추가 발행함으로써 기존 수익권의 지분비율이 희석될 수 있음을 투자자들에게 고지하고 있다(FSLT Prospectus(2007), pp. 2, 23-24, 29).

승인을 받아야 하므로 보다 엄격하다.[24] 이에 비해 사업신탁은 유한
책임신탁인 경우 수탁자에게 대차대조표, 손익계산서 등 회계서류
작성의무를 지도록 하고 있을 뿐, 다른 절차적 요건은 부과하고 있
지 않아 훨씬 간이하다.[25] 또한, 사업신탁은 선박투자회사와 달리 내
부구조의 제한을 받지 않고 자유롭게 경영을 할 수 있는데, 예컨대
선박투자회사와 달리 이사회를 두지 않아도 되고, 주주총회에 해당
하는 수익자집회를 생략할 수 있는 등 이점을 가진다. 선박투자회사
법은 선박의 건조 또는 매매계약, 대선계약, 선박운용회사 및 자산보
관회사와의 업무위탁계약에 관한 사항 등에 대하여 주주총회 결의
를 받도록 하는데, 이로 인해 급변하는 해운시황에 즉시 대응하지
못한다는 비판이 있음을 볼 때, 사업신탁의 유연성은 큰 장점이 될
수 있다.[26]

　　선박투자회사 제도는 적극적으로 사업을 수행하는 사업신탁의
개념이 인식되지 못하던 때에 이루어진 입법으로서, 현재에는 신탁
법상 사업신탁이 활성화될 수 있는 법적 기반이 마련되어 있으므로,
이를 활용하여 사업신탁의 형태로 자금을 조달하는 방안을 고려해
볼 수 있다. 일정한 정책적 목적이 생길 때마다 특별법을 만들어 주
식회사의 규제를 일부 완화하거나 변형하는 방법을 사용하기보다는,
유연한 조직인 사업신탁을 활용하여 다양한 수요에 부응하는 것이
효율적일 것이다.

　　다. 사업증권화(제1유형)

　　사업신탁을 이용하여 사업 자체를 유동화하여 자금을 조달하는

---

24) 선박투자회사법 제38조 내지 제40조.
25) 신탁법 제117조 제1항.
26) 한기문·김화섬(2007), 156면.

사업증권화(whole business securitization)를 하는 방안이 있다. 사업 자체를 수탁자에게 이전하므로 제1유형의 사업신탁에 해당된다. 사업증권화는 회사의 특정 사업 및 관련 자산으로부터 창출되는 미래의 수익을 담보로 하여 증권을 발행하여 자금조달을 하는 금융기법이다.[27] 일반적인 자산유동화는 기업의 특정 자산을 분리하여 유동화 자산으로 삼는 것에 비해, 사업증권화는 특정 사업부문 전체를 유동화자산으로 삼아 그로부터 창출되는 현금흐름을 담보로 한다.[28] 그리고, 특정 자산의 유동화거래에서는 기초자산이 스스로 현금흐름을 창출하나, 사업증권화에서는 수익창출을 위하여 지속적인 경영활동이 수반되어야 한다는 점에 특징이 있다. 사업증권화는 특정 자산에 대한 유동화와 달리 사업 자체가 유동화 자산이 되어 사업으로부터 창출되는 미래의 현금흐름이 재원이 되므로, 계속적인 사업운영이 중요한 요소가 된다.[29] 이와 같이 사업증권화는 회사의 계속적인 현금창출능력에 의존한다는 점에서 기업금융적 성격을 가지고, 장래의 현금흐름에 대한 자산유동화거래와 비슷한 면도 있다. 이러한 점에서 사업증권화는 일반적인 유동화거래와 기업금융(corporate financing)의 하이브리드 형태라고 이야기된다.[30]

사업증권화는 1990년대 영국에서 시작되어 현재까지 활발히 이루어지고 있다. 영국의 전형적인 사업증권화거래의 구조는 다음과 같다. 먼저, 사업을 운영하는 기업인 자산보유자는 대출을 위한 특수목적기구를 설립한다. 특수목적기구는 자산보유자의 일정한 사업 및 관련 자산에 대하여 고정 및 부동담보를 제공받아 담보부 대출채권자가 된다. 특수목적기구는 사업 및 관련 자산을 담보로 하여 사

---

27) 강신영(2013), 26면.
28) 오영표(2014), 214면.
29) 강신영(2013), 26면.
30) Hill(2002), pp. 525-526.

채를 발행하여 투자자로부터 자금을 조달하고, 이 자금으로 자산보유자에게 대출을 실시한다. 그리고, 특수목적기구가 발행한 증권의 소지인을 위해 담보수탁자(security trustee)를 두어 자산보유자가 도산에 들어가는 경우 담보수탁자로 하여금 광범위한 권한을 가지도록 한다.[31] 도산절연체인 특수목적기구가 증권을 발행함으로써 증권에 대한 투자자는 자산보유자의 도산위험 및 여타 위험으로부터 벗어나게 되고, 자산보유자는 일반적인 담보부 대출이나 사채발행을 하는 경우와 비교하여 높은 신용등급을 부여받는다.[32] 그리고, 자산보유자는 사업을 유동화하여 자금을 조달하면서도 사업에 대한 소유권을 그대로 보유하고 계속 사업을 운영할 수 있다.

이러한 거래구조가 가능한 것은 영국법상 담보권자에게 우호적인 도산법제를 가지는 덕분이다. 영국의 1986년 도산법(Insolvency Act 1986)은 회사의 전체 자산 또는 실질적인 전체 자산에 대해 부동담보를 가지는 1순위 담보권자는 채무자 회사의 도산시 아무런 영향을 받지 않고 담보권을 실행하고 기업을 계속 운영하기 위하여 관리인(administrative receiver)을 선임하는 것을 허용하였다. 이에 따라 사업증권화 거래에서 담보수탁자는 담보권자를 위하여 관리인을 선임하고 오로지 담보권자의 이익에 부합되도록 회사의 운영을 계속하거나 담보를 실행하고, 법원이 진행하는 도산절차에 구속되지 않을 수 있었다.[33] 이러한 담보권자 우호적인 도산법제는 영국에서 사업증권화가 활발히 이용되도록 한 핵심요인이 되었다. 그런데, 이러한 도산법 규정이 담보권자의 보호에 지나치게 기울어져 있다는 비판이 제기되어, 2002년 기업법(2002 Enterprise Act) § 250(1)은 1986년 도산법을 개정하여 부동담보권자가 관리인을 선임할 수 있는 권리를 제한

---

31) Hill(2002), p. 525; Vink(2007), pp. 7-8.
32) Vink(2007), p. 8.
33) Vink(2007), p. 8.

하였다.[34] 다만, 동법은 일정한 예외를 두고 있는데, 그 중 하나로서 최소 50,000,000 파운드 이상의 자본시장증서의 발행과 관련한 부동 담보권을 가지는 자는 종전과 같이 법원 절차에 구속되지 않고 관리 인을 선임하여 자신의 이익을 위해 행위하도록 할 수 있는 자본시장 예외를 두고 있다. 현재 실무에서는 이러한 예외에 기대어 사업증권 화거래를 계속할 수 있다고 보고 있다.[35]

영국에 비하여 유럽 대륙이나 미국 등 국가에서는 사업증권화가 활발하지 못한데, 이는 도산법제의 차이에 따른다. 이들 국가에서는 채무자 회사가 도산절차에 들어가면 채무자에 대해 일정한 보호수 단을 부여하거나 담보권자의 담보실행을 제한하는 장치를 두고 있 다. 따라서, 이러한 국가에서는 도산격리를 위하여 자산보유자가 차 입자가 되는 것이 아니라 별도의 특수목적기구를 세워서 그로 하여 금 차입자가 되도록 하는 구조를 취할 필요가 있다. 이를 위해 차입 을 위한 특수목적기구를 만들어 증권발행기구로부터 대출을 받은 후 그 차입금을 가지고 자산보유자로부터 사업 및 관련 자산을 양수 하고, 자산보유자는 자산관리자로 선임되어 사업을 계속 경영하는 방식을 이용한다.[36] 이러한 방식 이외에 신탁을 활용하여 사업증권 화 거래를 할 수도 있는데, 이 경우에는 자산보유자는 신탁을 설립 하여 사업 및 관련 자산을 신탁의 수탁자에게 양도한다. 수탁자는 수익권을 발행하여 투자자를 모집하여 양수대금을 조달한다. 자산 보유자는 수탁자와 자산관리계약을 체결하여 사업의 경영을 계속한 다. 수탁자는 사업의 소유자로서 수익자의 이익을 위하여 행위하며, 자산보유자의 도산 등 일정한 사유가 발생하는 경우 사업경영자를 교체하는 등 권한을 보유한다.[37] 그 밖에, 담보신탁 등 신탁을 활용

---

34) Armour & Hsu & Walters(2006), pp. 3-5; Nyombi(2012), pp. 197-198.
35) FitchRatings(2017), p. 14.
36) Vink(2007), p. 8.

하는 방법은 다양하다.[38]

신탁을 이용한 일본의 사업증권화의 사례로 2006년 소프트뱅크의 자금조달이 있다. 소프트뱅크는 휴대전화 사업과 관련된 사실상 모든 자산에 대하여 담보신탁을 설정하고, 특수목적기구를 설립하여 신탁의 수익권을 취득하게 하였다. 특수목적기구는 이를 기초자산으로 하여 투자자에게 유동화증권을 발행하여 자금을 조성하고, 이것으로 소프트뱅크에게 대출을 실시하였다.[39] 일본에서는 이 거래가 있던 해에 신탁법 개정으로 사업 자체의 신탁이 명시적으로 허용되고 유한책임신탁이 도입되었는 바, 사업신탁과 유한책임신탁을 결합하여 사업증권화를 수행하는 것이 가능해졌다고 평가된다.[40]

사업증권화는 회사가 특정 사업부문 일체를 대상자산으로 삼아 이를 유동화하여 자금을 조달한다는 점에서 사업신탁, 특히 수익증권을 발행하여 자금을 조달하는 사업신탁과 경제적 목적이 유사하다. 싱가포르 사업신탁이 인프라사업 등 현금창출능력이 뛰어나지만 유동성이 떨어지는 사업자산을 사업신탁으로 분리하여 이것을 기초로 수익증권을 발행하여 유동성을 창출하는 것은 사업증권화 거래를 통해 달성하려는 목적과 같다.[41] 우리나라는 2011년 신탁법

---

37) 강신영(2013), 32면.
38) 대법원은 담보신탁을 한 위탁자에 대해 회사정리절차가 개시되더라도 수익권자의 권리는 구 회사정리법상 정리담보권이 아니므로 정리계획이 영향을 미치지 않고, 채권신고기간 내에 신고를 하지 않더라도 실권되지 않는다고 하여, 완전한 수준의 도산절연성을 인정한다(대법원 2003. 5. 30. 선고 2003다18685 판결, 대법원 2001. 7. 13. 선고 2001다9267 판결). 이러한 대법원의 입장에 대하여는 학설상 비판도 있는데, 현재의 판례에 의한다면 담보신탁을 이용하여 사업증권화거래를 하는 것도 생각해 볼 수 있을 것이다.
39) 강신영(2013), 26-27면.
40) 新井誠(2008), 56면.
41) Clifford Chance(2012), p. 3은 싱가포르 사업신탁을 통해 달성할 수 있는 경제적 목적으로 현금흐름을 창출하는 자산을 보유하는 스폰서가 조직 내에

개정으로 유한책임신탁, 수익증권발행신탁을 결합하여 사업신탁을 하는 것도 가능하게 되었다. 사업신탁을 통해 사업증권화를 하는 경우, 수탁자는 자산보유자의 노하우를 이용하기 위하여 직접 사업을 경영하기보다는 자산보유자와 자산관리계약을 체결하여 자산보유자로 하여금 사업을 계속 경영하게 하고, 그에 대한 감독과 일정한 사유발생시 자산관리계약의 해지권을 보유할 수 있다. 이러한 구조는 수탁자의 업무위탁을 통해 가능하고, 수탁자는 직접적인 사업경영자에서 자산보유자의 사업경영에 대한 감시자로 기능이 변화된다. 본 연구의 사업신탁의 개념요소 중 "(ii) 수탁자가 신탁사무로서 사업을 경영할 것"과 관련하여, 제4장 제2절 3.의 수탁자의 업무위탁의 한계에서 검토한 최종적 감독자의 지위에 있게 된다. 한편, 보다 간단한 구조로는 위탁자가 자기신탁을 하여 수탁자로서 사업을 계속 운영하고 수익증권을 발행한다면 사업유동화증권을 발행하는 것과 동일한 경제적 효과를 누릴 수 있게 된다.[42] 자기신탁 방식의 장점으로는 사업자산의 이전을 포함한 신탁설정의 간편성을 들 수 있다. 반면, 제3의 수탁자를 두는 경우에는 위탁자의 사업경영을 감시하는 기능을 수탁자가 수행할 수 있음에 비해, 자기신탁 방식은 사업경영이 위탁자 겸 수탁자의 완전한 재량하에 놓이는 점에서 차이가 생긴다. 이상 살펴본 바와 같이, 사업신탁은 사업증권화거래의 하나의 방식으로 활용될 수 있다.

라. 다양한 수익권의 설계

사업신탁의 유연성을 이용하여 다양한 수익권을 설계하는 것이

가두어져있는(trapped) 자산을 사업신탁으로 이전함으로써 유동성을 창출해낼 수 있다고 기술한다.

42) 오영표(2014), 217-218면.

가능하다. 신탁법상 수익권은 의결권의 분배나 이익의 배당에 관한 조건을 자유롭게 할 수 있으므로, 사업신탁에서는 당사자들의 명확한 합의를 전제로 상법에서 논란이 되고 있는 주식들을 수익권으로 발행할 수 있게 된다.

(1) 트래킹 주식의 대용 (제1유형)

상법상 회사는 회사가 소유하는 재산 전체를 분리시키는 자산분리기능을 가지는데, 신탁은 신탁재산별로 자산을 분리하는 효과를 가져온다. 이것을 이용하면 현행 상법상 회사에서 허용여부에 대하여 논란이 있는 트래킹 주식을 발행한 것과 같은 경제적 효과를 가져오게 할 수 있다.[43] 위탁자는 각 사업부문별로 관련 자산을 이전하여 별도의 사업신탁을 설정하고, 수익권을 각각 발행하는 방법으로 트래킹 주식을 발행한 것과 같은 효과를 만들 수 있다. 이러한 사업신탁은 이미 존재하는 사업을 수탁자에게 이전하는 것으로서, 제1유형에 해당된다.

트래킹 주식이란 일반적으로 발행회사 전체가 아니라 특정 자회사 또는 사업부문의 사업실적에 연동되는 주식을 말한다.[44] 기업이 보통주식을 발행하는 경우, 기업 내의 사업실적을 종합적으로 평가하기 때문에 기업전체로서는 복합 기업적 할인(conglomerate discount), 즉 고성장, 고수익 전망이 있는 사업이 그것에 걸맞는 높은 평가를 얻을 수 없게 되는 경향이 있다. 그리고, 사업부문을 회사분할하여 주식을 발행하면 지배력 저하를 가져오게 된다. 여기에서 생겨난 것이 트래킹 주식이다. 트래킹 주식을 발행하면 기업적 할인을 감소시

---

43) 오영표(2014), 212면; 新井誠(2014), 158면. 노혁준(2014), 25면은 시리즈 신탁을 통해 트래킹 주식과 같은 효과를 누릴 수 있다고 한다.
44) 김홍기(2012), 120면.

켜 주주가치를 증진시키고, 회사분할을 하지 않고도 자금조달을 할
수 있어 사업부문이나 자회사에 대한 지배력을 유지할 수 있다.[45]

상법상 트래킹 주식이 허용되는지에 관하여는 학설이 나뉘고 있
다. 상법 제344조의2는 이익의 배당이나 잔여재산의 분배에 관하여
내용이 다른 주식을 발행할 수 있다고 규정하는데, 회사가 특정 사
업부분의 실적에 연동하여 이익을 배당하는 주식을 이 조항에서 정
하는 종류주식으로서 볼 수 있는지가 문제된다. 이에 대하여는, 2011
년 상법개정시 트래킹 주식에 관한 논의가 있었지만 이를 허용하지
않기로 한 것이 입법자의 의도였음을 이유로 허용되지 않는다고 보
는 견해[46]와, 그에 불구하고 상법 조문의 문언해석상 허용되는 것으
로 보아야 한다는 견해[47]가 각각 존재한다.

부정설은, 입법자의 의도 외에도, 회사의 이익배당은 회사 전체의
이익을 반영하여 결정되는 것이 원칙인데 트래킹 주식은 특정 사업
부문의 실적에 연동하여 이익배당이 결정되므로 회사 전체의 의사
결정을 할 때 다른 주식과 동일하게 1개의 의결권을 부여하는 것이
곤란하며, 명확한 법적 근거 없이 주주간의 차별을 허용하는 결과를
가져오는 것이어서 1주 1의결권의 원칙에 위반될 소지가 있다는 점
을 근거로 든다. 또한, 회사 내 특정 사업부문이라는 개념이나 범위
가 지나치게 모호하고, 경영진이 회사의 역량을 임의로 특정 사업부
문에 몰아줌으로써 다른 주식을 가지는 주주가 부당하게 피해를 입
을 가능성도 배제할 수 없다는 점도 들고 있다.[48] 트래킹 주식은 주
주 전체의 이익과 트래킹 주식이 연동되는 사업부문의 이익이 다를
수 있어 회사의 이사의 충실의무의 상충문제, 주주간 이익충돌 문제

45) 윤영신(2001), 12-19면; 新井誠(2014), 158면 각주 96.
46) 김홍기(2012), 121면; 김순석(2009), 135면.
47) 송옥렬(2011b), 54-55면; 정수용·김광복(2012), 102면.
48) 김홍기(2012), 121면.

를 가져올 수 있다는 점도 지적된다.[49] 그 밖에, 사업부문 간 독립적인 회계제도와 공동비용을 사업부문과 배분하는 비율에 관한 제도 등 선결과제가 있는데 우리나라에서는 아직 이러한 제도가 발달되어 있지 않다는 점도 문제로 삼는다.[50]

그런데, 이러한 부정설의 근거는 사업신탁으로 상당 부분 해결될 수 있는 것들이다. 회사의 경우에는 트래킹 주식이 발행되더라도 그 주주는 여전히 회사의 주주로서 다른 주주와 사이에 차별 논란이 생기지만, 사업신탁에서는 특정 사업을 신탁재산으로 하여 사업신탁을 설립하면 그 신탁의 수익자는 다른 사업부문에 대하여는 의결권을 가지지 않고, 배당가능이익의 산정 또한 당해 사업신탁만을 기준으로 하므로 수익자간 차별의 문제는 발생되지 않는다. 회사는 하나의 법인격 안에서 여러 사업이 수행되므로 특정 사업에 인력을 몰아주는 문제가 발생될 수 있지만, 사업신탁의 경우에는 조직 자체가 별도로 되므로 이러한 문제도 생기지 않게 된다. 독립적 회계처리와 회사 내 사업간 공동비용 배분의 문제 또한 별도의 기업조직인 사업신탁에서는 문제되지 않는다. 다만, 기존의 회사가 특정 사업무문을 사업신탁으로 설립하는 시점에서 일반 주주들이 수익성이 높은 사업을 신탁함에 따라 불이익이 생기는 문제가 있을 수 있으나, 이는 회사분할에서도 마찬가지이다. 이를 해결하기 위하여, 상법개정을 통해 사업신탁을 하기 위하여는 회사분할과 같이 주주총회의 특별결의를 받도록 하고 반대주주의 주식매수청구권을 인정하는 것을 고려해볼 수 있다.[51]

나아가, 사업신탁을 이용하면 트래킹 주식에 비해 다음과 같은 장점을 가진다.

---

49) 이에 관한 자세한 논의는, 윤영신(2001), 22-26면; 김성호(2006), 222-223면.
50) 김순석(2009), 141면.
51) 오영표(2014), 213면.

첫째, 트래킹 주식은 발행인이 회사여서 회사가 부실화되는 경우 특정 사업부문이 아닌 회사 자체의 발행인 위험에 노출됨에 비해,[52] 사업신탁에서는 오로지 당해 신탁과 관련된 위험에만 노출되어 사업위험이 완전하게 분리된다.

둘째, 트래킹 주식은 회사 전체의 배당가능이익이 존재함을 전제로 특정 사업부문에서 창출된 수익을 배당하는 것이므로, 회사가 전체적으로 보아 수익이 좋지 않아 배당가능이익이 없는 때에는 트래킹 주식에 관련된 사업부문의 실적이 좋더라도 배당을 할 수 없게 된다.[53] 이에 비해, 사업신탁에서는 신탁재산에 속하는 사업의 수익만을 고려하므로, 특정 사업의 손익에 완전히 연동된다.[54]

셋째, 트래킹 주식은 전체 회사에 대한 의결권을 보유하므로, 연동되는 사업 자체에 대한 직접적인 지배권을 가지지 못하고 충분한 영향력을 행사하지 못할 수 있다.[55] 이에 비해, 사업신탁의 수익자는 해당 사업에 관하여만 지배권을 가지므로 사업의 경영에 대한 감독이 보다 용이해진다.

이러한 점들은 자회사를 설립하여 특정 사업부문을 자회사가 수행하도록 하는 것과 비슷한 면도 있지만, 사업신탁에서는 내부구조와 배당 등을 자유롭게 설계할 수 있다는 장점은 여전히 자회사에 대한 우위점으로 인정될 수 있다.

반면, 위탁자인 회사가 자기신탁을 하여 사업신탁 후에도 여전히 사업을 담당하는 경우에는, 회사의 이사로서의 충실의무와 수탁자로서의 충실의무의 분열이 생길 수 있는 등 회사에서의 트래킹 주식의 문제점이 그대로 나타날 수도 있다. 그러나, 장점들이 상대적으로

---

52) 김성호(2006), 216면; 윤영신(2001), 20면.
53) 김성호(2006), 216면; 이철송(2017), 288면.
54) 오영표(2014), 213면.
55) 윤영신(2001), 21면.

많으므로, 사업신탁을 통하여 트래킹 주식의 발행과 같은 실질을 가져오는 구조를 만들어내는 것은 회사와 비교하여 큰 효용이 될 수 있다.[56]

(2) 차등의결권주식의 대용

신탁법은 수익권의 의결권 수에 관한 조항을 임의규정으로 하고 있어[57] 차등의결권주식이나 임원임면권제한주식과 같은 내용의 수익권 발행도 이론적으로 생각해볼 수 있다. 제1, 2, 3 유형의 사업신탁 어느 경우에도 이러한 수익권 발행을 고려해볼 수 있을 것이다. 그런데, 이러한 수익권은 지배구조 왜곡문제를 더 심각하게 만들 수도 있다. 상법상 회사에 대하여 이러한 주식의 발행을 허용하고 있지 않은 것은 이러한 문제의식 때문이기도 하다.[58] 그러나, 외국의 경우 자금조달을 도모하기 위하여 이러한 주식형태가 허용되고 있기도 하다.[59] 우리나라에서도 학계에서 차등의결권주식을 도입하자는 주장이 있다. 이 견해는 벤처기업을 상장하면서 창업자가 지배권을 계속 확보하는 방법으로 효과적이라고 하면서, 미국의 Google의

---

56) 김태진(2011), 145면.
57) 신탁법 제71조 제2항.
58) 상법상 회사에서 복수의결권주식의 허용문제에 관하여, 복수의결권 주식은 그 효용에 불구하고, 우리나라의 경우 지배권과 현금흐름권의 괴리가 상당하고, 지배주주의 사적 이익의 남용유인이 높으므로, 복수의결권주식을 허용하는 것은 바람직하지 않다는 견해가 있다(윤영신(2009), 236면). 이와 달리, 임원선임에 관한 의결권만을 제한하는 것과 같은 의결권제한 주식은 자칫 경영권 방어의 수단으로 악용될 소지도 있지만 시장의 감시나 제도보완을 통해 해결할 수 있으므로, 지배권의 분배 및 자금조달 수단을 다양화한다는 측면에서 도입을 허용하여야 한다는 견해로는, 김순석(2009), 146면.
59) 복수의결권주식제도는 미국, 영국, 핀란드, 프랑스, 스웨덴 등 국가에서 허용되고 있다. 외국의 입법례에 대하여는, 윤영신(2009), 208-218면 참조.

예를 들어 실리콘밸리 기업들이 상장하면서 기존 창업자는 10배 정도의 의결권을 가지는 차등의결권 주식을 발행하는 것이 일반화되어 있고, 이 경우 그 혜택은 창업자에게만 국한되도록 창업자가 사망하거나 주식을 양도하는 경우에는 차등의결권이 사라지게 하는 조항을 두는 경우가 많은데, 이러한 구조의 차등의결권 주식은 우리나라도 도입할 필요가 있다는 한다.[60]

차등의결권주식은 지배구조 왜곡의 부작용은 있지만 자금조달 수단의 다양화라는 효용이 있음을 부정할 수 없다. 신탁법은 상법과 달리 수익권 구조에 대하여 자율을 인정하므로, 상법상 허용여부가 논란이 되고 있는 차등의결권주식 등을 사업신탁을 통해 실현하는 방안을 고려해볼 수 있다. 다만, 그 부작용을 최소화하기 위하여 의결권에 차등을 두는 수익권의 발행은 수익자들 사이의 이익충돌 문제의 측면에서 신중히 접근할 필요가 있다. 신탁의 유연성에 기반하여 이러한 수익권을 발행하는 때에는, 모든 수익자가 관련 내용을 충분히 숙지하고 수락하는 합의 절차가 필요하다. 만일 공모발행인 때에는 투자자 보호의 측면에서 발행규제시 보다 엄격한 입장을 취할 필요가 있을 것이다.

---

60) 송옥렬(2017), 918면.

결 론

영국과 미국에서는 회사가 등장하기 전부터 신탁이 존재하였고, 근대에 회사에 대한 규제가 심하던 시기에는 사업신탁이 회사를 압도하였다. 이후 회사에 대한 규제가 점차 사라지면서 쇠퇴하였는데, 이처럼 사업신탁은 그 역사가 상당히 오래되었다. 사업신탁이 다시금 재조명받게 된 것은 비교적 최근으로, 현대적 의미의 사업신탁은 영리 목적의 신탁에서 가장 성숙한 단계에서 나타난 제도라고 할 수 있다. 20세기 초 미국에서 부흥하였던 사업신탁은 최근 싱가포르, 홍콩 등에서 재발견되어 기업의 자금조달 수단으로 각광받고 있다. 우리나라에서는 개정 신탁법으로 사업 자체의 신탁이 허용되어 사업신탁이 활용될 가능성을 넓혔다. 그러나, 아직 사업신탁에 대한 법학자들의 이해가 부족한 것이 현실이다. 무엇보다 신탁법리는 전통적인 민사신탁에 기반한 것으로서 현대의 사업신탁에서 재고를 요한다.

본 연구에서는 사업신탁을, 사업을 신탁재산으로 할 것과 수탁자가 사업을 경영할 것을 개념요소로 하는 것으로 정의하였다. 그리고, 사업신탁을 (i) 사업 자체를 최초 신탁재산으로 하는 신탁(제1유형: 사업 자체의 신탁), (ii) 사업용 자산을 신탁하고, 수탁자가 이것을 가지고 사업을 하는 신탁(제2유형: 사업형 신탁), (iii) 사업회사의 주식을 수탁자가 소유하여 사업회사를 지배하면서 경영에 관여함으로써 사업을 영위하는 실질을 가져오는 신탁(제3유형: 사업회사 소유형 신탁)으로 유형화하였다.

국내외 사례 연구 결과, 실제로 제1유형의 사업신탁은 거의 찾기 어려웠다. 제2유형의 사업신탁은 우리나라와 일본의 토지신탁이 있고, 제3유형은 캐나다, 싱가포르, 홍콩에서 다수 이용되고 있다. 외국에서는 사업신탁에 관한 별도의 법률이 마련되어 있기도 한데, 미국에서는 통일제정법상신탁법이, 캐나다에서는 소득신탁법이, 싱가포르에서는 사업신탁법이 각각 제정되어 있다.

본서에서는 사업신탁의 법리연구를 구체적으로 다음과 같이 하였다.

첫째, 사업신탁의 기업조직으로서의 적격성을 평가하기 위하여 조직법의 핵심요소라 할 수 있는 자산분리기능과 유한책임에 대하여 검토하였다. 신탁법은 신탁재산의 독립성에 의해 사업신탁에 자산분리기능을 부여한다. 그리고, 신탁법의 유한책임신탁제도를 활용함으로써 사업신탁의 수탁자의 대외적 책임을 신탁재산으로 한정하고, 수익자의 책임도 유한책임으로 할 수 있다.

둘째, 경영자로서의 수탁자의 의무에 관하여 전통적인 신탁법리가 어떻게 변화되는지를 살펴보고, 우리 신탁법상의 문제점들을 짚어 보았다. 수탁자의 주의의무에 대하여 경영판단의 원칙을 적용하여야 하고, 충실의무에서는 수탁자의 사익추구의 위험이 적으면서 사업의 효율성을 위한 제한적인 범위에서 예외를 인정하는 법개정이 필요하다. 그리고, 수탁자의 자기집행의무의 경우, 수탁자가 주의의무에 따른 판단으로 자유롭게 업무위탁을 할 수 있도록 법개정을 하여야 한다.

셋째, 사업신탁의 회사에 대한 차별점으로서 신탁의 유연성이 중요하다고 보았다. 사업신탁에서 신탁의 유연성은 조직구조, 의사결정방식, 수익권의 내용, 배당 등에 관하여 자유로운 설계를 가능하게 한다. 그런데, 신탁의 유연성은 사업신탁의 수익자, 수탁자, 채권자 등 주요 관계자들 사이의 이익충돌문제를 사적 자치의 영역으로 돌림으로써 이에 대해 소극적이라는 점은 문제이다. 이에 대처하기 위하여, 수탁자 규율의 핵심인 충실의무의 완화는 최소한으로 하고, 수익자와의 명확한 합의와 공모규제 등 투자자보호 장치가 필요하다.

국내외 사례 연구를 통해 현재 사업신탁의 활용은 절세나 고배당 등 특정 수요에 맞추어 일정한 분야에 제한되고 있음을 알 수 있었다. 사업신탁은 회사에 비하여 법리와 판례가 축적되지 못하여 법적 안정성이 부족한 탓에 산업 전반에 활용되지 못하고 있다. 그러나, 사업신탁의 가능성은 여기에 한정되지 않으며, 토지신탁의 개선, 특수 사업분야에서의 활용, 사업증권화 거래, 회사에서는 발행하기 힘든 수익권의 발행 등 다양한 활용이 가능하다. 사업신탁이 실제로 잘 이용되기 위하여 향후 보다 많은 연구와 입법적 개선이 있어야 할 것이다. 본서의 연구를 시작으로 학계의 활발한 논의와 법리발전을 통해 사업신탁이 법제도로 뿌리내릴 수 있기를 바란다.

참고문헌

한글문헌

1. 단행본 및 학위논문

광장신탁법연구회, 주석 신탁법, 박영사(2013) [광장신탁법연구회(2013)]

구상수, 사업신탁의 과세방안에 관한 연구, 성균관대학교 법학전문대학원 법학과 박사학위논문(2016) [구상수(2016)]

김건식, 회사법 연구 II, 소화(2010) [김건식(2010)]

김건식·노혁준·천경훈, 회사법(제2판)(2016) [김건식·노혁준·천경훈(2016)]

김건식·정순섭, 새로쓴 자본시장법(제3판), 두성사(2013) [김건식·정순섭(2013)]

김동근·윤승현, 도시개발법 이론 및 실무, 진원사(2015) [김동근·윤승현(2015)]

김용진, 토지신탁제도의 개선방안에 관한 연구-사업신탁을 중심으로-, 한양대학교 법학전문대학원 법학과 석사학위논문(2013) [김용진(2013)]

김창모, 기업조직으로서의 상사신탁, 서울대학교 대학원 법학과 석사학위논문(2004) [김창모(2004)]

박권의, 주식회사법의 강행법규성과 주주의 자치에 대한 연구, 서울대학교 대학원 법학과 석사학위논문(2004) [박권의(2004)]

법무부, 신탁법 개정안 해설, 2010. 2. [법무부(2010)]

_____, 김상용 감수, 신탁법해설, 2012 [법무부(2012)]

손주찬·정동윤, 주석상법(제4판) 회사(I), 한국사법행정학회, 2006 [손주찬·정동윤(2006)]

송옥렬, 상법강의(제7판), 홍문사, 2017 [송옥렬(2017)]

송현진·유동규·김명종 공저, 윤재윤 감수, 도시개발법 해설(제3판), 진원사(2014) [송현진·유동규·김명종(2014)]

오영표, 신탁을 활용한 자금 조달에 관한 법적 연구-자기신탁을 중심으로-, 성균관대학교 법학전문대학원 법학과 박사학위논문(2014) [오영표(2014)]

유재관, 신탁법실무 : 이론·등기·강제집행·비송절차, 법률출판사(2010) [유재관(2010)]

유혜인, 사업신탁에 관한 소고-입법론과 활용방안을 중심으로-, 서울대학

교 대학원 법학과 석사학위논문(2014) [유혜인(2014)]

이계정, 신탁의 기본 법리에 관한 연구-본질과 독립재산성, 서울대학교 대학원 법학과 박사학위논문(2016) [이계정(2016)]

이재욱·이상호, 신탁법 해설, 한국사법행정학회(2000) [이재욱·이상호(2000)]

이중기, 신탁법, 삼우사(2007) [이중기(2007)]

이철송, 회사법강의(제25판), 박영사, 2017 [이철송(2017)]

정동윤, 회사법(제7판), 법문사, 2001 [정동윤(2001)]

정찬형, 회사법강의(제3판), 박영사, 2003 [정찬형(2003)]

_____, 상법강의(상)(제20판), 박영사, 2017[정찬형(2017)]

천경훈, 회사기회의 법리에 관한 연구, 서울대학교 대학원 법학과 박사학위논문(2012) [천경훈(2012)]

최기원, 신회사법론(제14대정판), 박영사(2012) [최기원(2012)]

최동식, 신탁법, 법문사(2007) [최동식(2007)]

최수정, 일본 신신탁법, 진원사(2007) [최수정(2007)]

_____, 신탁법, 박영사(2016) [최수정(2016)]

Reinier Kraakman 외 9인 공저, 김건식 외 8인 역, 회사법의 해부, 소화(2014) [Reinier Kraakman 외(2014)]

2. 논문 및 발표문

강신영, "Whole Business Securitizations(사업증권화)의 국내 적용가능성", 한국신용평가 Special Report(2013. 7.) [강신영(2013)]

고동원·권태율, "자본시장과 금융투자업에 관한 법률에서 신탁업의 분리와 입법 과제", 기업법연구 제31권 제3호, 한국기업법학회(2017. 9.) [고동원·권태율(2017)]

김건식, "자기거래와 미국회사법의 절차적 접근방식", 서울대학교 법학 제35권 제1호, 서울대학교 법학연구소, (1994) [김건식(1994)]

김기수, "프로젝트 파이낸싱에 관한 법적 연구-민간투자법에 의해 추진되는 프로젝트를 중심으로-", 상사법연구, 제26권 제1호, 한국상사법학회(2007) [김기수(2007)]

김병연, "한국 상법상 이사의 의무와 책임추궁", 상사법연구 제28권 제1호, 한국상사법학회(2009) [김병연(2009)]

_____, "공동기업유형으로서의 합자조합과 유한책임신탁", 법학논총 제33권

제2호, 전남대학교법학연구소(2013. 8.) [김병연(2013)]

김봉철·왕석동, "신탁법상 유한책임신탁의 내용과 문제점에 관한 고찰", 법
학논고 제44집, 경북대학교 법학연구원(2013. 11.) [김봉철·왕석동
(2013)]

김성호, "트래킹 스톡(Tracking Stock)의 개념과 허용가능성", 기업법연구 제20
권 제3호, 한국기업법학회(2006. 9.) [김성호(2006)]

김순석, "주식제도의 개선 - 종류주식을 중심으로", 상사법연구 제28권 제3호,
한국상사법학회(2009) [김순석(2009)]

김은집, "투자일임, 금전신탁, 집합투자의 구분과 투자자보호", BFL 제71호, 서
울대학교 금융법센터(2015. 5.) [김은집(2015)]

김이수, "상사신탁에 비추어 본 신탁법 제8조 사해신탁 법리의 재구성 - 토
지개발신탁을 대상으로 하여", 상사판례연구 제22집 제3권, 한국상사
판례학회(2009. 9. 30.) [김이수(2009)]

김인현, "선박투자회사 선박의 운항관련 책임주체와 그 채권자 보호", 상사법
연구 제35권 제4호, 한국상사법학회(2017) [김인현(2017)]

김태진, "유한책임신탁에 대한 검토와 신탁법 개정을 위한 시사점", 중앙법학
제11집 제3호, 중앙법학회(2009. 10.) [김태진(2009)]

_____, "기업형태로서의 신탁-사업신탁, 수익증권발행신탁 및 유한책임신
탁을 중심으로-", 법학논총 제31집 2호, 전남대학교 법학연구소(2011.
8.) [김태진(2011)]

김홍기, "2011년 개정상법 및 동법 시행령상 회사재무분야의 주요쟁점과 해
석 및 운용상의 과제", 기업법연구 제26권 제1호, 한국기업법학회
(2012. 3.) [김홍기(2012)]

노혁준, "주식회사와 신탁에 관한 비교 고찰-재산분리 기능을 중심으로-",
증권법연구 제14권 제2호, 한국증권법학회(2013. 8.) [노혁준(2013)]

_____, "사업신탁의 가능성과 그 한계-시리즈 신탁을 중심으로-", 법학논
총 제34집 제2호, 전남대학교 법학연구소(2014. 8.) [노혁준(2014)]

_____, "수탁자 의무위반 행위의 사법적 효력과 수익자 취소권", 증권법연구
제17권 제2호, 한국증권법학회(2016. 8.) [노혁준(2016)]

류혁선·최승재, "개정 신탁법상 자기신탁 및 수익증권발행제도를 활용한 유
동화 금융투자상품 설계에 대한 연구", 증권법연구 제14권 제2호, 한
국증권법학회(2013. 8.) [류혁선·최승재(2013)]

문기석, "법인대용화 가능성을 가진 기업형태로서의 미국 사업신탁제도에
관한 소고", 법학논총 제33집 제2호, 전남대학교 법학연구소(2013. 8.)

[문기석(2013)]

문준우, "싱가포르 공개회사의 차등의결권주식", 금융법연구 제14권 제2호, 한국금융법학회(2017) [문준우(2017)]

박진태, "미국법상 이사 및 임원의 의무와 책임", 법학논고 제16집, 경북대학교 법학연구원(2000. 12.) [박진태(2000)]

박철영, "자본시장법상 집합투자기구 운영체계의 재검토", 일감법학 제21호, 건국대학교법학연구소(2012) [박철영(2012)]

석광현, "국제금융에서의 신탁과 국제사법", BFL 제17호, 서울대학교 금융법센터(2006) [석광현(2006)]

성희활, "신탁법과 자본시장법의 바람직한 관계 설정에 대한 연구", 비교사법 제20권 제3호, 한국비교사법학회(2013. 8.) [성희활(2013)]

송옥렬, "회사법의 강행법규성에 대한 소고-대법원 2011. 3. 24. 선고 2010다 85027 판결 평석-", 상사판례연구 제24집 제3권, 한국상사판례학회 (2011. 9. 30.) [송옥렬(2011a)]

_____, "2011년 개정 회사법의 해석상 주요쟁점-기업재무 분야를 중심으로 -", 저스티스 통권 제127호, 한국법학원(2011. 12.) [송옥렬(2011b)]

송종준, "이사의 경영책임에 대한 경영판단원칙의 적용상 과제-미국 판례법과의 비교검토를 중심으로-", 경영법률 제27권 제4호, 경영법률학회 (2017. 4.) [송종준(2017)]

신영수·윤소연, "부동산 신탁의 쟁점", BFL 제62호, 서울대학교 금융법센터 (2013. 11.) [신영수·윤소연(2013)]

안성포, "신탁법상 수탁자의 충실의무에 관한 고찰-2009년 법무부 개정안을 중심으로-", 상사판례연구 제22집 제4권, 한국상사판례학회(2009. 12. 31.) [안성포(2009)]

_____, "신탁산업과 금융투자업의 교착", 법학논총 제31집 제2호, 전남대학교 법학연구소(2011. 8.) [안성포(2011)]

_____, "기업유형으로서의 상사신탁의 법적 쟁점", 상사법연구 제32권 제2호, 한국상사법학회(2013) [안성포(2013)]

_____, "현행 신탁의 규제체계와 한계", 한독법학 제19호, 한독법률학회 (2014. 2.) [안성포(2014)]

_____, "신탁법상 수탁자의 신탁위반에 대한 구제대책", 법학연구 통권 제47집, 전북대학교 법학연구소, 2016. 2. [안성포(2016)]

양기진, "익명조합 출자지분의 공모규제-네티즌 펀드의 경우를 중심으로", 홍익법학 제8권 제3호, 홍익대학교 법학연구소, 2007 [양기진(2007)]

_____, "신탁을 활용한 부동산 금융의 쟁점연구-용산역세권 개발사업 케이스를 중심으로-", 토지법학 제29권 제2호, 한국토지법학회(2013. 12. 30.) [양기진(2013)]

양지연, "우리나라 선박금융 선진화를 위한 선박펀드 활용방안 연구", 국제상학 제27권 제2호, 한국국제상학회(2012. 6. 30.) [양지연(2012)]

오덕교, "재벌그룹 순환출자의 문제점", BFL 제64호, 서울대학교 금융법센터, (2014. 3.) [오덕교(2014)]

오성근, "사업신탁의 기업조직적 특징과 수익자책임법리", 기업법연구, 제22권 제1호, 한국기업법학회(2008. 3.) [오성근(2008)]

오영준, "유한책임신탁-2009. 10. 27. 입법예고된 신탁법 전면개정안을 중심으로-", BFL 제39호, 서울대학교 금융법센터(2010. 1.) [오영준(2010)]

오영표, "新신탁법 시행에 따른 자본시장법상의 법적 쟁점-신탁법과 자본시장법의 조화로운 共存을 모색하며-", 은행법연구 제5권 제1호, 은행법학회(2012. 5.) [오영표(2012)]

오창석, "개정 신탁법이 신탁 실무에 미치는 영향", BFL 제39호, 서울대학교 금융법센터(2010. 1.) [오창석(2010)]

_____, "개정 신탁법의 시행에 따른 자본시장법상 법적 쟁점(토론문)", 은행법연구 제5권 제1호, 은행법학회(2012) [오창석(2012)]

유혜인, "미국과 싱가포르의 사업신탁법제에 대한 개관 및 우리나라에의 시사점", 비교사법 제22권 3호, 한국비교사법연구회(2015. 8.) [유혜인(2015)]

윤영신, "상법상 다양한 증권발행의 촉진방안에 관한 연구-트래킹스톡을 중심으로-", 한국법제연구원(2001) [윤영신(2001)]

_____, "법정자본제도 입법례와 자본개념 폐지 입법례에 대한 비교법적 연구", 비교사법 제13권 제3호, 한국비교사법연구회(2006. 7.) [윤영신(2006a)]

_____, "주식회사의 출자관련 규제의 폐지에 관한 연구-액면주식제도, 현물출자제도, 최저자본금제도-", 법조 제55권 제5호, 법조협회, (2006) [윤영신(2006b)]

_____, "1주1의결권원칙과 차등의결권원칙에 대한 검토", 상사법연구 제28권 제1호, 한국상사법학회(2009) [윤영신(2009)]

윤태영, "신탁수탁자의 선관주의의무", 비교사법 제22권 제2호, 한국비교사법학회(2015. 5.) [윤태영(2015)]

이계정, "담보신탁과 분양보증신탁에 관한 연구", 사법 제41호, 사법발전재단

(2017. 9.) [이계정(2017)]

이규수, "기업형태로서의 사업신탁에 관한 고찰-미국 통일제정법상신탁법과의 비교를 중심으로-", 법학연구 제26권 제1호, 연세대학교 법학연구원(2016. 3.) [이규수(2016)]

이숙연, "금융투자상품 투자자보호에 관한 판례 연구", 저스티스 통권 제148호, 한국법학원(2015. 6.) [이숙연(2015)]

이연갑, "신탁법상 수탁자의 파산과 수익자의 보호", 민사법학 제45권 제1호, 한국민사법학회(2009) [이연갑(2009 a)]

_____, "신탁재산에 강제집행할 수 있는 채권자", 중앙법학, 제11권 제4호, 중앙법학회(2009.12.) [이연갑(2009b)]

_____, "개정 신탁법상 수탁자의 권한과 의무, 책임", BFL 제62호, 서울대학교 금융법센터(2013. 11.) [이연갑(2013)]

_____, "위임과 신탁: 수임인과 수탁자의 의무를 중심으로", 비교사법 제22권 제1호, 한국비교사법학회(2015. 2.) [이연갑(2015)]

이윤석, "회사기회유용의 적용요건과 입법에 대한 검토", 비교사법 제17권 제2호, 한국비교사법학회(2010) [이윤석(2010)]

이종훈, "SOC사업 프로젝트금융의 활성화방안에 관한 연구", 법학연구 제50권 제2호, 부산대학교 법학연구소(2009. 10.) [이종훈(2009)]

이중기, "신탁업무의 외부위탁에 대한 규제방안 : 개정방안을 중심으로", 홍익법학 제11권 제1호, 홍익대학교 법학연구소(2010) [이중기(2010)]

_____, "현행 신탁업의 규제체계와 한계", 한독법학 제19호, 한독법률학회(2014. 2.) [이중기(2014a)]

_____, "기업분할과 자본조달 수단으로서의 사업신탁의 설립과 상장 - 싱가폴과 홍콩의 경험을 중심으로", 일감법학 제28호, 건국대학교 법학연구소(2014. 6.) [이중기(2014b)]

_____, "법인과 비교한 신탁의 특징-공익신탁에의 활용을 중심으로", 서울대학교 법학 제55권 제2호, 서울대학교 법학연구소(2014. 6.) [이중기(2014c)]

_____, "신탁재산의 변화에 따른 투자법(investment Law)의 등장과 수탁자의 주의의무, 충실의무 법리의 분화와 발전", 상사법연구 제34권 제2호, 한국상사법학회(2015) [이중기(2015a)]

_____, "조직법의 역할 : '재산통합'과 '지분', '기관', '유한책임의'의 실현", 홍익법학 제16권 제1호, 홍익대학교 법학연구소(2015b) [이중기(2015b)]

정　대, "선박금융의 법적 구조에 관한 연구", 법과정책 제18집 제2호, 제주대

학교 법과정책연구원(2012. 8. 30.) [정대(2012)]

정수용·김광복, "개정상법상 종류주식의 다양화", BFL 제51호, 서울대학교 금융·법센터(2012. 1.) [정수용·김광복(2012)]

정순섭, "신탁의 기본 구조에 관한 연구", BFL 제17호, 서울대학교 금융·법센터(2006. 5.) [정순섭(2006)]

조상욱·이진국, "자본시장과 금융투자업에 관한 법률(안)상 집합투자규제의 주요 내용 및 문제점", BFL 제22호, 서울대학교 금융·법센터(2007. 3.) [조상욱·이진국(2007)]

천경훈, "순환출자의 법적 문제", 상사법연구 제32권 제1호, 한국상사법학회(2013) [천경훈(2013)]

_____, "회사에서의 이익충돌", 저스티스 통권 제159호, 한국법학원(2017. 4.) [천경훈(2017)]

최수정, "신탁계약의 법적 성질", 민사법학 제45-1권, 한국민사법학회(2009. 6.) [최수정(2009)]

_____, "수탁자의 이익상반행위의 효력", 한양법학 제26권 제1집, 한양법학회(2015. 2.) [최수정(2015)]

최승재, "개정 신탁법상 사업신탁에 대한 소고", 일감법학 제30호, 건국대학교 법학연구소(2015. 2.) [최승재(2015)]

최완진, "경영판단의 원칙의 재조명", 경영법률 제24권 제3호, 한국경영법률학회(2014) [최완진(2014)]

최현태, "신탁법상 공평의무에 관한 연구", 법학논총 제34권 제1호, 한양대학교 법학연구소(2017. 3.) [최현태(2017)]

한기문·김화섬, "한국 선박투자회사제도의 개선 방안에 관한 소고", 해양비즈니스 제10호, 한국해양비지니스학회(2007. 12.) [한기문·김화섬(2007)]

홍유석, "토지신탁의 현황과 전망", 경영법률 제5권, 한국경영법률학회(1992) [홍유석(1992)]

3. 기타 자료

국토해양부 정책자료, "선박투자회사제도"(2012. 8. 13.)

국회 본회의심사록(제229회)(2002. 4. 19.)

국회 정무위원회, "자본시장과 금융투자업에 관한 법률 일부개정 법률안[정부제출] 검토보고서"(2013. 4.)

금융감독원, "경영참여형 사모집합투자기구 실무안내"(2016. 12.)

_____, "2017년 상반기(1~6월) 부동산신탁회사 영업실적"(2017. 9. 14.)

하이골드오션선박특별자산투자신탁 1호 투자설명서

일본어 문헌

1. 단행본

新井誠, 新信託法の基礎と運用, 日本評論社(2008)[新井誠(2008)]

_____, 信託法(第4版), 有斐閣(2014) [新井誠(2014)]

新井誠·神田秀樹·木南, 信託法制の展望, 日本評論社(2011) [新井誠·神田秀樹·木南(2011)]

道垣内弘人, 信託法, 有斐閣(2017) [道垣内弘人(2017)]

小野傑·深山雅せ, 新しい 信託法 解說, 三省堂(2007) [小野傑 · 深山雅せ(2007)]

寺本昌広, 逐条解說 新しい 信託法, 商事法務(2007) [寺本昌広(2007)]

田中和明, 新信託法と信託実務, 清文社(2007) [田中和明(2007)]

工藤聰一, ビジネス トラスト法の研究, 新山社(2007) [工藤聰一(2007)]

福田政之·池袋真実·大矢一郎·月岡崇, 詳解 新信託法, 清文社(2007) [福田政之 外(2007)]

能見善久, 現代信託法, 有斐閣(2004) [能見善久(2004)]

2. 논문 및 발표문

神田秀樹, "商事信託の 法理について" 信託法研究 22号(1998) [神田秀樹(1998)]

早坂文高, "事業信託について", 公益 財團法人 トラスト 60(2011. 4.) [早坂文高(2011)]

神作裕之, "事業信託としての自己信託の可能性", 公益財團法人 トラスト 60(2011. 4.) [神作裕之(2011)]

松尾順介·田頭章一, "事業更生への信託スキームの活用について - 新信託法の利用をめて含", 信託研究奨励金論集 第23号(2011. 11.) [松尾順介·田頭章一(2011)]

3. 기타 자료

金融庁, 信託法改正に伴う改正信託業法の概要
(http://www.fsa.go.jp/policy/shintaku/02.pdf)

영어문헌

1. 단행본

Allen, W. T., & Kraakman, R., Commentaries and Cases on the Law of Business Organization, Aspen Publishers(2003) [Allen & Kraakman(2003)]

American Law Institute, Principles of Corporate Governance: Analysis and Recommendations, Vol. 1 & 2(1994) [ALI Principles(1994)]

_____, Restatement of the Law, Second, Trusts(1959) [제2차 신탁 리스테이트먼트]

_____, Restatement of the Law, Third, Trusts(2012) [제3차 신탁 리스테이트먼트]

Bauman, J. D., Corporations Law and Policy: materials and problems(Seventh Edition), West(2010) [Bauman(2010)]

Beck, P. & Romano, S., Canadian Income Funds: Your Complete Guide to Canadian Income Trusts, Royalty Trusts and Real Estate Investments Trusts, Wiley(2009) [Beck & Romano(2009)]

Bogert, G. G. & Bogert G.T., The Law of Trusts and Trustees(Second Edition), St. Paul, Minn. West Publishing Co.(1993) [Bogert, G. G. & Bogert G. T.(1993)]

Bogert, G. G., Oaks, D. H., Hansen, H. R. & Neeleman, S. D., Cases and Text on the Law of Trusts(Seventh Edition), University Casebook Series, New York : New York Foundation Press(2008) [Bogert G. G., et al.(2008)]

Bogert, G. T., Trusts, St. Paul, Minn. : West Pub. Co.(2001) [Bogert, G. T. (2001)]

Clark, R. C., Corporate Law, Boston : Little Brown(1986) [Clark(1986)]

Conaglen, M., Fiduciary Loyalty, Hart Publishing(2011) [Conaglen(2011)]

Corporate Laws Committee, Model Business Corporation Act: official text with official comments and statutory cross-references, revised through December 2010,

American Bar Association(2011) [MBCA(2011)]

Cox, J. D. & Hazen, T. L. Business Organizations Law(Third Edition), St. Paul, Minn. : West(2011) [Cox & Hazen(2011)]

Dooley, M. P., Fundamentals of Corporation Law, Westbury, N.Y. : Foundation Press, Inc.(1995) [Dooley(1995)]

Dukeminier, J., & Sitkoff, R. H., Wills, Trusts, and Estates, New York : Wolters Kluwer Law & Business(2013) [Dukeminier & Sitkoff(2013)]

Easterbrook, H., F., & Fischel, D. R., The Economic Structure of Corporate Law, Cambridge, Mass. ; London : Harvard University Press(1996) [Easterbrook & Fischel(1996)]

Hayton, D., Matthews, P., & Mitchell, C., Underhill and Hayton : law relating to trusts and trustees., London : LexisNexis(2010) [Hayton, Matthews & Mitchell(2010)]

Kove, Myron., Bogert, G. G. & Bogert, G. T., The Law of Trusts and Trustees(Third Edition), Thomson West(2012) [Kove & Bogert, G. G. & Bogert G. T.(2012)]

Kraakman, R., Armour, J., Davies, P., Enriques, L., Hansmann, H., Herting, G., Hopt, K. J., Kanda, H., & Rock, E. B., The Anatomy of Corporate Law - A Comparative and Functional Approach(Second Edition), Oxford ; New York : Oxford University Press(2009) [Kraakman et al.(2009)]

Moffat, G., Bean, G., & Dewar, J., Trusts Law : Text & Materials(Fourth Edition), Cambridge ; New York : Cambridge University(2005) [Moffat, Bean & Dewar(2005)]

Penner, J. E., The Law of Trusts(Seventh Edition), Oxford ; New York : Oxford University(2010) [Penner(2010)]

Scott, A. W., Fratcher, W. F., & Ascher, M. L., Scott and Ascher on Trusts(Fifth Edition), Vol. 1, 3 & 4., Boston : Aspen Publishers(2007) [Scott, Fratcher & Ascher(2007)]

Thomas, G., & Hudson, A., The Law of Trusts(Second Edition), Oxford ; New York : Oxford University Press(2010) [Thomas & Hudson(2010)]

Virgo, G., & Duties, F., Principles of Equity & Trusts(Second Edition), Oxford University Press(2016) [Virgo & Duties(2016)]

Watt, G., Trusts and equity, Oxford ; New York : Oxford University Press(2003) [Watt(2003)]

2. 논문 및 발표문

Alarie, B., & Iacobucci, E. M., "Tax Policy, Capital Structure and Income Trusts", The Canadian Business Law Journal, Vol. 45, No. 1(2007. 6.) [Alarie & Iacobucci(2007)]

Alces, K. A., "Debunking the Corporate Fiduciary Myth", Journal of Corporation Law, Vol. 35, No. 2(2009. 3.) [Alces(2009)]

Anand, A. I., & Iacobucci, E. M., "An Empirical Examination of the Governance Choices of Income Trusts", Journal of Empirical Legal Studies, Vol. 8, Issue 1(2011. 3.) [Anand & Iacobucci(2011)]

Armour, John & Hsu, Audrey Wen-Hsin & Walters, Adrian, "The Costs and Benefits of Secured Creditor Control in Bankruptcy: Evidence from the UK", University of Cambridge Centre for Business Research Working Paper no. 332(2006. 9.) [Armour & Hsu & Walters(2006)]

Baird, D. G., & Rasmussen, R. K., "Private Debt and the Missing Lever of Corporate Governance", California Law Review, Vol. 83, No. 4(1995. 7) [Baird & Rasmussen(1995)]

Bebchuk, L., "The Debate on Contractual Freedom in Corporate Law" Columbia Law Review, Vol. 89(1989) [Bebchuk(1989)]

Bebchuk, L., Kraakman, R., & Triantis, G., "Stock Pyramids, Cross-Ownership, and the Dual Class Equity: The Creation and Agency Costs of Separating Control from Cash Flow Rights" in Concentrated Corporate Ownership (Morck, R. ed.), University of Chicago Press(2000) [Bebchuk, Kraakman & Triantis(2000)]

Bishop, G. C., "Forgotten Trust: A Check-the-Box Achilles' Heel", Suffolk University Law Review, Vol. 43, No. 3(2010) [Bishop(2010)]

Blair, M. M., "Locking in Capital: What Corporate Law Achieved for Business Organizers in the Nineteenth Century", UCLA Law Review, Vol. 51(2003) [Blair(2003)]

Boubakri, N., & Ghouma, H., "Control/ownership structure, creditor rights protection, and the cost of debt financing: International evidence", Journal of Banking & Finance, Vol. 34, Issue 10(2010) [Boubakri & Ghouma(2010)]

Bratton, W. W., "Bond Covenants and Creditor Protection: Economics and Law, Theory and Practice, Substance and Process", European Business Organization Law Review, Vol. 7(2006) [Bratton(2006)]

Brudney, V., "Corporate Governance, Agency Costs, and the Rhetoric of Contract", Columbia Law Review, Vol.85, No. 7(1985. 11.) [Brudney(1985)]

Coffee, J. J. C., "The Mandatory/Enabling Balance in Corporate Law: An Essay on the Judicial Role", Columbia Law Review, Vol. 89, No. 7(1989) [Coffee(1989)]

Cook, W. W., "The Mysterious Massachusetts Trusts", Virginia Law Review, Virginia Law Register, New Series, Vo. 9, No. 10(1924. 2.) [Cook(1924)]

Crotty, J. A., "The Business Trust", Lawyer & Banker & Southern Bench & Bar Review, Vol. 15, Issue 4(1922) [Crotty(1922)]

D'Agostino, R. J., "The Business Trust and Bankruptcy Remoteness", Norton Journal of Bankruptcy Law and Practice, Vol. 20, No. 3(2011. 5.) [D'Agostino(2011)]

Dobris, J. C., "Changes in the Role and the Form of the Trust at the New Millennium, or We Don't Have to Think of England Anymore", Albany Law Review, Vol. 62, No. 2(1998) [Dobris(1998)]

Easterbrook, F. H., & Fischel, D. R., "Limited Liability and the Corporation", University of Chicago Law Review, Vol. 52, Issue 1, Winter(1985) [Easterbrook & Fischel(1985)]

_____, "The Corporate Contract", Columbia Law Review, Vol. 89, Issue 7(1989. 11.) [Easterbrook & Fischel(1989)]

Eisenberg, M. A., "The Structure of Corporation Law", Columbia Law Review, Vol. 89, No. 7(1989. 11.) [Eisenberg(1989)]

Flannigan, R. D., "The Nature and Duration of the Business Trust", Estates and Trusts Quarterly, Vol. 6, Issue 3(1983. 9.) [Flannigan(1983)]

Frankel, T., "The Delaware Business Trust Act Failure as the New Corporate Act", Cardozo Law Review, Vol. 23, Issue 1(2001. 11.) [Frankel(2001)]

_____, "Watering Down Fiduciary Duties", Chapter 12, Philosophical Foundations of Fiduciary Law, Oxford University Press(2014) [Frankel(2014)]

Gallanis, T. P., "The Contribution of Fiduciary Law", in The Worlds of the Trust (Lionel, S. ed.), Cambridge University Press(2013) [Gallanis(2013)]

Gillen, M., "A Comparison of Business Income Trust Governance and Corporate Governance: Is There a Need for Legislation of Further Regulation?", Macgill Law Journal, Vol. 51, Issue 2(2006) [Gillen(2006)]

Goel, R. K., "Delegation of Directors' Powers and Duties: A Comparative Analysis", International and Comparative Law Quarterly, Vol. 18(1969. 1.) [Goel(1969)]

Gordon, J. N., "The Mandatory Structure of Corporate Law", Columbia Law Review,

Vol. 89, No. 7(1989. 11.) [Gordon(1989)]

Halbach, J. E. C., "Uniform Acts, Restatements, and Trends in American Trust Law at Century's End, California Law Review", Vol. 88, Issue 6(2000. 12.) [Halbach(2000)]

Halpern, P., Norli, O., "Canadian Business Trusts: A New Organizational Structure", Journal of Applied Corporate Finance, Vol. 18., No. 3., Morgan Stanley Publication(Summer 2006) [Halpern & Norli(2006)]

Halpern, P., Trebilcock, M. & Trunbull, S., "An Economic Analysis of Limited Liability in Corporation Law", Toronto Law Journal, Vol. 30, Issue 2(1980) [Halpern, Trebilcock & Trunbull(1980)]

Hansmann, H., Krakkman, R., "The Essential Role of Organizational Law", The Yale Law Journal, Vol. 110, No. 3(2000. 12.) [Hansmann & Krakkman(2000)]

_____, "The End History for Corporate Law", Georgetown Law Journal, Vol. 89, Issue 2(2001. 1.) [Hansmann & Krakkman(2001)]

Hansmann, H., Krakkman, R., & Squire, R., "Law and the Rise of the Firm", Harvard Law Review, Vol. 119, No. 5(2006. 3.) [Hansmann, Krakkman & Squire(2006)]

Hansmann, H., & Mattei, U., "The Functions of Trust Law: A Comparative Legal and Economic Analysis", New York University Law Review, Vol. 73(1998. 5.) [Hansmann & Mattei(1998a)]

_____, "Trust Law in the United States. A Basic Study of Its Special Contribution", American Journal of Comparative Law, Vol. 46(Supp. 133)(1998. 12.) [Hansmann & Mattei(1998b)]

Hill, C. A., "Whole Business Securitization in Emerging Markets", Duke Journal of Comparative International Law, Vol 12, Issue 2(2002) [Hill(2002)]

Ho, N. P., "A tale of Two Cities: Business Trust Listings and Capital Markets in Singapore and Hong Kong", Journal of International Business & Law, Vol. 11, Issue, 2(2012) [Ho(2012)]

Holland, R. J., "Delaware Directors' Fiduciary Duties: The Focus on Loyalty", University of Pennsylvania Journal of Business Law, Vol. 11(2009) [Holland(2009)]

Issacs, N., "Trusteeship in Modern Business", Harvard Law Review, Vol. 42, No. 8(1929. 6.) [Issacs(1929)]

Jones, S. A., Moret, L. M., & Storey, J. M., "The Massachusetts Business Trust and Registered Investment Companies", Delaware Journal of Corporate Law, Vol. 13, No. 2(1988) [Jones, Moret & Storey(1988)]

Kothari, V., "Whole Business Securitization: Secured Lending Repackaged? A Comment on Hill", Duke Journal of Comparative & International Law, Vol 12(2002) [Kothari(2002)]

Kryzanowski, L., & Lu, Y., "In government we trust: rise and fall of Canadian business income trust conversions", Managerial Finance, Vol. 35, Issue 9(2009. 7. 31.) [Kryzanowski & Lu(2009)]

Langbein, J. H., "Reversing the Nondelegation Rule of Trust-Investment Law", Missouri Law Review, Volume 59, Issue 1(1994) [Langbein(1994)]

_____, "The Contractarian Basis of the Law of Trusts", Yale Law Journal, Vol. 105, Issue 3(1995. 12.) [Langbein(1995)]

_____, "The Uniform Prudent Investor Act and the Future of Trust Investing", Iowa Law Review, Vol. 81(1996) [Langbein(1996)]

_____, "The Secret Life of the Trust: The Trust as an Instrument of Commerce", Yale Law Journal, Vol. 107(1997) [Langbein(1997)]

_____, "Rise of the Management Trust", Trusts & Estates, Vol. 143, Issue 10(2004. 10.) [Langbein(2004)]

_____, "Questioning the Trust Law Duty of Loyalty: Sole Interest or Best Interest?", Yale Law Journal, Vol. 114, No. 5(2005. 3.) [Langbein(2005)]

_____, "Why Did Trust Law Becomes Statue Law in the United States?", Alabama Law Review, Vol. 58, Issue 5(2007) [Langbein(2007)]

Leslie, M. B., "Trusting Trustees: Fiduciary Duties and the Limits of Default Rules", Georgetown Law Journal, Vol. 94(2005. 11.) [Leslie(2005)]

_____, "Common Law, Common Sense: Fiduciary Standards and Trustee Identity", Cardozo Law Review, Vol. 27, Issue 6(2006. 4.) [Leslie(2006)]

Loewenstein, M. J., "Fiduciary Duties and Unincorporated Business Entities: In Defense of the 'Manifestly Unreasonable' Standard", Tulsa Law Review, Vol. 41, Issue 3(Spring 2006) [Loewenstein(2006)]

Macey, J. R., "Private Trusts for the Provision of Private Goods", Emory Law Journal, Vol. 37, Issue 2(Spring 1988) [Macey(1988)]

Mahoney, P. G., "Contract or Concession? An Essay on the History of Corporate Law", Georgia Law Review, Vol. 34, Issue 2(Winter 2000) [Mahoney(2000)]

Maitland, F., "Trust and Corporation", in The Collected Papers of William Maitland, Vol. 3, Cambridge Press(1911) [Maitland(1911)]

Manne, H. G., "Our Two Corporation Systems: Law and Economics", Virginia Law

Review, Vol. 53, No. 2(1967. 3.) [Manne(1967)]

Marsh, H. J., "Are Directors Trustees? - Conflicts of Interest and Corporate Morality", The Business Lawyer, Vol. 22(1966. 11.) [Marsh(1966)]

Miller, P. B., "The Future of Business Trusts: A Comparative Analysis of Canadian and American Uniform Legislation", Queen's Law Journal, Issue 2(Spring 2011) [Miller(2011)]

Morley, J., "The Common Law Corporation: The Power of the Trust in Anglo-American Business History", Columbia Law Review, Vol. 116, No. 8(2016. 12.) [Morley(2016)]

Nyombi, Chrispas, "Unfairness and confusion: inherent features of floating charge security", The Law Teacher Vol. 46, no. 2.(2012. 7.) [Nyombi(2012)]

Ogus, A. I., "Trust as Governance Structure", The University of Toronto Law Journal, Vol. 36, No. 2(Spring 1986) [Ogus(1986)]

Ribstein, L. E., "Limited Liability and Theories of the Corporation", Maryland Law Review, Vol. 50, Issue 2(1991) [Ribstein(1991)]

Rock, E. B., & Wachter, M. L., "Dangerous Liaisons: Corporate Law, Trust Law, and Interdoctrinal Legal Transplants", Northwestern University Law Review, Vol. 96, Issue 2(2002) [Rock & Wachter(2002)]

Romano, S., & Singer, J., "Canadian income trusts come of age", International Financial Law Review, Issue 3(2005. 3) [Romano & Singer(2005)]

Rutledge, T. E., & Habbart, E. O., "The Uniform Statutory Trust Entity Act: A Review", The Business Lawyer, Vol. 65, Issue 4(2010. 8.) [Rutledge & Habbart(2010)]

Saunders, D. M., "The Executive Committee in Corporate Organization: Scope of Powers", Michigan Law Review, Vol. 42, No. 1(1943. 8.) [Saunders(1943)]

Schmidt, K. M. "The Economics of Covenants as a Means of Efficient Creditor Protection", European Business Organization Law Review, Vol. 7, Issue 1(2006) [Schmidt(2006)]

Schwartz, S. L., "Commercial Trusts as Business Organizations: Unraveling the Mystery", The Business Lawyer, Vol. 58, Issue 2(2003. 2.) [Schwartz(2013a)]

_____, "Commercial Trusts as Business Organizations: An Invitation to Comparatists", Duke Journal of Comparative & International Law, Vol. 13, Issue 3(Summer 2003) [Schwartz(2013b)]

Sealy, L. S., "The Director as Trustee", The Cambridge Law Journal, Vol. 25, No. 1(1967. 4.) [Sealy(1967)]

Silberstein-Leb, J., "The Transatlantic Origins of the Business Trust", Journal of Legal History, Vol. 36, Issue 2(2015. 5.) [Silberstein-Leb(2015)]

Sitkoff, R. H., "Trust Law, Corporate Law, and Capital Market Efficiency", Journal of Corporation Law, Vol. 28(2003) [Sitkoff(2003)]

_____, "An Agency Costs Theory of Trust Law", Cornell Law Review, Vol. 89, Issue 3(2004. 3.) [Sitkoff(2004)]

_____, "Trust as "Uncorporation": A Research Agenda", University of Illinois Law Review, Vol. 2005, No. 1(Winter 2005) [Sitkoff(2005)]

_____, "Trust law as fiduciary governance plus asset partitioning" in The Worlds of the Trust (L. Smith ed.), Cambridge University Press(2013) [Sitkoff (2013)]

Sterk, S. E., "Jurisdictional Competition to Abolish the Rule against Perpetuities: R.I.P. for the R.A.P.", Cardozo Law Review, Vol. 24, Issue 5(2003. 5.) [Sterk(2003)]

Stout, L. A., "On the Nature of Corporations", University of Illinois Law Review, Vol. 2005, No. 1(2005) [Stout(2005)]

Sullivan, G., "Accounting and the Legal Implications of the Interposed Unit Trust Instrument", Abacus, Vol. 21, No. 2(1985. 9.) [Sullivan(1985)]

Triantis, G. G., "Organizations as Internal Capital Markets: the Legal Boundaries of Firms, Collateral, and Trusts in Commercial and Charitable Enterprises", Harvard Law Review, Vol. 117, No. 4(2004. 2.) [Triantis(2004)]

Triantis, G. G., & Daniels, R. J., "The Role of Debt in Interactive Corporate Governance", California Law Review, Vol. 83, No. 4(1995. 7.) [Triantis & Daniels(1995)]

Velasco, J., "A Defense of the Corporate Law Duty of Care", Journal of Corporation Law, Vol. 40, Issue 3(Spring 2015) [Velasco(2015)]

Vink, D., "A primer on whole business securitization", Fiducie 1(2007) [Vink(2007)]

Walsh, G. C., & Michaels, M. J., "The State of Statutory Business Trusts in the United States", Trusts & Trustees, Vo. 19, No. 6(2013. 7.) [Walsh & Michaels(2013)]

Warburton, J. A., "Trusts Versus Corporations: An Empirical Analysis of Competing Organizational Forms", The Journal of Corporation Law, Vol. 36, Issue 1(Fall 2010) [Warburton(2010)]

Wilgus, H. L., "Corporations and Express Trusts as Business Organizations" Michigan Law Review, Vol. 13, No. 2(1914. 12.) [Wilgus(1914)]

Wu, T. H., "The resurgence of "uncorporation": the business trust in Singapore", Journal of Business Law, Issue 8(2012) [Wu(2012)]

Zhang, R., "The new role trusts play in modern financial markets: The evolution of trusts from guardian to entrepreneur and the reasons for the evolution", Trusts & Trustees, Vol. 23, Issue 4(2017. 5.) [Zhang(2017)]

Comments, "Massachusetts Trusts", Yale Law Journal, Vol. 37, No. 8(1928. 6.) [Comments(1928)]

Notes, "Extent of the Trustee's Duty Not to Compete", Columbia Law Review Vol. 50, No. 1(1950. 1.)[Notes(1950)]

Notes, "Delegation of Duties by Corporate Directors", Virginia Law Review, Vol 47, No. 2(1961. 3.) [Notes(1961)]

3. 기타 자료

Accordia Golf Trust의 Offering Circular(2014. 7. 21.) [Accordia Offering Circular(2014)]

Baker & McKenzie, "Business Trusts in Hong Kong Through a Stapled Structure?"(2011. 10.) [Baker & McKenzie(2011)]

Clifford Chance, "Why Singapore business trusts are proving popular with Indian sponsors"(2012. 9.) [Clifford Chance(2012)]

David Ward Philip & Vineberg, LLP, "The Rise and Fall of Canadian Income Trusts"(2009. 10. 20.) [David Ward Philip(2009)]

Financial Regulation Discussion Paper Series – Why Stapled Securities? FRDP 2012-3, Australian centre for financial studies(2012. 6. 4.)

First Ship Lease Trust의 Prospectus(2007. 3. 19) [FSLT Prospectus(2007)]

FitchRatings, "UK Whole Business Securitisation Rating Criteria"(2017. 7. 31) [FitchRatings(2017)]

Herbert Smith Freehills, "Singapore Business Trusts – Client Briefing", (2013. 4. 10.) [Herbert Smith Freehills(2013)]

HKEx Guidance Letter, HKEx-GL40-12 (August 2012) (Updated in March 2014) (https://www.hkex.com.hk/eng/rulesreg/listrules/listarchive/listarc_listguid/Documents/gl40-12_mu1403.pdf) [HKEx Guidance Letter(2014)]

HK Electric Investments의 Trust Deed(2014. 1. 1.) [HKEI Trust Deed(2014)]

HKT Trust의 Prospectus(2011. 11. 16) [HKT Trust Prospectus(2011)]

HKT Trust의 Trust Deed(2011. 11. 7.) [HKT Trust Deed(2011)]

Hutchison Port Holdings Trust의 Prospectus(2011. 3. 7.) [HPHT Prospectus(2011)]

Jinmao Hotel & Jinmao (China) Hotel Inv and Mgt Ltd.의 Prospectus(2014. 6. 19.) [JH Prospectus(2014)]

Langham Hospitality Inv and Langham Hospitality Inv Ltd.의 Prospectus, (2013. 5. 16.) [Langham(2013)]

Monetary Authority of Singapore, Consultation Paper - Regulation of Business Trusts(2003. 12. 10.) [MAS(2003)]

_____, Consultation on Regulation of Business Trusts – MAS' Response to Feedback Received(2004. 7. 12.) [MAS(2004)]

Osler, Hoskin & Harcourt LLP, Income Trust Conversions

Priszm Canadian Income Fund 의 Prospectus(2003. 10. 31.) [Priszm Prospectus(2003)]

Religare Health Trust의 Prospectus(2011. 7. 29.) [RHT Prospectus(2011)]

Report of the Uniform Income Trusts Act Working Group to the Uniform Law Conference of Canada, Civil Law Section, Edmonton, Alberta, "The Uniform Income Trusts Act: Closing the Gap between Traditional Trust Law and Current Governance Expectations"(2006. 8.) [UITA Working Group(2006)]

Richards Layton & Finger, The 2016 Amendments to the Delaware Statutory Trust Act(2016. 7. 13.) [Richards Layton & Finger(2016)]

Swiss Water Decaffeinated Coffee Income Fund의 Prospectus(2002. 7. 15.) [SWDC Income Fund Prospectus(2002)]

Uniform Statutory Trust Act Drafting Committee on Uniform Statutory Trust Entity Act, Preliminary Report, National Conference of Commissioners on Uniform State Laws at its annual meeting in its one-hundred-and-fourteenth year, Pittsburgh, Pennsylvania, July 22-29, 2005 [Drafting Committee on USTEA(2005)]

Uniform Statutory Trust Entity Act (Last Amended 2013) Drafted by the National Conference of Commissioners on Uniform State Laws and by it Approved and Recommended for Enactment in all the states at its Annual Conference Meeting in its one-hundred-and-twenty-second year in Boston, Massachusetts, July 6-12, 2013 with Prefatory Note and Comments(2015. 8. 19.) [USTEA with Prefatory Note and Comments(2015)]

Uniform Trust Code (Last Revised or Amended in 2010) Drafted by the National Conference of Commissioners on Uniform State Laws and by it Approved and Recommended for Enactment in all the states at its Annual Conference Meeting in the one-hundred-and-ninth year in st. Augustine, Florida, July 28-August 4, 2000 with Prefatory Note and Comments(2017. 9. 5.) [UTC with Prefatory Note and Comments(2017)]

YIELD PLUS Income Fund의 Prospectus(2009. 9. 29.) [YP Income Fund Prospectus (2009)]

찾아보기

■ 이영경

학력

1993. 3.~1997. 2. 서울대학교 법과대학 사법학과 졸업
2006. 9.~2007. 10. Harvard Law School LL.M.
2018. 2. 서울대학교 대학원 법학과 박사학위 취득

경력

사법시험 39회, 사법연수원 29기
2000. 3.~현재 김&장 법률사무소 변호사

사업신탁의 법리

2019년 3월 11일 초판 인쇄
2019년 3월 22일 초판 발행

지 은 이 　이영경

발 행 인 　한정희
발 행 처 　경인문화사
총 괄 이 사 　김환기
편 집 부 　한명진 김지선 박수진 유지혜
마 케 팅 　전병관 하재일 유인순
출 판 신 고 　제406-1973-000003호
주　　소 　파주시 회동길 445-1 경인빌딩 B동 4층
대 표 전 화 　031-955-9300　 팩 스 　031-955-9310
홈 페 이 지 　http://www.kyunginp.co.kr
이 메 일 　kyungin@kyunginp.co.kr

ISBN 978-89-499-4796-9　93360
값 25,000원